侦查中的逻辑问题与研究

ZHENCHAZHONG
DE LUOJI WENTI YU YANJIU

徐海燕◎著

中国政法大学出版社

2022·北京

图书在版编目（ＣＩＰ）数据

侦查中的逻辑问题与研究/徐海燕著. —北京：中国政法大学出版社，2022.6
ISBN 978-7-5764-0433-3

Ⅰ.①侦…　Ⅱ.①徐…　Ⅲ.①刑事侦查学－逻辑学－研究　Ⅳ.①D918-05

中国版本图书馆CIP数据核字(2022)第089708号

出 版 者　中国政法大学出版社
地　　址　北京市海淀区西土城路 25 号
邮　　箱　fadapress@163.com
网　　址　http://www.cuplpress.com (网络实名：中国政法大学出版社)
电　　话　010-58908435(第一编辑部) 58908334(邮购部)
承　　印　北京朝阳印刷厂有限责任公司
开　　本　720mm×960mm　1/16
印　　张　18.00
字　　数　274 千字
版　　次　2022 年 6 月第 1 版
印　　次　2022 年 7 月第 1 次印刷
印　　数　1～1500 册
定　　价　56.00 元

序　言

　　逻辑学是一门关于推理和论证的学问，以推理及其有效推理形式为主要研究对象。近年来，人们愈来愈重视将逻辑学原理应用到具体工作中去。刑事侦查的主要职能是同刑事犯罪作斗争，而侦查人员要正确地认识案情、确定案件性质、搜集犯罪证据、寻获犯罪分子，就必须具备缜密的逻辑思维能力和丰富的逻辑知识，以及掌握运用逻辑方法的技巧。

　　在刑事侦查中，有时侦查人员对所发生的案件，最初由于掌握事实材料不多，对整个案情或某一情节不能作出确定的判断，而只能进行猜想或推测。侦查活动从立案侦查到终结，都是运用逻辑思维和逻辑方法的过程。这个过程就是侦查人员在逻辑原理的指导下不断运用刑事侦查理论知识和侦查实践经验，针对与犯罪事件有关的事实、现象进行判断，通过已知的事实和已经被证实的判断而获得新的判断，以进一步揭示出犯罪事实和犯罪嫌疑人以及它们之间的关系。

　　逻辑思维素质是人类思维素质的核心。提高侦查人员的逻辑思维能力，先得从提高智力的基础——思维素质做起。侦查人员逻辑思维能力的强弱，决定于思维素质的高低；而思维素质的高低，可从"思维方式""语言""心理"及"逻辑应用"的状况来衡量。具体来说，对一个或一类事物，人们是运用概念来反映的；对一事物是否具有某属性以及一事物与他事物是否具有某种联系，人们是运用命题来反映的；从已知的事物情况来认识那些未知的事物情况，人们是运用推理来实现的。概念、命题和推理，就是三种基本的思维形式。一切思维过程、思维方法，都是概念、命题、推理这三种思维形式的具体运用。概念、命题、推理这三种基本的思维形式，不是彼此孤立的，而是互相联系的，概念是最简单的一种思维形式，是组成命题的基本要素，而任何推理都是由若干命题构成的。本书是以普通逻辑学为原理，探讨刑事侦查中的逻辑问题，在讲述概念、命题、推理等思维形式以及逻辑基本规律和逻辑方法的同时，力图和刑侦结合在一起，从而专门研究逻辑知识在刑侦工作中的应用。本书的研究目的是通过研究侦查过程中体现出来的概念、命题、推理、证明等逻辑方法，培养和训练人们的语言表达能力、逻辑思维能力、用逻辑方法全面准确分析和处理案情的能力。

　　本书的研究对象主要是侦查活动中的思维形式、逻辑方法及侦查假设中的逻辑问题等，而并非刑事侦查活动本身。本书的研究内容属于逻辑应用学科，而并非刑事侦查学。本书中，作者把逻辑的"应用"理解为"服务"，即为刑侦服务。既然服务的对象明确了，那么就要根据刑侦的特点和要求，找到紧密联系"侦查"与"逻辑"之间的纽带，并研究如何把作为人类思维工具的逻辑贯穿到整个侦查工作中去。所以，本书立足于通过丰富生动的案例引起读者对逻辑的浓厚兴趣，这些案例各具特色，有的侧重于侦查过程，有的侧重于审判过程，有的侧重于社会影响。对案例的分析做到了随心所欲而不逾矩，既能培养分析能力，又能启迪智慧，还能探索人生。在本书编著过程中，这些案例经过不断筛选，努力做到把案例和逻辑结合起来，把现实和法律结合起来，把理论和实践结合起来，把逻辑知识和思维习惯结合起来，力求给读者以启发，开阔读者视野，拓展读者思路。

徐海燕

2022 年 1 月

目　录

第一章　概念

从逻辑角度看，概念是组成命题和推理的基本要素，是人类思维形式中最基本的构成单位。概念是法律规范的核心，是理解和遵行法律规范的关键。

第一节　概念概述

概念是人类在认识过程中，从感性认识上升到理性认识的产物，并随着社会历史和人类认识的发展而变化。概念是思维活动的结果，也是思维活动借以进行的载体。人类思维是通过语言表达出来的，而语言和思维的基本单位是概念。

那么什么是概念呢？当我们说："刑法是关于犯罪和刑罚的法律。"其中，"刑法、犯罪、刑罚、法律"就是概念。

概念是对客观事物特有属性的反映。事物的特征、大小、颜色、功能等都是事物的属性，一种事物又与其他事物有着这样或那样的联系，所以，客观事物具有各种各样的属性。根据事物的属性相同或相异，可以将事物分为不同的类。有些属性是不同类事物所共有的，有些属性却是一类事物所独有的。

事物的特有属性是指该类事物都具有而他类事物都不具有的那些属性，也就是能把该类事物和他类事物区分开来的那些属性。人们把握了一类事物的特有属性，就形成了关于该类事物的概念。

［例1］"法律"具有许多属性：

①法律是由国家制定或认可，并由国家强制力保障实施的行为规范；

②法律是国家确认权利和义务的行为规范；

③法律是调整社会关系的行为规范；

④法律属于上层建筑，为经济基础服务；

……

但我们给"法律"一词下定义时，只需揭示"法律是由国家制定或认可，并由国家强制力保障实施的行为规范"即可。"由国家制定或认可，并由国家强制力保障实施"就是"法律"的特有属性，将法律和其他行为规范区分开来。"考场纪律""公民诚信公约"等也是行为规范，但它们不具有"由国家强制力保障实施"这样的特有属性，所以它们不是法律。

［例2］刑法是关于犯罪和刑罚的法律。

"刑法"也具有很多属性，但我们给"刑法"下定义时，只需揭示"刑法是关于犯罪和刑罚的法律"即可。"关于犯罪和刑罚"就是"刑法"的特有属性，将刑法和其他法律区分开来。

［例3］非法拘禁罪是非法拘禁他人或者以其他方法非法剥夺他人人身自由的犯罪行为。

"非法拘禁他人或者以其他方法非法剥夺他人人身自由"就是"非法拘禁罪"的特有属性，正是这个特有属性将"非法拘禁罪"和其他的犯罪行为区分开来。

对于同一个事物，可以根据需要从特定方面和不同角度反映它的特有属性，从而形成不同的概念。例如，给"水"下定义，在化学中为"最简单的氢氧化合物，化学式是 H_2O"；在物理学中为"无色、无味、无臭的液体，在标准大气压下，冰点 0℃，沸点 100℃"。

概念作为思维的"细胞"，作为理性思维的形式之一，并不反映事物的一般属性或所有属性，而是只反映事物的特有属性。认识一个事物仅仅停留在其一般属性上是不够的，只有把握了它的特有属性，才能把这个事物与其他事物区分开来，才能知道该事物之所以为该事物的根据，才能真正认识这个事物。

[例4]《刑法》[1]第 94 条：本法所称司法工作人员，是指有侦查、检察、审判、监管职责的工作人员。

这段法条揭示了"司法工作人员"的特有属性是"有侦查、检察、审判、监管职责"，而没有揭示也没有必要揭示这类人员的性别、年龄、身高、文化程度等其他一般属性。因为性别、年龄、身高、文化程度等属性还不足以也不可能将"司法工作人员"和其他身份的工作人员区分开来，而"有侦查、检察、审判、监管职责"则可以将司法工作人员和其他身份的工作人员区分开来。

第二节　概念与语词的关系

现代汉语中的语词是指词、词组一类的语言成分。[2]语言是人类所特有的，用来表达意思、交流思想的工具。语言的最小单位是语词，而思维的最小单位是概念。概念和语词既有区别又有联系：

1. 任何概念都必须通过语词来表达，但并非所有的语词都表达概念。语词与概念并不是一一对应关系，二者之间既有一致性也有不一致性。现代汉语中的实词都是表达概念的，虚词一般不表达概念。例如，"犯罪嫌疑人""鲁迅""北京"等实词既是语词也是概念，这体现了概念与语词的一致性；而"的""地""得"等虚词虽然都是语词，有帮助造句的作用，但一般不能单独成句，意义比较抽象，不是概念，这体现了概念与语词的不一致性。许多语词都是通过和其他语词的组合才能表达概念。例如，"巡""逻"分别是语词而不是概念，将这两个语词组合起来成为"巡逻"时，就是概念了。一些复杂的概念有时不能简单地通过词的形式体现出来，而是通过词组的形式体现出来。例如，"非法种植毒品原植物罪"。

2. 汉语中存在同义词，同一个概念可以用不同的语词来表达。例如，

---

〔1〕　即《中华人民共和国刑法》，为表述方便，本书涉及我国法律直接使用简称，省去"中华人民共和国"字样，全书统一，不再赘述。

〔2〕　中国社会科学院语言研究所词典编辑室编：《现代汉语词典》，商务印书馆 2016 年版，第 1601 页。

"医生""大夫"等不同的语词,表达的是同一概念。不同语词所表达的概念具有不同的作用。例如,"妻子"和"老婆"指称对象是相同的,但如果某审判员在开庭时说:"将同案犯薄某某的老婆带进法庭",这样口语化的说法势必使得法庭审理的威严性大打折扣。又如,"媳妇儿"的含义也和"妻子"相同,但"媳妇儿"比"妻子"似乎多了几分亲切感,这样的语词也不宜用于正式的法律文件,法律概念多是选择那些中性化的正式用语。所以,法律工作者因职业的特殊性,对其文字和口头表达都有较高的要求。

3. 汉语中存在多义词,同一个语词在不同的语境中可以表达不同的概念。

〔例1〕"警觉"在汉语中是个多义词,有两种词性,我们需要在语境中正确理解和使用这个词:

①提高警觉。

这里的"警觉"是指对危险或情况变化的敏锐感觉,是名词。

②他对事态的严重性有所警觉。

这里的"警觉"是指敏锐地感觉到,是动词。

〔例2〕"贪婪"在汉语中也是个多义词:

①他贪婪地汲取知识的营养。

这里的"贪婪"是指渴求而不知满足,当作褒义词使用。

②他贪婪地搜敛财物。

这里的"贪婪"是指贪得无厌,当作贬义词使用。

第三节　概念的内涵与外延

概念是对事物的特有属性的反映,是对语词的抽象。语词不仅有表达思想方面的意义,也有其他方面的从属意义,如语境、情感、语气等方面的意义。例如,"团结"和"勾结",都是指因为某种目的而紧密地结合在一起,但两者的感情色彩完全不同。"团结"是褒义词,"勾结"是贬义词。不过这类从属意义与逻辑无关,在由语词到概念的抽象过程中,这类从属意义就都被过滤或抽象掉了。从这个意义上讲,概念就是意义确定的、抽象掉了非逻辑特征的语词。

概念的逻辑特征是：内涵与外延。一个事物之所以是这种事物而不是那种事物，是由这个事物的特有属性决定的。事物所具有的特有属性和具有该特有属性的一类对象，是事物不可分割的两个属性，这两个属性构成了概念的两个基本的逻辑特征，分别称为概念的内涵与外延。

概念的内涵，是指一个概念所指称的事物所具有的特有属性。例如，"刑事诉讼证据"的内涵是"可以用于证明案件事实的材料"；"法律"的内涵是"由国家制定或认可，并由国家强制力保障实施的行为规范"；"人民法院"的内涵是"国家的审判机关"。

概念的外延，即概念的适用范围，是指具有一个概念所指称的特有属性的对象。例如，"刑事诉讼证据"的外延包括"物证；书证；证人证言；被害人陈述；犯罪嫌疑人、被告人供述和辩解；鉴定意见；勘验、检查、辨认、侦查实验等笔录；视听资料、电子数据"；"法律"的外延包括"成文法和不成文法""实体法和程序法""国内法和国际法"等；"人民法院"的外延包括"最高人民法院、地方各级人民法院和军事法院等专门人民法院"。

一个概念的外延，可以是某个特定的对象，例如"最高人民法院"，也可以是许多对象组成的类，例如"人民法院"；可以是有限的，例如"我国直辖市"，也可以是无限的，例如"砂石"；可以是现实世界中存在的对象，例如"航空母舰"，也可以是现实世界中不存在的对象，例如"孙悟空"。世界上"不存在没有内涵的概念，但却存在没有外延的概念"[1]。"没有外延的概念"虽然有着明确的内涵，但在客观世界中却没有与之相对应的具体对象，这类外延无指称对象的类称为"空类"。

内涵与外延，是概念所具有的两个基本的逻辑特征，也是概念的两个属性，其中内涵是从内容方面来明确一个概念的，外延是从范围或数量方面来明确一个概念的。内涵是最基本的属性，内涵决定外延。我们进行思维的目的是更好地表达思想，而表达思想就离不开概念。为了准确地表达思想，作为思维基本单位的概念就必须明确。一个概念是否明确，就是看这个概念的内涵或外延是否明确。我们可以从内涵方面明确一个概念，也可以从外延方

---

[1] 黄伟力：《法律逻辑学新论》，上海交通大学出版社 2000 年版，第 28 页。

面明确一个概念，也可以从内涵和外延两方面来明确一个概念。

法律概念是法律规范的基础，法律概念必须明确，否则就不能准确运用法律。这种通过明确概念的内涵和外延从而明确概念的逻辑方法，在法律工作及法学研究中被广泛运用。归纳起来，有这样几种情形：

1. 从内涵方面明确一个法律概念。

例如：《刑法》第 23 条：已经着手实行犯罪，由于犯罪分子意志以外的原因而未得逞的，是犯罪未遂。

这段法条就是从内涵方面明确了"犯罪未遂"的含义，揭示了"犯罪未遂"的特有属性是"已经着手实行犯罪，由于犯罪分子意志以外的原因而未得逞"。像犯罪未遂这样的法律概念，很难从外延方面描述它的性状，因为"已经着手实行犯罪"的情形在外延上无法全部列举，例如犯罪分子为了实施犯罪可以准备凶器，也可以事先踩点……而"由于犯罪分子意志以外的原因而未得逞"的情形也很多，无法全部列举，例如犯罪分子已经着手实施抢劫，但突然受到行人干扰，或侵害对象离开，或突发急病，导致无法继续作案……这类概念在外延方面的特征不是很明显，其外延无法全部列举，而且也没有必要列举，所以，这类法律概念只需明确其内涵即可。

2. 从外延方面明确一个法律概念。

例如：《刑法》第 91 条：本法所称公共财产，是指下列财产：

（一）国有财产；

（二）劳动群众集体所有的财产；

（三）用于扶贫和其他公益事业的社会捐助或者专项基金的财产。

这段法条就是从外延方面明确了"公共财产"的范围。虽然没给"公共财产"下定义，但其外延很清楚，属于这些范围的就是"公共财产"，不属于这些范围的就不是"公共财产"。对于这类不好从内涵方面明确其意义的概念，从外延方面明确其意义起到了更好的效果。

3. 从内涵和外延两方面来明确一个法律概念。

例如：《民法典》第 473 条：要约邀请是希望他人向自己发出要约的表示。拍卖公告、招标公告、招股说明书、债券募集办法、基金招募说明书、商业广告和宣传、寄送的价目表等为要约邀请。

　　这段法条从内涵和外延两个方面明确了要约邀请，这是一个内容和形式都很完美的法律概念。

　　法律概念是法律规范的基础，法律概念不仅在制定时就很严格，而且在法律工作中对法律概念的准确使用要求也很严格，但法律概念不是一成不变的，而是随着客观情况的变化不断修正的，以期更好地打击犯罪，保护人民。下面我们以《刑事诉讼法》中对"证据"的几次修正为例，说明法律概念的内涵、外延是随着时代的变化而变化的：

　　我国《刑事诉讼法》最早于1979年7月1日第五届全国人民代表大会第二次会议通过，自1980年1月1日起施行。其中：

　　《刑事诉讼法》第31条：证明案件真实情况的一切事实，都是证据。

　　证据有下列六种：

　　（一）物证、书证；

　　（二）证人证言；

　　（三）被害人陈述；

　　（四）被告人供述和辩解；

　　（五）鉴定结论；

　　（六）勘验、检查笔录。

　　以上证据必须经过查证属实，才能作为定案的根据。

　　第一次修正：根据1996年3月17日第八届全国人民代表大会第四次会议《关于修改〈中华人民共和国刑事诉讼法〉的决定》修正。其中：

　　《刑事诉讼法》第42条：证明案件真实情况的一切事实，都是证据。

　　证据有下列七种：

　　（一）物证、书证；

　　（二）证人证言；

　　（三）被害人陈述；

　　（四）犯罪嫌疑人、被告人供述和辩解；

　　（五）鉴定结论；

　　（六）勘验、检查笔录；

　　（七）视听资料。

以上证据必须经过查证属实，才能作为定案的根据。

我们先看第一次修正前后的"证据"，将原第 31 条修改为第 42 条，其内涵没有变化，但其外延扩大了，从六种扩大为七种，增加了第七种证据形式"视听资料"，因为当时人们已经普遍使用电子设备；第 2 款第 4 项中增加了"犯罪嫌疑人供述和辩解"，因为当时刑事法律工作中已经使用了"犯罪嫌疑人"这个概念。这两处细微修正顺应了客观事物的发展变化和时代需要，也加大了对公民的保护范围和力度。

第二次修正：根据 2012 年 3 月 14 日第十一届全国人民代表大会第五次会议《关于修改〈中华人民共和国刑事诉讼法〉的决定》修正。其中：

《刑事诉讼法》第 48 条：可以用于证明案件事实的材料，都是证据。

证据包括：

（一）物证；

（二）书证；

（三）证人证言；

（四）被害人陈述；

（五）犯罪嫌疑人、被告人供述和辩解；

（六）鉴定意见；

（七）勘验、检查、辨认、侦查实验等笔录；

（八）视听资料、电子数据。

证据必须经过查证属实，才能作为定案的根据。

我们再看第二次修正前后的"证据"，其变化还是很明显的：

（1）从内涵方面看：将原第 42 条"证明案件真实情况的一切事实，都是证据"修改为第 48 条"可以用于证明案件事实的材料，都是证据"。从"证明案件真实情况"修改为"可以用于证明案件事实"，把对证据的审查交给司法机关，公民认为对自己有利的材料都可以作为证据，而无需自己去辨别真伪。从"一切事实"修改为"材料"，证据的表现形式更多。这两处修改都加大了对公民的保护力度。

（2）从外延方面看：

第一，把"证据有下列七种"修改为"证据包括"，相对应地把"以上证据必须经过查证属实，才能作为定案的根据"修改为"证据必须经过查证属实，才能作为定案的根据"，删除了"以上"。这样证据的外延就无限扩大，不再封闭，证据包括但不限于所列举的八种表现形式。

第二，把原第42条第2款第1项"物证、书证"修改为第48条第2款第1项和第2项"物证；书证"。这样修改后突出了书证和物证是两种不同的证据形式，使得书证回归到言词证据的范畴。

第三，把原第42条第2款第5项"鉴定结论"修改为第48条第2款第6项"鉴定意见"。从"鉴定结论"到"鉴定意见"是中国法治进步的体现之一。鉴定结论是指鉴定人运用自己所掌握的科学技术、方法、技能或专业知识在对鉴定对象进行鉴定和判断的基础上所作出的分析、评定意见。然而，鉴定结论中的"结论"一词隐藏着一种不可辩驳的强硬气息。因为鉴定结论意味着终局性，所以专家出具的鉴定结论就变成权威性的证明，常常被认为是不容置疑的证据。但实际上鉴定结果只是鉴定人个人的认识和判断，表达的也只是鉴定人的个人意见，而且专家也有鉴定错误的时候，当事人也可以找别的专家就该专家的鉴定结果提出意见。如果把鉴定结论当作科学结论，就会导致审判员疏于对其进行审查。将"鉴定结论"改为"鉴定意见"，弱化了鉴定结果的证明力，核心目的就是要增强庭审抗辩，强化审判员对鉴定结果的审查，提高审判能力。所以，这里改用"鉴定意见"更为恰当。

第四，第48条第2款第7项中增加了"辨认、侦查实验等笔录"。因为在司法实践中，辨认、侦查实验是极其重要的侦查措施，辨认是查找与案件有关的人、证据材料、犯罪场所等，侦查实验是模拟案件的真实情况。在第二次修正之前，辨认、侦查实验笔录没有相应的法律地位，在第二次修正之后，将辨认、侦查实验笔录作为证据，为侦查机关实施以上侦查措施提供了法律依据。

第五，第48条第2款第8项中增加了"电子数据"。因为当时人们越来越多地使用电子设备，出现了很多新兴的交流工具，例如微信，这样修改既扩大了证据的范围，也加大了对公民的保护力度。

第三次修正：根据2018年10月26日第十三届全国人民代表大会常务委员会第六次会议《关于修改〈中华人民共和国刑事诉讼法〉的决定》修正。

其中把原第48条变更为第50条，内容没有变化：

《刑事诉讼法》第50条：可以用于证明案件事实的材料，都是证据。

证据包括：

（一）物证；

（二）书证；

（三）证人证言；

（四）被害人陈述；

（五）犯罪嫌疑人、被告人供述和辩解；

（六）鉴定意见；

（七）勘验、检查、辨认、侦查实验等笔录；

（八）视听资料、电子数据。

证据必须经过查证属实，才能作为定案的根据。

证据是整个刑事诉讼的基础，在刑事诉讼中有着极其重要的地位。《刑事诉讼法》第50条首先从内涵方面明确了"证据"的含义，但如果仅限于此，人们对"证据"这个概念的理解还是很笼统、很抽象的，所以，该段法条紧接着就根据证据表现形式的不同，把证据划分为八种，从外延方面进一步明确了"证据"的范围，起到了比明确内涵更直观的效果。

第四节　概念的分类

为了更准确地理解和使用概念，我们可以根据不同的标准，对概念进行分类。

一、正概念和负概念

根据一个概念所指称的对象是否具有某种属性，可以将概念分为正概念和负概念。这种划分是以内涵为标准的。

正概念陈述了一个对象具有某种属性。

负概念陈述了一个对象不具有某种属性。

［例1］"成年人"和"未成年人"这两个概念中，"成年人"是正概念，是指已满18周岁的人；"未成年人"是负概念，是指未满18周岁的人。

[例2]"婚生子女"和"非婚生子女"这两个概念中,"婚生子女"是正概念,是指具有合法婚姻关系的男女所生的子女;"非婚生子女"是负概念,是指不具有合法婚姻关系的男女所生的子女。

从语词上看,负概念都带有"非""不""无""未"等否定语词,但含有否定语词的不一定都是负概念,例如"非洲""非常"等。

大多数情形下正概念总是有一个和它相对应的负概念,但正概念和负概念不是完全对应的。有的正概念不一定有相对应的负概念,例如"贪污罪";有的负概念不一定有相对应的正概念,例如"非法吸收公众存款罪"。

为了准确表达思想,人们可将事物分成不同的类。凡具有某种属性的事物可以构成一类,凡不具有某种属性的事物也可以构成一类。例如,凡是已满18周岁的人就构成成年人一类,凡是未满18周岁的人就构成未成年人一类;凡是具有法律约束力的法律解释就构成正式解释一类,凡是不具有法律约束力的法律解释就构成非正式解释一类。与此相应,概念所指称的对象都有其相对的特定范围。

逻辑学上把某一概念所指称的对象的特定范围称为论域。例如,成年人与未成年人的划分,是相对"人"这个论域而言的;婚生子女与非婚生子女的划分,是相对"子女"这个论域而言的;合法行为与非法行为的划分,是相对"行为"这个论域而言的;正式解释与非正式解释的划分,是相对"法律解释"这个论域而言的。

与正概念相比,负概念的外延有时显得不那么明确,因为负概念反映了一个对象不具有某种属性。那么不具有这种属性的对象是否就都属于这个负概念的外延呢?当然不是。负概念的外延要结合一定的论域才能确定。

负概念的论域,就是该负概念及和它相对应的正概念所反映的全部对象组成的类。例如,我们先来分析一下"未成年人"的论域。未成年人是一个负概念,与它相对应的正概念是成年人,这两个概念所反映的对象组成的类是人,所以未成年人的论域是人,是指成年人以外的人,法律、汽车等都不属于未成年人的论域,因而不属于未成年人的外延。又如,非正式解释的论域是法律解释,是指正式解释以外的法律解释;非婚生子女的论域是子女,是指婚生子女以外的子女。因此,准确理解一个负概念的论域,对明确它的内涵与外延，防止诡辩，是非常重要的。

确定一个概念的论域应当选择合适的邻近属概念。例如：成年人、未成年人的论域是人，党员、非党员的论域也是人，而婚生子女、非婚生子女虽然都是人，但它们的论域应当是子女。

二、单独概念和普遍概念

根据一个概念外延的大小，可以将概念分为单独概念和普遍概念。这种划分是以外延为标准的。

单独概念的外延只有独一无二的一个对象。例如，《中华人民共和国宪法》、1949 年 10 月 1 日、天坛、鲁迅。

普遍概念的外延至少包含两个或两个以上的对象，它的外延是具有共同属性的一类对象。汉语中的形容词、动词和名词，一般都表达普遍概念。普遍概念的外延可以是有限的，例如"我国直辖市"，也可以是无限的，例如"自然数"；可以是具体的，例如"汽车"，也可以是抽象的，例如"智慧"；可以指称事物的性状，例如"雄伟"，也可以反映事物间的关系，例如"相同"。普遍概念所指称的对象都不是唯一的，而是许多具有共同属性的个体。这些具有共同属性的个体构成一类事物，构成"类"的个体叫做"类的分子"。普遍概念是以类为反映对象的概念，反映了同类个体分子所具有的共同属性，当然，类的分子具有这个类所具有的共同属性。

同一个概念在不同的语境中可以是单独概念，也可以是普遍概念。区分某概念是单独概念还是普遍概念，其标准在于它所作的陈述是指向一个对象，还是指向一类对象。例如，"每个班级都订阅了一份人民日报"中的"人民日报"是普遍概念；"人民日报是中共中央的机关报"中的"人民日报"是单独概念。

三、集合概念和非集合概念

根据一个概念所反映的是集合的整体属性还是个体的共同属性，可以将概念分为集合概念和非集合概念。

集合概念所指称的对象是一个集合，反映的是集合的整体属性。

非集合概念所指称的对象是一个类，反映的是个体的共同属性。

〔例1〕 中国人是勤劳勇敢的。

〔例2〕 中国人是具有中国国籍的人。

上述两例的语法结构相同，但"中国人"的含义却不同。〔例1〕中的"中国人"是集合概念，〔例2〕中的"中国人"是非集合概念。

在自然语言中，同一概念，可以是集合概念，也可以是非集合概念，应当结合一定的语境加以分析。集合概念和非集合概念有相似之处，它们反映的对象都由一定数量的同类事物组成；不同之处在于，集合概念以不可分割的整体即集合为反映对象，非集合概念以类为反映对象。

集合是指具有同类属性的具体的或抽象的若干对象汇总而成的集体。集合首先是一个整体，这种由一定数量的对象组成的不可分割的整体也可称为集合体。其中，构成集合的个体对象则称为该集合的元素。例如，中国人的集合，它的元素就是每一个中国人。集合和其元素之间的关系类似于整体和部分之间的关系。整体与部分的关系就是整体具有的属性，其组成部分不一定具有。因为个体对象彼此间存在着内在的联系，由它们有机聚合构成的集合有时会产生出某种新的属性，这种属性是个体对象单独存在时不一定具有的。例如，中国共产党是中国工人阶级的先锋队，同时是中国人民和中华民族的先锋队。这里的中国共产党就是一个集合概念。中国共产党是由一个个共产党员组成的，但中国共产党具有的先锋队作用是任何一个党员所不能单独具有的。又如，森林是指在相当广阔的土地上生长的很多树木，连同在这块土地上的动物以及其他植物所构成的整体。森林具有保持水土、调节气候、防止水旱风沙等灾害的作用。森林是一个集合，而作为其组成部分的任何一棵树木，则不具有这样的属性。

类是对一类具有相同属性或相似属性的客观事物的抽象。类由具有相同属性的若干对象构成。但类和集合体不同，类与其组成对象之间的关系是类与分子的关系。在逻辑学中把属性相同或相似的客观事物称作"类"，把从属于"类"的每个具体事物称作"分子"。类具有的属性，其个体分子一定具有。例如，"审判员是我国各级人民法院中依法行使审判权的人"。审判员这类人员中的每一个，都具有依法行使审判权的职权，所以"审判员"是非集合概念。又如，"未成年人是未满18周岁的人"。未成年人这类人员中的每一个，都具有未满18周岁的特征，所以"未成年人"是非集合概念。类可以由一个分子组成，也可以由若干分子组成。反映只有一个分子的类的概念是单独概念，反映由若干分子组成的类的概念是普遍概念。

集合概念用来指称集合体，而不是某一个个体对象，集合概念所陈述的属性特征不适用于组成这一整体的个体对象。所以，"某个体是某集合体"这样的语句不成立。而非集合概念所指称的不是一个集合体，而是用来指称一类对象，非集合概念所陈述的属性特征适用于这个类中的每一个对象。反映集合的概念与反映其个体的概念之间是全异关系。反映类的概念与反映其个体的概念之间是属种关系。例如，"农民"和"农民阶级"这两个概念，"农民阶级"是集合概念，指称一个阶层，"农民"是非集合概念，指称一种职业。我们可以说张三是农民，但不能说张三是农民阶级。

所以，前面〔例1〕中的中国人是集合概念，因为它指称的是中华民族这个集体，而不是具体指称哪一个中国人。勤劳勇敢是中华民族这个集合体所具有的属性，或者说是中华民族这个整体中的部分对象所具有，而不是构成该集合体的每一个体都具有。〔例2〕中的中国人是非集合概念，因为它指称的是每一个中国人。

类与集合有区别，与此相应，分别指称类与集合的非集合概念、集合概念也有区别。但是，在自然语言中，有时人们容易将两者混淆起来，特别是在两者使用同一语词表达时，更容易混淆不清。区分一个概念是集合概念还是非集合概念，其意义在于避免出现混淆概念的逻辑错误。在自然语言中往往会出现这样的情况：同一语词在某个命题中是集合概念，而在另一命题中是非集合概念，集合概念与非集合概念容易被混淆。

〔例3〕鲁迅的小说最长不过3万字。

〔例4〕鲁迅的小说不是一天可以读完的。

这两个命题中，"鲁迅的小说"在〔例3〕中是非集合概念，在〔例4〕中是集合概念。

〔例5〕《刑事诉讼法》第183条第3款规定：最高人民法院审判第一审案件，应当由审判员三人至七人组成合议庭进行。

下面我们来分析一下这段法条中的"审判员""合议庭"分别是什么概

念。对于"审判员"这个概念，它所反映的对象是具有审判权的一类人员，组成合议庭的每一位审判员都具有这类人员所共有的权利，审判员所具有的审判权适用于该类人员中的每一个体，我们可以说某某人是审判员，所以，审判员是非集合概念。对于"合议庭"这个概念，它所反映的对象是一种审判组织，虽由一定数量的审判员组成，但其中单个审判员不具有合议庭这种审判组织的整体职能，我们不能说其中的某位审判员就是合议庭，所以，合议庭是一个集合概念。

以上分别从不同角度对概念做了分类，然而就一个具体的概念而言，不是只能属于其中某一类，而是可以分别属于不同划分的相应种类。例如，"青年人"这一概念，在不同的语境中，可以属于不同的种类。例如，"青年人是国家的未来"，这里的"青年人"是集合概念，也是正概念、普遍概念。而"青年人要努力学习"，这里的"青年人"是非集合概念，也是正概念、普遍概念。但实际上，对于这两个命题中的"青年人"而言，分析其是集合概念还是非集合概念的意义大于分析其是正概念还是负概念、单独概念还是普遍概念的意义。所以，有时不必对每一个概念都做出如上分类，例如对于"鲁迅"，我们可以根据其外延，将其作为单独概念即可，没有必要也没有意义分析其是正概念还是负概念、是集合概念还是非集合概念。

四、实概念和虚概念

根据现实世界是否存在相应的对应物，可以将概念分为实概念和虚概念。

实概念是指在现实世界中存在着相应的对应物，其外延既可以是具体的事物，也可以是抽象的事物，例如"星球""理念"。

虚概念是指其所反映的对象在现实世界中没有相应的对应物，其外延是一个空类，例如"孙悟空""地狱"。但随着时代的发展和进步，有些"虚概念"变成了现实。例如，宇宙飞船使得"嫦娥奔月"变成了现实，望远镜使得"千里眼"变成了现实，无线电技术使得"顺风耳"变成了现实。而随着时间的推移和客观事物的变化，有些原本存在的事物却变成了"虚概念"。例如，我国古代的酷刑"凌迟"在今天已经不存在了，"凌迟"就成了"虚概念"。

虚概念在人们的实际思维过程中被广泛地运用着，客观上还在人们表达或交流思想的过程中起着独特的作用，并能被人们所理解。

实概念、虚概念是有相对性的。一个概念究竟是实概念还是虚概念有时是相对于一定的论域而言的。例如，在平面几何中，"三内角之和大于180°的三角形"是虚概念，但在非欧几何中就是实概念。

五、精确概念和模糊概念

根据相邻的界限是否明确，可以将概念分为精确概念和模糊概念。

精确概念是指其内涵、外延相对明确的概念。例如"凌晨一点""身高173厘米"。

模糊概念是指其内涵、外延相对不明确，有一定模糊性的概念。例如"凌晨""身高173厘米左右""情节特别严重""多、少""高、低""远、近"……

我们表达思想力求明确、准确，但经常使用模糊概念。其实，精确概念和模糊概念的划分标准是相对的，不是绝对的。模糊概念的使用是一种常见现象，不仅是必要的，而且是有其合理性的。因此，从特定的语境出发，恰当地使用模糊概念，使精确概念和模糊概念各尽其用、相得益彰，才能更好地表达思想。正如美国科学家查德所说："在自然语言中，句子中的词大部分是模糊集的名称，而不是非模糊集的名称。"[1]

所谓模糊概念、精确概念都是相对的，有时一些貌似精确的概念，却用来表达模糊的含义。例如，"饭后百步走，活到九十九。"其中的"百步"与"九十九"属于精确概念，然而就整个表述而言，它所表达的内容却是模糊的，其意无非是说饭后散步，有益健康而已。有时概念表达得模糊一些，反倒更准确。例如，描述一个人的身高，可以具体到"某人身高1.80米"，这是精确概念；也可以说"某人身高1.80米左右"，这是模糊概念。但如果说"某人身高1.0~2.0米之间"就过于模糊，这是不正确的。模糊概念的模糊是相对于精确概念的精确而言的，而不是含混、笼统地表达思想。

笼统的原意是形容物体上下部的大小形状没有显著的差别。笼统表达是

---

[1] 唐红芳："模糊语言的特征及其语用功能"，载《湖南农业大学学报（社会科学版）》2007年第2期。

指表达思想时缺乏具体分析、不明确。笼统表达忽略了客观事物的特有属性，用过于抽象、过于概括、含混的属性表达思想。例如，"人"这个概念，其内涵、外延是明确的。然而，在现实的言语交际中，如果有人问："鲁迅是谁？"答曰："鲁迅是人。"这一回答就属于笼统表达。因为"人"是鲁迅和鲁迅以外的一切人的共有属性，高度抽象，高度概括，不能反映鲁迅的特有属性，因而用以回答"鲁迅是谁"这一问题就显得过于笼统。所以，有人问"鲁迅是谁？"我们可以回答"鲁迅是作家。"因为人的属性相比作家的属性就过于笼统。

　　虽然模糊概念可以起到精确概念达不到的表达作用，但也不能随意使用、随处使用。例如，2010年3月5日第十一届全国人民代表大会第三次会议上审议的2010年政府工作报告第24页："坚决打击取缔非法收入，规范灰色收入，逐步形成公开透明、公正合理的收入分配秩序，坚决扭转收入差距扩大的趋势。"其中"灰色收入"一词就是模糊、含混的。有人大代表理解为回扣、红包等半贿赂性质的收入，应该算做不合法收入；有人大代表理解为那些说不清道不明的收入，应该被定义为非法收入；也有人大代表理解为那些合法持有的，但是没有按照国家的税收去缴税的收入。由于"灰色收入"的内涵和外延都是不明确的，实践中很难作出准确的、明确的定义，而当时我国的法律法规、司法解释中也没有这个名词，"灰色收入"的界定一度成为2010年两会人大代表、政协委员和各界专家热议的焦点。政府工作报告中提到"规范灰色收入"，是否代表"灰色收入"今后可以存在下去？是否要将灰色收入合法化？有灰色收入的人群都是具备一定资源的人，如果灰色收入被规范，就进一步扩大了收入差距，这又和"扭转收入差距扩大的趋势"相矛盾。如果政府不能立即对灰色收入作出明确定义，并出台具体的规范制度，恐怕今后灰色收入会大肆泛滥。最终，根据人大代表和政协委员的审议意见、建议，在修改完善后的政府工作报告中，将"灰色收入"的提法删除，而改为"保护合法收入，调节过高收入，取缔非法收入，逐步形成公开透明、公正合理的收入分配秩序，坚决扭转收入差距扩大的趋势"。[1]

---

〔1〕 徐海燕、张鹰：《法律逻辑》，高等教育出版社2018年版，第24页。

法律规范中，模糊概念的使用是大量存在、不可避免的。模糊概念在法律规范中具有举足轻重、无可替代的作用。模糊概念的内涵、外延，具有一定程度的开放性，例如，刑事法律中的"重大损失""严重后果""后果特别严重""酌情""从重处罚"等。这些语义高度概括的模糊概念，概括了那些无法也没有必要——列举的情形，避免了行文的烦冗，又使得法律规范的范围疏而不漏，既简明又周密。

法律规范中之所以存在模糊概念是因为法律现象无限，而法律概念有限，以有限的概念表达无限的事物，模糊必然难免。例如，"危害公共安全"的危险方法可以有不同的表现形式：放火、决水、爆炸、投毒……如果想要——列举，无所遗漏，事实上不可能做到。反之，如果置"危险方法"的具体形式于不顾，仅以"危险方法"概括，那么简练固然是做到了，却过于笼统。所以，《刑法》第114条规定："放火、决水、爆炸以及投放毒害性、放射性、传染病病原体等物质或者以其他危险方法危害公共安全，尚未造成严重后果的，处三年以上十年以下有期徒刑。"这段法条在列举了"危险方法"的几种常见形式之后用模糊概念"等""其他危险方法"高度概括了可能会出现但尚未命名的法律现象，既突出了重点，又兼顾了一般，既简练，又周密。这种表述方法在法律规范中得到广泛而频繁的使用。这种有意模糊，为执法的审时度势、因案而异提供了条件。这不但不是法律概念的不明确，相反，这正是法律规范适应客观实际需要的表现。因为客观事物纷纭多变，犯罪现象也越来越复杂，立法总是落后于犯罪现象，法律规范不可能包罗万象，有意识地、恰当地运用模糊概念，可提高法律规范的概括能力与准确程度。

模糊概念便于表述那些无须准确表述或者不便准确表述的法律事务。司法工作者在司法实践中经常遇到一些无须精确表述或者不便精确表述的情况。例如，在审判过程中，有时难免涉及个人隐私或者国家机密方面的内容，如果具体描述，那么势必造成不良的后果，或者有伤风化，或者有损国家利益。因此，有经验的审判人员往往选择模糊概念进行表述。例如，在审理一些贪腐案件中，用到的"生活作风腐败""目无党纪国法""进行非组织政治活动"等就是模糊概念。

下面我们再看一个法院依据模糊概念作出判决的案例。

2021 年 3 月 26 日，裁判文书网公布了一份广东省深圳市中级人民法院民事判决书。[1]该判决书向大众揭开了一个夫妻不和、保姆成丈夫遗嘱继承人，法院依据公序良俗原则作出判决的故事。该遗嘱纠纷中涉及的财产是位于深圳市南山区大冲城市花园里的三套房产，总计面积 300 平方米，财产价值如今已近 4000 万元。而这房子的故事，还得从 1995 年说起。1995 年，刘某在深圳市南山区大冲阮屋村自建了三幢房屋。彼时，刘某与其妻共同育有三男二女，但夫妻感情不和，并最终分居。后刘某因生活需要，聘请了杨某作为保姆，照顾其日常生活，此后两人产生感情并同居。在刘某和杨某非法同居期间，当地政府开始对刘某所在村庄大冲村进行旧村改建，刘某因此分得 300 平方米回迁房面积，其 5 个子女均分得了不等的回迁房面积，刘某妻子因将其份额主动给了三个儿子，只自留了 80 平方米。后刘某获得回迁房屋补偿 300 平方米，具体为大冲城市花园的三套房产，每套各 100 平方米。

此后，刘某两次向法院提起离婚诉讼。2015 年 7 月 3 日提起的第一次离婚诉讼，一审法院经审理后作出不准许刘某与妻子离婚的民事判决，该民事判决于 2016 年 2 月 5 日生效。

2016 年 8 月 4 日，在广东法尔律师事务所见证下，刘某立下了自己的第一份自书遗嘱。遗嘱中提及："刘某因政府旧村改造所分得大冲房产 300 平方米全部归杨某所有，任何人无权分争。"后经司法鉴定，该遗嘱落款处的签名字迹是刘某所写，但落款日期不是。

立下遗嘱之后的第五天，刘某再次提起离婚诉讼，主张双方已经分居十几年，刘某本人到庭参加了庭审，一审法院于 2017 年 4 月 26 日作出判决，准许刘某与妻子离婚。然而，刘某妻子不服一审判决，提起上诉。就在二审审理期间，刘某于 2017 年 8 月 27 日因病死亡，法院裁定终结诉讼。

刘某直到去世前，都与杨某一同生活。在其去世前的两个月，刘某立下了第二份遗嘱。该份遗嘱同样表示："鉴于杨某已与刘某生活 17 年之久，两者感情浓厚，恩爱深切，两者已同床共枕多年，已是事实婚姻中的夫妻关系，

---

[1] 朱英子："丈夫将千万房产遗赠同居 17 年的保姆 二审改判遗嘱无效"，载"新浪财经"百度百家号，https://baijiahao.baidu.com/s? id = 1698308819611202221&wfr = spider&for = pc，访问时间：2021 年 4 月 29 日。

为报答杨某的恩爱之情，为解除杨某的后顾之忧，从道德良心上出发，决定待刘某死亡后，把依法分得的位于深圳市南山区共计 300 平方米的房屋所有权全部归杨某所有。"该遗嘱内容为打印字体，有在场见证人和监督执行人，"立遗嘱人"处的签名字迹为刘某本人所写。

刘某去世后，刘某妻子对其遗留的上述三套涉案房产进行了继承公证。2018 年，杨某将刘某妻子告上法院，要求执行遗嘱内容，继承上述三套涉案房产。而刘某妻子则主张涉案遗嘱违反公序良俗应为无效。一审法院认为，杨某和刘某两人的同居行为违背公序良俗，为法律所禁止，但该行为并不必然导致刘某的遗赠行为无效。遗赠是权利人对自己财产的单方意思表示，亦受法律保护。一审法院认定涉案三套房产属于刘某和妻子婚姻关系存续期间取得，属于夫妻共同财产。而刘某在婚姻关系存续期间和杨某非婚同居多年，存在过错，另从照顾女方原则考虑，一审法院酌定，夫妻共同财产中的两套房产归刘某妻子，一套房产为刘某财产，属于遗产，由杨某继承，遗嘱中超出其遗产部分的处分无效。但刘某妻子和杨某双方均不服一审判决结果，于 2019 年向深圳市中级人民法院提起上诉。

二审判决中，深圳中院则认为：即便事出有因，杨某和刘某长期同居的行为也违反了《婚姻法》。同时，刘某超出日常生活需要对夫妻共同财产进行处分，单独将大额夫妻共同财产赠与他人，杨某明知刘某有配偶而与其长期同居并接受大额财产的赠与，显然也不能视为善意第三人。综上，依照当时《民法总则》第 153 条第 2 款"违背公序良俗的民事法律行为无效"、第 155 条"无效的或者被撤销的民事法律行为自始没有法律约束力"之规定，刘某做出的遗赠行为应属无效民事法律行为，因此，杨某关于确认遗嘱合法有效及继承涉案三套房产的诉讼请求，没有法律依据，法院不予支持。二审法院在裁判文书中未对上述两份遗嘱有效性进行判定，而是直接依据届时有效的相关法律，以刘某将遗产遗赠给婚外恋对象杨某"违背公序良俗"为由直接确认遗嘱无效。

公序良俗，即公共秩序与善良风俗的简称。公序，即公共秩序，是指国家社会的存在及其发展所必需的一般秩序，即社会一般利益，包括国家利益、社会经济秩序和社会公共利益；良俗，即善良风俗，是指国家社会的存在及其发展所必需的一般道德，即一般道德观念或良好道德风尚，包括社会公德、商业道德和社会良好风尚。公序良俗指民事主体的行为应当遵守公共秩序，符合善良风俗，不得违反国家的公共秩序和社会的一般道德。但现阶段，"公序良俗"还是一个无明文规定的模糊概念。而且随着社会的发展，人们的道德观念会发生变化，"公序良俗"的内涵也会随之变化。

公序良俗原则在司法实践中应用非常广泛，在民事审判中具有重要意义。《民法典》多次提及公序良俗。《民法典》第 8 条规定："民事主体从事民事活动，不得违反法律，不得违背公序良俗。"《民法典》第 10 条规定："处理民事纠纷，应当依照法律；法律没有规定的，可以适用习惯，但是不得违背公序良俗。"《民法典》第 153 条规定："违背公序良俗的民事法律行为无效。"《民法典》之所以需要规定公序良俗原则，是因为立法当时不可能预见一切损害国家利益、社会公益和道德秩序的行为并对之作出详尽的禁止性规定，故设立公序良俗原则，以弥补法律规定之不足。当遇有损害国家利益、社会公益和社会道德秩序的行为，而又缺乏相应的法律规定时，法院可直接依据公序良俗原则认定该行为无效。公序良俗的内涵和外延都是如此的不确定，具有极大的开放性，因此，公序良俗原则包含了法官自由裁量的因素，具有极大的灵活性。法官在判断公序良俗的内容以及法律行为是否违反公序良俗时，不需要考虑当事人的主观认识。因为公序良俗是社会一般利益和一般道德观念的体现，是独立于当事人的主观认识之外的一种客观存在，不以当事人的主观认识为转移。因此，在认定法律行为因违反公序良俗而无效时，不需要考虑当事人主观上是否认识到相应的公序良俗的存在以及自己实施的法律行为是否违反了这种公序良俗。

上述案例正是体现了模糊概念在法律工作中所起到的独特而举足轻重的作用。

第五节　概念外延间的关系

客观事物之间存在着各种关系，反映客观事物的概念之间也存在着这样那样的关系。在逻辑学上，如果不涉及空类，任何两个概念外延之间的关系，可能是也只能是下列五种关系之一。

一、全同关系

全同关系是指两个概念的外延完全相同[1]，即当凡 a 是 b 并且凡 b 是 a 时，a 与 b 之间是全同关系。例如，当 a、b 分别表示"未成年人"和"未满 18 周岁的人"时，a、b 之间是全同关系。

a、b 之间的全同关系可用如下图形表示：

具有全同关系的两个概念虽然其外延是完全相同的，但其内涵有时却并不相同。例如，"国家的根本大法""具有最高法律效力的法律""规定国家根本制度的法律"和"宪法"是全同关系的概念，但它们的内涵是不一样的。"国家的根本大法"陈述的是宪法在国家整个法律体系中的地位；"具有最高法律效力的法律"陈述的是宪法的法律效力；"规定国家根本制度的法律"陈述的是宪法的具体内容。正因为全同关系的概念具有不同的内涵，所以能够从不同的角度去揭示同一思维对象的多重性。

二、种属关系

种属关系是指一个概念的全部外延与另一概念的部分外延相同，即当 a 的全部外延包含于 b 的外延之中，并且 b 的外延大于 a 的外延时，即当凡 a 是 b 并且有 b 不是 a 时，a 与 b 之间是种属关系。例如，当 a、b 分别表示"盗窃罪"和"犯罪行为"时，a、b 之间是种属关系。

a、b 之间的种属关系可用如下图形表示：

---

〔1〕 在下面的论述中，以 a、b 分别表示任意两个外延不是空集的概念。概念外延间的关系，可用图解的方法来表示，即用一个圆圈图形表示一个概念的外延。这是瑞士数学家欧拉（Leonhard Euler，1707～1783）创立的，故称之为欧拉图解。这是理解概念外延间关系的一种最简单、最直观的工具。

三、属种关系

属种关系是指一个概念的部分外延与另一概念的全部外延相同，即当 a 的外延包含了 b 的全部外延，并且 a 的外延大于 b 的外延时，即当凡 b 是 a 并且有 a 不是 b 时，a 与 b 之间是属种关系。例如，当 a、b 分别表示"犯罪行为"和"盗窃罪"时，a、b 之间是属种关系。

a、b 之间的属种关系可用如下图形表示：

凡 b 是 a，
并且有 a 不是 b

种属关系和属种关系中的两个概念，也称为从属关系。其中，外延较大的概念称为属概念，外延较小的概念称为种概念，种概念具有属概念的一般属性，又具有自己和其他种概念相区别的特有属性。例如，盗窃罪和侵占罪都是侵犯财产罪的种概念，具有侵犯财产罪的特征，但又都具有各自的特有属性。盗窃罪的特有属性是"盗窃公私财物，数额较大或者多次盗窃"，侵占罪的特有属性是"将代为保管的他人财物非法占为己有，数额较大，拒不退还"。正是特有属性将一个属概念下包含的众多种概念区分开来。

在通常情况下，属概念、种概念不能并列使用。但属概念、种概念的区分不是绝对的，同一个概念在一种关系中是属概念，在另一种关系中可以是种概念。例如，在"犯罪"和"侵犯财产罪"这两个概念中，"侵犯财产罪"是种概念；而在"侵犯财产罪"和"盗窃罪"这两个概念中，"侵犯财产罪"属概念。

四、交叉关系

交叉关系是指两个概念的外延之间只有部分相同，即当 a、b 的外延有一部分相同，又各有一部分不相同，即有 a 是 b、有 a 不是 b，并且有 b 不是 a 时，a 与 b 之间是交叉关系。例如，当 a、b 分别表示"青年人"和"律师"时，a、b 之间是交叉关系。

a、b 之间的交叉关系可用如下图形表示：

有a是b、有a不是b，
并且有b不是a

随着社会和科技的发展，出现了许多新的事物现象，也产生了许多新概念。我们在实际思维中，经常借助概念间的交叉关系形成新概念。具有交叉关系的两个概念所反映的是两类不同的事物，但有的事物既具有其中一类的属性而属于这一类，同时又具有另一类的属性而属于另一类，于是这两个概念的外延形成交叉关系。例如，"青年人"和"律师"交叉的结果是"青年律师"；"法学家"和"教授"交叉的结果是"法学教授"。但不是任意两个概念放在一起就能产生交叉关系，例如"苹果梨"就不是"苹果"和"梨"交叉的结果，这是三种不同的事物。

五、全异关系

全异关系是指两个概念的外延之间没有任何部分相同，即没有 a 是 b 时，a 与 b 之间是全异关系。例如，当 a、b 分别表示"成年人"和"未成年人"时，a、b 之间是全异关系。

a、b 之间的全异关系可用如下图形表示：

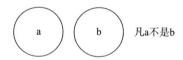

凡a不是b

全异关系中要区分相关的全异关系和不相关的全异关系。不相关的全异关系是指两个概念的外延没有共同论域。例如"青年人"和"森林"。人们往往用"风马牛不相及"来形容这种不相关的全异关系，我们一般不将其作为研究对象。而逻辑学中的全异关系通常都是指相关的全异关系，即两个概念的外延之间是全异关系，但有共同论域。例如"故意犯罪"和"过失犯罪"，它们的论域是犯罪行为。

全异关系（我们以下所讨论的全异关系是指相关的全异关系）可以进一步划分为反对关系和矛盾关系。

（一）矛盾关系

当 a、b 两个概念的外延之间是全异关系，并且 a、b 的外延之和等于它们的邻近属概念的外延（论域：I）时，即 a、b 的外延之和穷尽其邻近属概念的外延，a、b 之间是矛盾关系。例如，当 a、b 分别表示"有罪行为"和"无罪行为"时，a、b 之间是矛盾关系。因为二者之间是全异关系，而且二者的外延之和等于它们的邻近属概念"行为"的外延。

a、b 之间的矛盾关系可用如下图形表示：

凡a不是b，
并且a与b外延之和等于I

（二）反对关系

当 a、b 两个概念的外延之间是全异关系，并且 a、b 的外延之和小于它们的邻近属概念的外延（论域：I）时，即 a、b 的外延之和没有穷尽其邻近属概念的外延，a、b 之间是反对关系。例如，当 a、b 分别表示"有期徒刑"和"无期徒刑"时，a、b 之间是反对关系。因为二者之间是全异关系，而且二者的外延之和小于它们的邻近属概念"刑罚"的外延。

a、b 之间的反对关系可用如下图形表示：

凡a不是b，
并且a与b外延之和小于I

区分概念间的矛盾关系和反对关系是很重要的。区分全异关系之下的概念之间是矛盾关系还是反对关系，就看这两个概念的外延之和是否穷尽了它们的邻近属概念的外延（论域）。这对于我们明确概念的外延有一定的指导意义。就矛盾关系的两个概念而言，不存在任何对象，属于它们的论域而又不属于它们之中任何一个的外延。就反对关系的两个概念而言，至少还存在着一个对象，属于它们的论域，但不属于它们之中任何一个的外延。例如，当某个行为虽然不是合法行为时，我们也不能就断定它是犯罪行为，因为"合法行为"和"犯罪行为"的外延之间是反对关系，而不是矛盾关系。"合法行为"的矛盾概念是"违法行为"。因为"违法行为"分为一般的违法行为和严重的违法行为。严重的违法行为才是犯罪行为。所以，一个行为虽然不是合法行为，但也不一定就是犯罪行为。矛盾关系的两个概念之间是非此即彼的关系，通常表现为一个正概念和一个负概念。例如："成年人"和"未成年人"，不存在一个人，既不是成年人，也不是未成年人。反对关系的两个概念之间不是非此即彼的关系，通常表现为两个正概念。例如："合法行为"和"犯罪行为"。

对于概念的外延之间的关系的另一种分类方法是分为相容关系和不相容关系两种。这种分类方法的依据在于两个概念的外延之间是否有共同对象存在。如果两个概念的外延之间至少有一个对象是共同的，则它们是相容的。例如，全同关系、种属关系、属种关系以及交叉关系。如果两个概念的外延之间不存在任何共同对象，则它们是不相容的，又称互相排斥的，例如全异关系。

概念外延间的各种关系，也是客观事物间各种关系的反映。全同关系反映了一个事物可以有几种不同的属性。例如，《宪法》是国家的根本法，是具有最高法律效力并规定国家根本制度的法律。具有全同关系的概念之间虽然其外延是完全相同的，但其内涵却不相同，所以，替换使用具有全同关系的概念能够从不同的角度去揭示同一思维对象的多重性，表达不同的感情色彩。例如，同样表达"为了某种目的而紧密结合在一起"，在不同的语境中，就要使用不同的概念。《宪法》序言规定："社会主义的建设事业必须依靠工人、农民和知识分子，团结一切可以团结的力量。"《刑法》第102条规定："勾结外国，危害中华人民共和国的主权、领土完整和安全的，处无期徒刑或者十年以上有期徒刑。"而从属关系反映了大类与小类、一般与特殊的关系，例如"学生"和"大学生"。交叉关系反映了事物之间既有联系又有区别，例如"青年人"和"律师"。全异关系反映了事物之间的差异性，例如"机动车"和"非机动车"。

第六节　概念的限制和扩大

概念的内涵有多少之分，外延有大小之分。概念的内涵和外延之间是相互依存、相互制约的：一个概念的内涵确定了，其外延也就确定了；内涵的变化必然引起外延的变化。概念的内涵和外延之间存在着反比关系，即内涵越多外延越小，内涵越少外延越大。也就是概念表达的特有属性越多，则外延越小；概念表达的特有属性越少，则外延越大。这种反比关系只存在于从属关系的概念之间。从属关系概念内涵、外延之间的反比关系为限制和扩大这两种逻辑方法提供了客观基础。

概念的限制是通过增加概念的内涵缩小概念的外延，使一个概念从外延较大的属概念过渡到外延较小的种概念。对概念进行限制时所增加的内涵不能与被限制概念的内涵相矛盾。对概念进行限制时，应该由大类到小类，或者由类到分子，不得由整体到部分或者由集合到个体。例如，从"犯罪"到"侵犯财产罪"，再到"盗窃罪"就是对概念进行限制的过程。犯罪的内涵是"触犯刑法应受刑罚处罚的行为"，侵犯财产罪的内涵是"侵犯公私财产所有权的犯罪行为"，盗窃罪的内涵是"盗窃公私财物，数额较大或者多次盗窃的犯罪行为"。从"犯罪"到"侵犯财产罪"再到"盗窃罪"，随着内涵逐渐增多，外延逐渐缩小，从属概念过渡到种概念（如下图）。

概念的扩大和概念的限制在逻辑方法上正好相反，扩大是通过减少概念的内涵扩大概念的外延，使一个概念从外延较小的种概念过渡到外延较大的属概念。对概念进行扩大时，应该由分子到类，或者由小类到大类，不得由部分到整体或者由个体到集合。例如，从"盗窃罪"到"侵犯财产罪"，再到"犯罪"，就是对概念进行扩大的过程。

限制和扩大可以连续地进行。例如，毛泽东在《中国革命战争的战略问题》一文中指出："我们不但要研究一般战争的规律，还要研究特殊的革命战争的规律及更加特殊的中国革命战争的规律。"限制的极限是单独概念，将一个概念限制到单独概念时，就不能再继续限制。因为单独概念指称的对象只有一个，就是外延最小的概念，不可能再包含其他的种概念，因而无法再进行限制了。扩大的极限是论域，因为论域是讨论问题时外延最大的概念。外延扩大到哲学范畴，就不能再继续扩大了。哲学范畴反映的是一个领域内最大的类，例如哲学上的"物质""存在"等概念就具有这样的特性。

限制和扩大从语词方面来看可以增加或减少语词，例如把"学生"限制到"大学生"，把"高等学校"扩大到"学校"。但是，有的限制和扩大不是通过增加或减少语词的方法进行的，而是要换成其他更准确、更恰当的语词，例如把"高等学校"限制到"北京大学"，把"鲁迅"扩大到"文学家"。要注意的是，有的语词的增加和减少不是限制和扩大，例如"美丽的校园"，因为"美丽的"没有改变校园的外延，不是对"校园"的限制，而是对"校园"的修饰。通过限制和扩大所形成的概念之间应当具有从属关系。

以刑事法律为例，法律规范经常会通过改变法律概念的内涵，从而对法律概念的外延加以限制或扩大。在概念的限制、扩大过程中，属、种概念不可混用。一些概念，基本意义相同或相近，在现代汉语中通常称作"同义词""近义词"。尽管它们之间有一些相同的内容，但指称范围是不同的。例如"家属"与"家长"，"家属"一词外延大，"家长"一词外延小，二者之间是属种关系。二者都具有"家庭成员"这一相同内容，但不能用"家属""家长"互相替代。因为"家长"是指长辈的家庭成员，而"家属"的范围不限于长辈的家庭成员，家庭成员中的晚辈也在其内。同样，"父母"属于家长的范围，但家长的范围不仅仅限于父母，父母和家长也不能互相替代。

[例1]《刑法修正案（十）》第17条：因不满16周岁不予刑事处罚的，责令他的家长或者监护人加以管教；在必要的时候，也可以由政府收容教养。

这里使用的是"家长"一词，包括父母或其他长辈的家庭成员。

《刑法修正案（十一）》第17条：因不满16周岁不予刑事处罚的，责令其父母或者其他监护人加以管教；在必要的时候，依法进行专门矫治教育。

《刑法修正案（十一）》第17条将《刑法修正案（十）》第17条中的"家长"修改为"父母"，这样就突出了未成年人最好的监护人应该是其父母，从"家长"到"父母"就是概念的限制。

［例2］《刑法》第59条：没收财产是没收犯罪分子个人所有财产的一部或者全部。没收全部财产的，应当对犯罪分子个人及其扶养的家属保留必需的生活费用。

这里使用"家属"一词是准确的，指犯罪分子本人以外的家庭成员，可以是家庭成员中的长辈，也可以是晚辈。

［例3］《刑事诉讼法》第107条：送达传票、通知书和其他诉讼文件应当交给收件人本人；如果本人不在，可以交给他的成年家属或者所在单位的负责人员代收。

这里用"成年"对"家属"加以限制，构成"成年家属"，这样表述更为准确。

第七节　概念的定义和划分

概念是命题的组成单位，是表达思想的基础，因而在使用概念的过程中，一定要明确概念的内涵和外延。明确概念内涵和外延的逻辑方法分别是定义和划分。

一、定义

（一）定义及其结构

定义是明确概念内涵的逻辑方法。内涵指的是事物的特有属性，定义是通过揭示概念的特有属性来明确概念的内涵的。

［例1］刑法是关于犯罪和刑罚的法律。

上述［例1］揭示了"刑法"的特有属性，给"刑法"下了定义。通过这个定义，明确了"刑法"的内涵，将"刑法"和其他法律区分开来。

［例2］《刑法》第239条：以勒索财物为目的绑架他人的，或者绑架他人作为人质的，是绑架罪。

上述［例2］揭示了"绑架罪"的特有属性，给"绑架罪"下了定义。通过这个定义，明确了"绑架罪"的内涵，将"绑架罪"和其他犯罪区分开来。

定义是由被定义项、定义项和定义联项三部分组成的。

被定义项就是其内涵被揭示的那个概念。例如［例 1］中的"刑法"、［例 2］中的"绑架罪"。

定义项就是用来揭示被定义项内涵的概念。例如［例 1］中的"关于犯罪和刑罚的法律"、［例 2］中的"以勒索财物为目的绑架他人的，或者绑架他人作为人质的"。

定义联项就是联结被定义项和定义项的语词。例如［例 1］、［例 2］中的"是"。定义联项通常用"就是、是、即、是指、当且仅当"等来表示。

被定义项通常用 Ds 来表示，定义项通常用 Dp 来表示。定义的公式是：

$$Ds\ 就是\ Dp。$$

在定义中，通常把被定义项放在前面，把定义项放在后面，例如［例 1］。但有时为了更能突出定义项的特点，而把定义项放在前面，例如［例 2］。

（二）定义的种类和方法

定义通常分为事物定义和语词定义两大类。

1. 事物定义。概念有两个方面的属性即内涵和外延。内涵是指概念的特有属性，概念都有内涵，给概念下定义，多是采用揭示概念内涵（特有属性）的方法，这样的定义就称为事物定义。

常用的事物定义方法是属加种差。属加种差可用下列公式表示：

$$被定义项 = 种差 + 邻近属$$

所谓种差是指概念所反映的事物的特有属性。在具有属种关系的概念中，同一个属概念下面一个种概念不同于其他种概念的特有属性即为种差。属加种差就是在定义项中用种差对属概念进行限制，使被定义项和定义项的外延之间具有全同关系。

选择种差时，应注意运用种差把被定义项与邻近属中的其他种概念区别开来。由于事物的属性是多方面的，对同一事物从不同角度去看，就可以形成不同的特有属性。因而从不同的需要出发，可以从不同方面揭示概念所反映对象的特有属性，从而形成不同的种差，作出不同的定义：

（1）性质定义。定义中的种差是事物的性质特征。

例如：军队是为政治目的服务的正规武装组织。

（2）发生定义。定义中的种差是事物的产生或形成特征。

例如：雪是空气中降落的白色结晶，是气温降低到0℃以下时，空气层中的水蒸气凝结而成的。

（3）功用定义。定义中的种差是事物的功能特征。

例如：审判员是我国各级人民法院中依法行使审判权的人。

（4）关系定义。定义中的种差是事物间的关系特征。

例如：亲属是指跟自己有血缘关系或婚姻关系的人。

所谓邻近属就是被定义项所从属的邻近的属概念。一个概念的属概念有时是多层次的。给概念下定义时，一般选择被定义项的邻近属概念。但"邻近属概念"是相对而言的，到底选择哪个外延较广的概念作邻近属概念，要根据定义的具体要求而定。例如，"人"的属概念可以是"动物""脊椎动物""哺乳动物"等，而"人是能制造工具并使用工具进行劳动的高等动物"这一定义则是以"动物"作为"人"的邻近属概念，因为这个定义所要求的是把人和其他动物区分开来。又如，"法律是国家制定或认可并由国家强制力保障实施的行为规范"这一定义是以"行为规范"作为"法律"的邻近属概念。

用属加种差方法给一个概念下定义时，有以下步骤：

第一，找出被定义项的邻近属概念，以确定被定义项所反映的对象属于哪一类事物。

第二，找出被定义项的种差，把被定义项和邻近属概念中的其他对象区别开来。

第三，用种差限制邻近属概念，构成定义项。

第四，选择适当的定义联项将被定义项和定义项联结起来，形成一个完整的定义。

例如：《刑法》第93条：本法所称国家工作人员，是指国家机关中从事公务的人员。

这段法条就是给"国家工作人员"下定义：①国家工作人员的邻近属概念是人员；②国家工作人员的种差是在国家机关中从事公务；③定义项是国家机关中从事公务的人员；④用适当的定义联项将被定义项和定义项联结起来形成定义：国家工作人员是指国家机关中从事公务的人员。

有时为了表达的简练，可以把定义项中众所周知的邻近属概念省略。例如：

《刑法》第24条：在犯罪过程中，自动放弃犯罪或者自动有效地防止犯罪结果发生的，是犯罪中止。

这里省略了犯罪中止的邻近属概念"犯罪行为"。这种省略邻近属概念的定义方法，形成了定义中独特的"的"字结构。"的"字结构具有概括性强、包容性大、重点突出的特点。

以《刑法》为例，由于刑法是关于犯罪和刑罚的法律，它规定了哪些行为是犯罪行为，应受什么样的处罚，所以，刑法中的很多概念都是以"犯罪行为"作为邻近属概念。《刑法》中有大量的属加种差方法形成的"的"字结构，表述不仅简练，而且严谨，又于严谨中突出了重点。例如：

《刑法》第63条：犯罪分子具有本法规定的减轻处罚情节的，应当在法定刑以下判处刑罚。

《刑法》第67条：犯罪以后自动投案，如实供述自己的罪行的，是自首。

《刑法》第232条：故意杀人的，处死刑、无期徒刑或者10年以上有期徒刑；情节较轻的，处3年以上10年以下有期徒刑。

属加种差定义是一种常用的定义方法，但也有一定的局限性。例如对于哲学范畴就不能用这种方法下定义，因为哲学范畴自身就是外延最大的概念，对于"物质"找不到它的邻近属概念。而对于某些单独概念，也不适合使用属加种差定义。有的单独概念所反映的个体事物具有多重属性，难以概括它的种差。例如"鲁迅"，就很难用一两句话揭示他和其他文学家、思想家的区别。

上面所讲的事物定义方法是由属加种差构成的，因此又叫属加种差定义，是最常用的一种定义方法。而在日常语言中很多语词的含义不是唯一的，一个语词可以用来表达这个概念，也可以用来表达那个概念。因此，为了避免歧义，需要明确语词在不同语境中的含义，明确它们究竟表达的是哪个概念，这时就需要使用语词定义。语词定义是明确概念的辅助方法。

2. 语词定义。语词定义就是说明或规定语词含义的定义。语词定义的作用不是揭示概念的内涵，而是指明一个语词表达什么意思或表示什么事物。

（1）说明的语词定义。这种定义就是对某个语词的含义作出解释、说明。

［例1］《刑法》第96条：本法所称违反国家规定，是指违反全国人民代表大会及其常务委员会制定的法律和决定，国务院制定的行政法规、规定的行政措施、发布的决定和命令。

这段法条是对"违反国家规定"作出说明。

［例2］2018年3月16日，白俄罗斯驻华大使馆公开发文，声明更改国名，说明"今日起将使用我国'白罗斯'正确的名称"。随后，"白俄罗斯驻华大使馆"更名为"白罗斯驻华大使馆"。

这条新闻也引起了国际间不小的轰动。声明中称，确实有俄罗斯这个国家，还有白俄罗斯这个国家。名字如此相像，使得不少人都会以为"白俄罗斯"与"俄罗斯"或多或少有些关联。有人甚至望文生义，把白俄罗斯曲解成"白的俄罗斯"。事实上，汉语中的"白俄罗斯"是个翻译和理解上都错误的国名，几乎每个曾在中国留学过或工作过的白俄罗斯人都至少一次解释过，"白俄罗斯"并不是俄罗斯的一部分，也不是俄罗斯的某个区域，更没有"黑俄罗斯"这样的国家。其实，"白俄罗斯"这个词中的"白"就是白色的白；"俄"是个形容词，"俄而""俄顷"，意思是"短时间"；"俄"还有另一个意思，专指"俄罗斯"。而"罗斯"是古代巴尔特人、芬兰乌戈人和东斯拉夫人的土地上的国名。白罗斯这个"白"的意思是指血统上白罗斯是最纯正的斯拉夫人，而现在的俄罗斯人其实混有很多蒙古的血统。因为不少中国人常把二者混为一谈，该国驻华大使馆的发文除指出二者不同外，更表示该国中文名称将正式由"白俄罗斯"更改为"白罗斯"，以正视听。据联合国正式文件和该国宪法载明，该国正式名称为"Republic of Belarus"或"Belarus"。从语言和语义的角度来讲，把该国名称翻成中文的话，应该用"白罗斯"这个词，这样就不会把白罗斯和俄罗斯联邦混为一谈。白罗斯驻华大使馆的这个声明就是采用了说明的语词定义。[1]

（2）规定的语词定义。这种定义就是对某个语词赋予确定意义，通过约定而明确语词的含义。例如，"以上、以下、以内"一类词，是否包括本数，

---

[1] 徐海燕、张鹰：《法律逻辑》，高等教育出版社2018年版，第37页。

在日常语言中就很容易引起歧义。例如，"身高 1.20 米以下儿童免票。"这个命题既可以理解为不包括正好身高 1.20 米儿童，也可以理解为包括正好身高 1.20 米儿童。

［例1］《刑法》第 99 条：本法所称以上、以下、以内，包括本数。

［例2］《民法典》第 1259 条：民法所称的"以上"、"以下"、"以内"、"届满"，包括本数；所称的"不满"、"超过"、"以外"，不包括本数。

以上二例都是规定的语词定义。

（三）定义的规则

要给一个法律概念作出正确的定义，不仅要掌握相关的法律知识，还要遵守定义的规则。定义的规则是一个定义正确的必要条件。

1. 定义不能循环。这条规则要求：定义项中不能直接或间接地出现被定义项。因为被定义项本身的内涵是不明确的，需要用定义项来说明它。如果定义项中包含被定义项，等于是用被定义项说明其自身。

违反这一规则导致的逻辑错误是"循环定义"。

［例1］诈骗罪就是因为诈骗而构成的犯罪。

［例2］逻辑学就是学习逻辑知识的学科。

上述两个定义带有很明显的语义、语词重复，都犯了循环定义的错误。

2. 定义必须相应相称。这条规则要求：被定义项的外延和定义项的外延之间是全同关系。

违反这一规则导致的逻辑错误是"定义过宽"或"定义过窄"。定义过宽是指定义项的外延大于被定义项的外延，把本来不属于被定义项所指称的对象包括到定义项的外延之中。定义过窄是指定义项的外延小于被定义项的外延，把本来属于被定义项所指称的对象排斥在定义项的外延之外。

［例1］法律是关于人们行为准则的行为规范。

［例2］刑法是惩治盗窃罪的法律。

这里，［例1］犯了定义过宽的逻辑错误，［例2］犯了定义过窄的逻辑错误。

3. 定义应当用肯定形式。这条规则要求：

（1）给正概念下定义不能用负概念。因为定义的目的是说明被定义项具有什么特有属性，而负概念只能说明被定义项不具有什么属性。

（2）定义应当用肯定命题来表达，不能用否定命题来表达。用否定命题下定义，只能说明被定义项不是什么，而不能说明被定义项是什么。

违反这一规则导致的逻辑错误是"定义离题"。

［例1］ 累犯是非初次犯罪的人。

［例2］ 累犯不是初次犯罪的人。

［例3］ 民法不是民事诉讼法。

上述三例都犯了定义离题的逻辑错误。［例1］、［例2］只说明了累犯不是第一次犯罪的人，［例3］只说明了民法不是什么，而没有说明民法到底是什么样的法律。

但是，如果被定义项是负概念，本身就是以缺乏某种属性为特征，定义项就有必要包含负概念，这不违反本条规则。例如：

［例4］ 非再生资源就是指不可更新资源。

［例5］ 无理数是指无限不循环小数。

［例6］ 未能免俗是指没能摆脱开自己不以为然的习俗。

4. 定义必须明确。这条规则要求：

（1）定义应当用简练的语言，不应有含混的语词。但由于反映对象情况的不同，有的定义比较复杂，有的定义比较简单，所以"简练"是相对而言的。

违反这一要求导致的逻辑错误是"定义含混"。

（2）定义项中不应包含比喻。比喻虽然富有形象性和启发性，但它不能揭示被定义项的特有属性。比喻不能代替定义。

违反这一要求导致的逻辑错误是"用比喻代定义"。例如：

［例1］ 幸福是什么？幸福像雾像雨又像风。

［例2］ 失败是成功之母。

二、划分

（一）划分及其结构

划分是明确概念外延的逻辑方法。外延指的是指称对象，划分就是依据一定的标准把一个概念所指称的一类对象分成若干个小类，把一个属概念分成几个种概念。概念的外延有大有小。单独概念的外延很清楚，只包含一个对象，不能再进行划分。而普遍概念反映的是一类事物，其外延可以是有限的，也可以是无限的，有时没有必要或不可能对其指称的对象——进行研究，这时就需要使用划分的方法来明确普遍概念的外延。

〔例1〕根据年龄不同，可以把人分为成年人和未成年人。

〔例2〕根据文体状态、语言运用等不同，文学作品可分为诗歌、散文、小说和戏剧。

划分由划分的母项、划分的子项和划分标准三部分组成。

划分的母项就是其外延被划分的概念。例如〔例1〕中的母项是"人"，〔例2〕中的母项是"文学作品"。

划分的子项就是母项被划分后得到的各并列的概念。例如〔例1〕中的子项是"成年人和未成年人"，〔例2〕中的子项是"诗歌、散文、小说和戏剧"。

划分标准就是将一个母项划分为若干个子项时所依据的一定的属性。例如〔例1〕中的划分标准是"年龄"，〔例2〕中的划分标准是"文体状态和语言运用"。

但有时为了语言表达的简练，可以把划分标准省略。例如：

《刑法》第32条：刑罚分为主刑和附加刑。

事物具有多种属性，因而划分时可以根据需要选取不同的属性作为划分标准。例如，我们可以根据以下几个方面的属性对"法律"进行不同的划分：

①根据法律规定的内容不同，法律可分为实体法和程序法。

②根据法律制定的主体不同，法律可分为国际法和国内法。

③根据法律的文字表现形式不同，法律可分为成文法和不成文法。

④根据法律的适用范围不同，法律可分为普通法和特别法。

（二）划分的种类和方法

1. 一次划分和连续划分。一次划分是对母项进行一次分完的划分，只包含母项和子项两个层次。例如，根据证据与案件主要事实的关系，刑事诉讼证据可分为直接证据和间接证据。

连续划分是把第一次划分后所得的子项作为母项继续进行划分，这样连续划分下去，直到满足需要为止。例如，根据人民法院的性质不同，将人民法院分为：

$$
人民法院
\begin{cases}
最高人民法院 \\
地方各级人民法院
\begin{cases}
高级人民法院 \\
中级人民法院 \\
基层人民法院
\end{cases} \\
专门人民法院
\end{cases}
$$

2. 二分法和多分法。二分法是一种特殊的划分，以划分对象有无某种属性作为划分标准，把母项中凡是具有这种属性的对象划分为一类，表现为一个正概念。把凡是不具有这种属性的对象划分为另一类，表现为一个负概念。二者的外延之间是矛盾关系。例如，根据年龄不同，把人分为成年人和未成年人。

二分法的两个子项有时也可以是两个正概念，它们的外延之间是非此即彼的关系。例如，根据性别不同，把人分为男人和女人；根据国籍不同，把人分为中国人和外国人。

多分法是把一个母项分成三个或三个以上子项的划分。例如：

《刑法》第34条：附加刑分为罚金、剥夺政治权利、没收财产。

（三）划分的规则

要给一个法律概念作出正确的划分，不仅要掌握相关的法律知识，还要遵守划分的规则。划分的规则是一个划分正确的必要条件。

1. 子项之和应穷尽母项。这条规则要求：划分后所得各子项外延之和与母项的外延之间是全同关系。

违反这一要求导致的逻辑错误是"子项不全"和"多出子项"。子项不全是指划分后所得的各子项外延之和小于母项外延，也即遗漏了子项。多出子项是指划分后所得的各子项外延之和大于母项外延，也即将不属于母项外延的对象包括进来。

［例1］政治派别有左派、右派。

此例就犯了子项不全的逻辑错误，遗漏了中间派。

［例2］道路上的车辆分为机动车、非机动车和行人。

此例就犯了多出子项的逻辑错误，多出了行人。

2. 各子项外延之间应互不相容。这条规则要求：划分后所得的各子项外延之间是全异关系，互不相容，这样才能把属于母项的任何一个对象必须且只能划分到一个子项中。

违反这一要求导致的逻辑错误是"子项相容"，也就是出现一些对象既属于这一子项，又属于另一子项，而引起混乱。

例如：参加这次歌咏比赛的选手有专业的、业余的，还有不少新秀。

3. 每次划分标准必须同一。这条规则要求：每一次划分使用同一个标准，不允许一部分子项的划分依据某一个标准，而另一部分子项的划分依据另一个标准。

违反这一要求导致的逻辑错误是"多标准划分"。

［例1］人可以分为成年人和未成年人、男人和女人。

［例2］邮件分为航空邮件、平寄邮件、国内邮件、国际邮件。

上述两例都犯了多标准划分的逻辑错误。

这条规则只要求在同一次划分中使用同一个标准，它并不排斥在不同层次的划分中使用不同标准，即在连续划分中可以改变划分标准。例如，可将人作如下划分：

同一次划分中不能使用多个标准，不是说只能用事物的一个属性作划分标准，而是可以把事物的多种属性综合起来作为一个统一标准进行划分。例如，为了便于管理犯人，把犯人分为：

成年男犯　　　成年女犯

未成年男犯　　未成年女犯

此例把年龄和性别两个属性综合起来作为一个统一标准，而不是先以年龄、再以性别进行划分，它不是多标准划分。

4. 划分应当按层次逐级进行。这条规则要求：划分不能越级，划分后的母项和子项之间应当是邻近的属种关系。母项和子项是两个层次，不能并列。

违反这条规则所犯的逻辑错误是"越级划分"。

[例1]　对于如何抗击新冠肺炎，所有的媒体和电视、电台、报纸，都给予了详细的报道。

此例中母项和子项并列，属于"越级划分"。因为媒体包括电视、电台、报纸等。

[例2]　按职业不同，可以把人分为鲁迅、郭沫若等。

此例就犯了越级划分的逻辑错误。按职业不同，可以把人分为律师、作家等，作家又可以包括鲁迅、郭沫若等，但不能直接把人分为鲁迅、郭沫若等。

（四）分解

分解和划分有相同的地方，都是把大的事物分成小的事物，从语词上看，都使用"把……分为"。对同一个概念，既可以分解也可以划分，但二者实则不同。

分解是把一个整体分为几个组成部分，它所显现出的是整体和部分的关系。分解后的部分不具有整体的属性。整体和部分之间是全异关系。例如，把人分为头颅、颈部、四肢和躯干。

划分不同于分解。划分是把一个大类分为几个小类，它所显现出的是类与分子的关系。其中，大类是母项，小类是子项，母项和子项之间是属种关系，划分后的子项具有母项的属性。例如，把人分为成年人和未成年人。这是一个划分，我们可以说未成年人是人。又如，把人民法院分为最高人民法院、地方各级人民法院、专门人民法院。这是一个划分，我们可以说地方各级人民法院是人民法院。因为划分后的子项具有母项的属性。但把人民法院分为刑事审判庭、经济审判庭、民事审判庭、行政审判庭和其他审判庭，这是对人民法院的分解，而不是划分，我们不能说民事审判庭是人民法院，因为分解后的部分不具有整体的属性，而只能说民事审判庭是人民法院的组成部分。

对于单独概念，只需要指出被指称的那个对象就明确了该概念的外延。例如，《祝福》的作者是鲁迅。对"鲁迅"就不能进行划分。因为它的外延只有一个对象，是一个最小的整体，没有比它的外延更小的概念了，所以，对单独概念不能进行划分，但是可以根据不同的属性进行分解。例如，鲁迅可以分为青年时代的鲁迅、中年时代的鲁迅；地球可以分为南北两个半球，可以分为东西两个半球，可以分为欧洲、非洲、亚洲、美洲、大洋洲、南极洲等。

以上是关于定义和划分的有关知识。在法律规范中，有时是用定义的方法来明确一个法律概念，有时是用划分的方法来明确一个法律概念，有时是将定义和划分结合起来应用。一般来说，定义比划分更能直观地揭示法律概念的特有属性，所以，大多数概念都是从内涵方面来明确的。但有些概念的特有属性不是很明显，这时往往采用划分的方法来明确一个概念。例如：

[例1]《刑法》第97条：本法所称首要分子，是指在犯罪集团或者聚众犯罪中起组织、策划、指挥作用的犯罪分子。

此例中，为了突出首要分子和其他犯罪组织成员的区别，适合从内涵方面加以明确。

[例2]《刑法》第95条：本法所称重伤，是指有下列情形之一的伤害：

（一）使人肢体残废或者毁人容貌的；

（二）使人丧失听觉、视觉或者其他器官机能的；

（三）其他对于人身健康有重大伤害的。

此例中，对于"重伤"很难给出一个定义，所以适合从外延方面加以明确。

[例3]《民法典》第473条：要约邀请是希望他人向自己发出要约的表示。拍卖公告、招标公告、招股说明书、债券募集办法、基金招募说明书、商业广告和宣传、寄送的价目表等为要约邀请。

此例中，先明确要约邀请的内涵，再明确它的外延，对"要约邀请"的理解而言，划分起到了比定义更好的效果。

第二章　命题

命题是一个逻辑概念，人们通过命题来进行推理、表达思想。法律规范都是以命题的形式表现出来的。理解命题的特征，对正确理解法律规范具有重要意义。

第一节　命题概述

一、命题的特征

命题是对事物情况的陈述。有时也称为判断。例如：

[例1]　法律都是有强制性的。

[例2]《刑法》第59条：没收财产是没收犯罪分子个人所有财产的一部或者全部。

[例3]《刑事诉讼法》第50条：可以用于证明案件事实的材料，都是证据。

以上都是命题，[例1] 陈述了法律的特征，[例2] 陈述了没收财产的特征，[例3] 陈述了证据的特征。

命题的特征是：

1. 任何命题都是对事物情况的陈述，陈述事物情况如此这般或不如此这般。如果对事物情况无所陈述，就不能成为命题。例如：

[例1]　他是凶手。

这是命题。

[例2]　他不是凶手。

这也是命题。

［例3］他是凶手吗？

这个语句则只是提出了一个问题，没有陈述他是凶手，也没有陈述他不是凶手，因此只是问句，不是命题。

2. 任何命题都有真假。命题是对事物情况的陈述，存在着主观陈述的情况与客观实际情况是否相符合的问题。如果一个命题所陈述的内容符合客观实际情况，这个命题就是真的，称为真命题；如果一个命题所陈述的内容不符合客观实际情况，这个命题就是假的，称为假命题。一个命题或者为真，或者为假，二者必居其一并且只居其一。命题的真或假，称为命题的真值，分别用"＋、－"表示。真命题的真值为真，假命题的真值为假。

［例1］人民法院是国家的审判机关。

这是真命题。

［例2］凡被告人都是有罪的。

这是假命题。

法律规范是指令人们如何行为的规定，这些规定只有合理不合理、有效与无效的问题，其本身没有对错、真假问题，所以，法律规范都是真命题。

二、命题与语句

现代汉语中的语句是指词句，泛指成句的话。语句属于语言范畴，是语言学的研究对象。命题属于思维范畴，是逻辑学的研究对象。

命题与语句有着密切联系：

1. 命题都要通过语句来表达，但是并非语句都表达命题。一般说来，陈述句是直接表达命题的，疑问句中的反问句和某些感叹句则间接地表达命题，而大多数疑问句和感叹句不表达命题。一个语句要表达命题，它或者陈述某事物是真的，或者陈述某事物是假的，没有陈述、没有真值的语句不表达命题。例如：

［例1］"今天是晴天。""难道今天不是晴天吗？""今天的天气多么晴朗啊！"

这三个语句都是命题，使用不同的语气陈述了同样的意思：今天是晴天。

［例2］今天是晴天吗？

这个语句则不是命题，是一个问句，没有任何陈述，也没有真值。

2. 命题与语句不是一一对应的。因为自然语言中存在同义词，存在全同关系的概念，同一命题可以用不同的语句来表达。又因为自然语言中存在多义词，而在不同的语境中，同一语句可能陈述不同的事物情况，表达不同的命题。例如：

［例1］"他是医生。""他是大夫。"

这两个语句都表达了同一个意思。

［例2］陈某某和白某某已经协议离婚。

这个语句既可以理解为他们已经通过签订协议的方式离婚了，并且办理了法定离婚手续；也可以理解为他们协商过离婚，但还没有办理法定离婚手续。因为协议是个多义词，作为动词使用时，是指协商；作为名词使用时，是指通过协商后取得的一致意见。

［例3］侦查员在火车站旁的过街天桥上发现了犯罪嫌疑人。

我们可以理解为侦查员和嫌疑人都在天桥上，也可以理解为侦查员在天桥上而嫌疑人不在，还可以理解为嫌疑人在天桥上而侦查员不在。这是由于语言的歧义而产生的。

三、命题形式

任何命题都是由两种不同的成分组成的，一种是逻辑常项，一种是变项。例如：

［例1］他是凶手。

［例2］他有作案时间。

［例3］如果他是凶手，则他有作案时间。

上述三例都是命题，［例1］、［例2］是简单命题[1]，［例3］是复合命题[2]。

逻辑常项，也称为逻辑联结词，是表示词项[3]之间或命题之间的逻辑关

---

〔1〕 详见本书简单命题部分。

〔2〕 详见本书复合命题部分。

〔3〕 有关词项的内容详见本书直言命题的构成。

系的语词或符号，它所表示的某种关系是确定的、不变的。逻辑联结词可分为词项联结词和命题联结词。简单命题中的联结词称为词项联结词，例如［例1］中的"是"；复合命题中的联结词称为命题联结词，例如［例3］中的"如果……则"；而［例2］中则省略了词项联结词"是"：他是有作案时间的。

变项是表示词项或命题的字母或符号，它所表示的词项或命题是任一的、可变的。变项符号本身无固定意义，可以代入任一具体内容。变项可分为词项变项和命题变项两种。在简单命题中的变项称为词项变项，例如［例1］中的"他""凶手"，［例2］中的"他""有作案时间"；在复合命题中的变项称为命题变项，例如［例3］中的"他是凶手""他有作案时间"。

如果用相应的变项符号替换变项，同一变项用相同的符号表示，不同的变项用不同的符号表示，而逻辑常项保持不变，就得到了相应的命题形式。命题形式就是由一组有序排列的符号与逻辑常项组成的表达式。例如，用 S、P 分别替换［例1］中的"他""凶手"以及［例2］中的"他""有作案时间"，用 p、q 分别替换［例3］中的"他是凶手""他有作案时间"，则上述三个例子可分别表示为：

［例4］ 所有 S 是 P

［例5］ 所有 S 是 P

［例6］ 如果 p，则 q

上述［例1］、［例2］、［例3］称作命题，［例4］、［例5］、［例6］称作命题形式。

命题形式是由逻辑常项决定的。例如：

［例7］ 这组参赛者都是学生。

［例8］ 这组参赛者都不是学生。

［例9］ 这组参赛者中，有的是学生。

［例10］ 这组参赛者中，有的不是学生。

这四个简单命题具有相同的变项和不同的逻辑常项，用 S 替换"参赛者"，用 P 替换"学生"，它们的命题形式分别为：

［例11］ 所有 S 是 P

［例 12］所有 S 不是 P

［例 13］有 S 是 P

［例 14］有 S 不是 P

显然，这是四个不同的命题形式。而前面所举的［例 1］、［例 2］中的变项是不相同的，但都具有相同的逻辑常项，因此［例 1］、［例 2］的命题形式是相同的。可见变项相同、逻辑常项不同的命题具有不同的命题形式，而变项不同、逻辑常项相同的命题具有相同的命题形式。因此，命题形式是由逻辑常项决定的，不同的命题形式是由不同的逻辑常项决定的。

命题形式是对一类命题的形式结构进行抽象或概括的结果，它为一类命题所共有。具有相同形式结构的命题，就具有相同的命题形式。每一命题都有相应的命题形式，不同的命题可以具有相同的命题形式。同一命题形式可以代入任一具体命题。例如［例 1］、［例 2］、［例 7］三个命题内容不同，但具有相同的命题形式：所有 S 是 P。命题形式是对命题的逻辑抽象，它撇开了具体内容，只剩下外在的形式结构。命题是有内容上的真假的，但命题形式只有形式上的真假，而没有内容上的真假。逻辑学只研究命题形式及其相互间的逻辑关系，而不研究命题的具体内容。

四、命题种类

为了便于研究各类命题的逻辑性质，根据不同的标准，命题可划分为不同的种类：

1. 根据命题中有无模态词，命题可分为模态命题和非模态命题。

2. 根据命题中是否包含其他命题，非模态命题可分为简单命题和复合命题。简单命题是由词项联结词加上词项构成，一般只有一个语句，只表达一个意思。复合命题是由命题联结词加上支命题构成，表达两个以上意思。

3. 根据命题是反映事物性质还是反映事物之间的关系，简单命题可分为直言命题和关系命题。

4. 根据命题中所包含的命题联结词不同，复合命题可分为负命题、联言命题、选言命题、假言命题、等值命题。

第二节　简单命题

简单命题是指不包含其他命题作为其组成部分的命题，即在结构上不能再分解出其他命题的命题。简单命题分为两种，一种是直言命题，一种是关系命题。

一、直言命题

（一）直言命题及其构成

直言命题是直接陈述事物对象具有或不具有某种性质的简单命题，也称为性质命题。例如：

[例1]　所有法律都是有强制性的。

[例2]　有大学生不是青年人。

[例3]　鲁迅是文学家。

直言命题是由主项、谓项、量词、联词四个部分组成的。

直言命题的一般结构为：量词＋主项＋联词＋谓项。

主项是表示被陈述对象的词项。例如[例1]中的"法律"，[例2]中的"大学生"，[例3]中的"鲁迅"。通常用字母S表示主项。

谓项是表示被陈述对象具有或不具有某种性质的词项。例如[例1]中的"有强制性的"，[例2]中的"青年人"，[例3]中的"文学家"。通常用字母P表示谓项。

直言命题中的主项和谓项，称作词项。词项可以是概念，也可以是短语。例如[例1]中的"法律"，[例2]中的"大学生""青年人"，[例3]中的"鲁迅""文学家"，是以概念形式出现的词项；[例1]中的"有强制性的"是以短语形式出现的词项。

联词是把主项与谓项联结起来的语词。联词分为肯定联词和否定联词两种。肯定联词一般用"是"表示，表示主项和谓项之间具有肯定的联系，就是说主项与谓项的外延之间具有相容关系。例如[例1]、[例3]中的"是"。否定联词一般用"不是"表示，表示主项和谓项之间具有否定的联系，就是说主项和谓项的外延之间具有不相容关系。例如[例2]中的"不是"。在直言命题中，有时为了表达的简练，肯定联词可以省略，例如〔例1〕可以表述为"所有法律都有强制性。"否定联词不能省略，但有时为了表达的通顺，否定联词可以换成其他合适的语词，例如"不""没有"。例如，"有些同学不是努力学习的"可以换成"有些同学没有努力学习"或"有些同学不努力学习"。

量词是表示主项外延数量情况的语词。量词分为全称量词和特称量词两种。全称量词是表示主项全部外延的语词，一般用"任何、一切、所有、每一个、凡、都"等表示，例如〔例1〕中的"所有……都"。特称量词是表示主项部分外延的语词，一般用"有、有些、许多"等表示，例如〔例2〕中的"有"。有时为了表达的简练，全称量词可以省略，例如〔例1〕可以表述为"法律是有强制性的。"特称量词不能省略。

要注意的是，在自然语言中，"有的"表示"仅仅有一些""只有一部分"，"有S是P"往往暗含"有S不是P"，而"有S不是P"往往暗含"有S是P"。例如，"有些志愿者是年轻人。"意思是说：志愿者不全是年轻人，因而这句话的言外之意是说：有些志愿者不是年轻人。但是逻辑学上没有这种对应关系。逻辑学对特称量词"有"的理解是"至少有一个"，在对主项外延量的描述上具有不确定性，其数量是至少有一个，多可至全部。

如果直言命题的主项是单独概念，就不需要使用量词来限制它。例如〔例3〕。

（二）直言命题种类

直言命题的主项和谓项的含义是不确定的，是变项；联词和量词的逻辑含义是确定的，是逻辑常项。直言命题的种类是根据逻辑常项来划分的。

一个直言命题的联词是肯定的还是否定的，这称作直言命题的质。包含肯定联词的直言命题称作肯定命题，包含否定联词的直言命题称作否定命题。

一个直言命题的量词是全称的还是特称的，这称作直言命题的量。当直言命题的主项是普遍概念时，包含全称量词的直言命题称作全称命题，包含特称量词的直言命题称作特称命题。当直言命题的主项是单独概念时，称作单称命题。

根据逻辑常项的不同，将质和量两种标准结合起来，直言命题分为下列

六种：

1. 全称肯定命题。全称肯定命题是陈述主项的全部外延都具有某种性质的直言命题。

例如：所有法律都是有强制性的。

从逻辑常项来看，全称肯定命题是由全称量词和肯定联词构成的直言命题。其命题形式为：

所有 S 是 P

在传统逻辑中，还可表示为：

SAP，简写为 A

2. 全称否定命题。全称否定命题是陈述主项的全部外延都不具有某种性质的直言命题。

例如：所有盗窃罪都不是过失犯罪。

从逻辑常项来看，全称否定命题是由全称量词和否定联词构成的直言命题。

其命题形式为：

所有 S 不是 P

在传统逻辑中，还可表示为：

SEP，简写为 E

3. 特称肯定命题。特称肯定命题是陈述主项的一部分外延具有某种性质的直言命题。

例如：有违法行为是犯罪行为。

从逻辑常项来看，特称肯定命题是由特称量词和肯定联词构成的直言命题。其命题形式为：

有 S 是 P

在传统逻辑中，还可表示为：

SIP，简写为 I

4. 特称否定命题。特称否定命题是陈述主项的一部分外延不具有某种性质的直言命题。

例如：有足球迷不是青年人。

从逻辑常项来看，特称否定命题是由特称量词和否定联词构成的直言命题。其命题形式为：

有 S 不是 P

在传统逻辑中，还可表示为：

SOP，简写为 O

5. 单称肯定命题。单称肯定命题是陈述主项具有某种性质的直言命题。

例如：鲁迅是文学家。

其命题形式为：

这个 S 是 P

6. 单称否定命题。单称否定命题是陈述主项不具有某种性质的直言命题。

例如：黄河不是我国最长的河流。

其命题形式为：

这个 S 不是 P

单称命题的主项是单独概念，陈述了这个概念就等于陈述了其全部外延。由于单称命题和全称命题都是陈述一个主项外延的全部，所以常把单称命题划归到全称命题当中，这样在传统逻辑中，单称肯定命题还可表示为：

SAP，简写为 A

单称否定命题还可表示为：

SEP，简写为 E

综上，直言命题的种类可列表如下：

直言命题种类	命题形式	简写	实例
全称肯定命题	所有 S 是 P	SAP	所有志愿者都是青年人
全称否定命题	所有 S 不是 P	SEP	所有志愿者都不是青年人
特称肯定命题	有 S 是 P	SIP	有志愿者是青年人
特称否定命题	有 S 不是 P	SOP	有志愿者不是青年人
单称肯定命题	这个 S 是 P	SAP	这个志愿者是青年人
单称否定命题	这个 S 不是 P	SEP	这个志愿者不是青年人

（三）直言命题词项的周延性

直言命题词项的周延性，是指一个直言命题是否陈述了其主项或谓项的全部外延。如果一个直言命题对其主项或谓项的全部外延都有所陈述，则该词项在该命题中是周延的；如果一个直言命题没有对其主项或谓项的全部外延有所陈述，则该词项在该命题中是不周延的。

直言命题词项的周延情况是由直言命题的命题形式决定的，分析周延性问题须从分析直言命题的形式入手。

1. 全称肯定命题的主谓项周延情况。全称肯定命题陈述了所有 S 都是 P，陈述了 S 的全部外延，但没有陈述 S 是 P 的一部分还是全部，因而没有陈述 P 的全部外延。在全称肯定命题中，主项是周延的，谓项是不周延的。

2. 全称否定命题的主谓项周延情况。全称否定命题陈述了所有 S 都不是 P，也就是所有 P 都不是 S，陈述了 S 和 P 的全部外延。在全称否定命题中，主项和谓项都是周延的。

3. 特称肯定命题的主谓项周延情况。特称肯定命题陈述了有 S 是 P，但没有陈述究竟是一部分 S 还是全部 S，也没有陈述 S 是 P 的全部还是一部分，既没有陈述 S 的全部外延，也没有陈述 P 的全部外延。在特称肯定命题中，主项和谓项都是不周延的。

4. 特称否定命题的主谓项周延情况。特称否定命题陈述了有 S 不是 P，但没有陈述究竟是一部分 S 还是全部 S 排斥在 P 的全部外延之外，就是说陈述了 P 的全部外延，但没有陈述 S 的全部外延。

在特称否定命题中，主项是不周延的，谓项是周延的。

在传统逻辑中，由于将单称命题视为全称命题，因而，单称肯定命题与全称肯定命题、单称否定命题与全称否定命题的主谓项周延情况相同。因此在分析直言命题词项的周延性时，一般只分析 A、E、I、O 四种。

A、E、I、O 四种直言命题的主谓项周延情况如下图：

命题的种类	S	P
SAP	周延	不周延
SEP	周延	周延
SIP	不周延	不周延
SOP	不周延	周延

综上所述，要准确理解直言命题的主谓项周延问题，要注意以下几点：

第一，周延性问题是就直言命题的主谓项而言的。离开直言命题，不能判定其周延情况。

第二，直言命题主项的周延情况是由量词决定的，谓项的周延情况是由联词决定的。从命题的量方面来分析，全称量词陈述了主项的全部外延，因此全称命题的主项周延；特称量词没有陈述主项的全部外延，因此特称命题的主项不周延。

从命题的质方面来分析，肯定联词陈述的是主项的外延与谓项的外延之间具有相容关系，谓项的外延中至少有一部分是主项的分子，而没有陈述谓项的全部外延是否都是主项的分子，因此肯定命题的谓项不周延；否定联词陈述的是主项的外延与谓项的外延之间具有全异关系，至少有一部分主项排斥在谓项的全部外延之外，因此否定命题的谓项周延。

第三，词项的周延情况与命题形式和词项的位置有关，与命题内容和词项内容无关。一个词项只要位于全称命题主项、否定命题谓项位置上就周延，位于特称命题主项、肯定命题谓项位置上就不周延。例如：

[例1] 马克思就是这位思想家。

这个命题是单称肯定命题，"马克思"是周延的，"这位思想家"是不周延的。

[例2] 这位思想家就是马克思。

这个命题是单称肯定命题，"这位思想家"是周延的，"马克思"是不周延的。

二、关系命题

关系命题就是陈述事物之间的关系的简单命题。例如：

［例 1］ 有些老师喜欢所有学习成绩好的学生。

［例 2］ 1 大于 0。

［例 3］ 上海在北京和广州之间。

关系命题是由关系者项、关系项和量词组成的。

关系者项就是表示具体事物的词项。关系者项是关系的承担者。关系者项可以是单独概念，代表特定事物，例如［例 2］中的"1""0"，［例 3］中的"上海""北京""广州"；也可以是普遍概念，代表任何事物，例如［例 1］中的"老师""学生"。

关系项就是表示事物间关系的词项。例如［例 1］中的"喜欢"、［例 2］中的"大于"、［例 3］中的"在……和……之间"。关系总是存在于两个以上的事物之间。关系命题可以是 n 元的，表示 n 个事物之间的关系。存在于两个事物之间的关系称为二元关系，例如［例 1］中的"喜欢"、［例 2］中的"大于"；存在于三个事物之间的关系称为三元关系，例如［例 3］中的"在……和……之间"。多于三元的关系在日常生活中很少，多见于数学中。

量词就是表示关系者数量的语词。当关系者项是普遍概念时，需要有量词；当关系者项是单独概念时，不需要量词。量词有全称量词和特称量词两种。例如［例 1］中的"有些"是特称量词，"所有"是全称量词。

关系者项一般用符号 a、b、c 或 x、y、z 等表示，关系项一般用 R 来表示。关系命题一般表示为：

$$Rab$$

关系命题和直言命题一样，都是简单命题，但是二者是有区别的：

1. 关系命题所反映的是关系者项之间的关系；而直言命题所反映的是主项的性质。

2. 关系命题的量词可以有两个或两个以上；而直言命题的量词只有一个。

3. 关系者项涉及两个或两个以上事物；而直言命题只涉及一个事物。

第三节　复合命题

一、复合命题特征

复合命题就是由其他命题和命题联结词组成的命题。复合命题中所包含的其他命题称为支命题，把支命题联结起来的逻辑联结词称为命题联结词。命题都是由逻辑常项和变项组成的。复合命题中的命题联结词是其逻辑常项，支命题是其变项。支命题可以是简单命题，也可以是复合命题。复合命题中的支命题分析到简单命题为止，把简单命题看作是一个变项，不再对简单命题的内部结构进行分解。例如：

［例1］ 如果他是凶手，那么他在案发现场。

［例2］ 并非他在案发现场。

［例3］《刑法》第21条：紧急避险超过必要限度造成不应有的损害的，应当负刑事责任，但是应当减轻或者免除处罚。

复合命题的特征是：

1. 复合命题至少由一个支命题和一个命题联结词组成。包含一个命题联结词的复合命题称为基本的复合命题。以复合命题为支命题的复合命题称为多重复合命题。例如上述［例1］、［例2］是基本的复合命题，［例3］是多重复合命题。

2. 复合命题的真假与其支命题的真假有关，与其命题联结词也有关。命题都有真假。命题可以分为真命题和假命题。简单命题的真假比较容易判断，所陈述的内容符合客观事实就是真命题，不符合客观事实就是假命题。而复合命题的真假就比较复杂，复合命题的真假由命题联结词的性质和支命题的真假共同决定。支命题有可能取值为真，也有可能取值为假。例如：

［例4］鲁迅是文学家和思想家。

　　　　　　+　　　+　　　+

［例5］鲁迅是文学家和军事家。

　　　　　　+　　　-　　　-

［例6］鲁迅是文学家或军事家。

　　　　　　+　　　+　　　-

上述［例4］、［例5］中的命题联结词相同，但支命题的真假不同，复合命题的真假也不同，这说明命题联结词相同时，复合命题的真假由支命题的真假决定。［例5］、［例6］中的支命题相同，但命题联结词不同，复合命题的真假也不同，这说明支命题的真假相同时，复合命题的真假由命题联结词的性质决定。

3. 复合命题形式是由变项符号和命题联结词组成的表达式。命题都有内容和形式两个方面。命题的内容都是具体的，而形式则是抽象的。相同的命题加上不同的命题联结词就形成了不同的复合命题。把复合命题中的支命题分别替换为变项符号 p、q、r……命题联结词保持不变，就得到了复合命题形式。通过变项符号和命题联结词组成符号串，我们就可以把复合命题的命题形式从具体的命题内容中抽象出来了。例如：

①并非他选修了逻辑学。

②他选修了逻辑学并且他也选修了民法学。

③或者他选修了逻辑学或者他选修了民法学。

④如果他选修了逻辑学，那么他也选修了民法学。

⑤他选修了逻辑学当且仅当他也选修了民法学。

这五个命题都是复合命题。下面我们用 p 替换"他选修了逻辑学"，用 q 替换"他选修了民法学"，上述这五种复合命题的形式可以分别表示如下：

①并非 p

②p 并且 q

③p 或者 q

④如果 p，那么 q

⑤p 当且仅当 q

这是复合命题的五种基本形式，一切更为复杂的复合命题形式都可以从这五种基本形式推导而得。

每个复合命题的联结词都是确定的，联结词的含义也是确定的，所以，每个复合命题都有一个确定的命题形式，不同的复合命题可以有相同的命题形式。例如：

他选修了逻辑学并且他也选修了民法学。

他参加了篮球赛并且他也参加了漫画赛。

这两个复合命题的内容是不同的，但命题形式是相同的，都是 p 并且 q。所以，可以把这两个命题看作是 p 并且 q 的两个不同的实例。由此可见，每个命题形式可以代入无穷多个实例。

4. 一个复合命题的逻辑性质，即复合命题与其支命题之间的真假关系，是由其所包含的命题联结词决定的。命题联结词的作用，一是联结支命题构成复合命题，二是反映复合命题与其支命题之间的真假关系。在自然语言中，连词可以反映内容或意义方面的联系。例如：

他虽然外表冷漠，但是内心善良。

他虽然内心善良，但是外表冷漠。

又如：

他们结婚了，并且有了孩子。

他们有了孩子，并且结婚了。

这两组复合命题的命题联结词是一样的，但支命题的顺序不同，命题的内容是有区别的。但两组复合命题的命题形式是相同的：

$$p \text{ 并且 } q$$

这样，两组内容不同的命题从命题形式的角度看没有区别。这说明命题内容上的联系不属于逻辑学的研究对象。一个具体的命题在内容上是真命题还是假命题，这不是逻辑学所要研究的，逻辑学所要研究的是命题在形式上的真假，即复合命题和其支命题之间的真假关系，或如何由一些命题的真假去确定另一些命题的真假。

经过从命题内容到命题形式的抽象以后，我们要研究的就成了只有形式而没有内容的命题形式，以及只反映命题真假方面联系的命题联结词，这样的命题联结词又称为真值联结词，复合命题与其支命题之间的真假关系又称为真值关系。

逻辑学的研究成果表明，复合命题之间存在五种基本的真值关系。表达这五种真值关系的命题联结词分别是：并非，并且，或者，如果……那么，当且仅当。它们分别称为：否定词、合取词、析取词、蕴涵词和等值词，用符号表示分别为：

$$\neg \, , \, \wedge \, , \, \vee \, , \, \rightarrow, \, \leftrightarrow$$

用真值符号表示命题联结词，一是为了表述方便，二是使用真值符号可以撇开内容上的联系，不再产生语言上的歧义。

二、复合命题种类

（一）负命题

负命题就是陈述某个命题不能成立的复合命题。负命题也称为命题的否定。例如：

［例1］强权并非就是公理。

［例2］并非如果开花则必结果。

［例3］说他是凶手，这是不成立的。

负命题由支命题和命题联结词组成。负命题只有一个支命题，就是被否定的那个命题。

负命题的命题联结词是"并非"，用符号"¬"表示。符号"¬"称为否定词，读作"并非"。在自然语言中，负命题的联结词的语言形式是多种多样的，除"并非"外，还有"并不是、没有、……是假的、……是不道德的"等。否定词的位置非常灵活，可以在支命题之前加上"并非、不是、没有"等否定词，或在支命题后面加上"并非如此、……是不道德的、……是假的"等否定词，或在支命题中间加上"并非、并不是"等否定词。

负命题的支命题用 p 来表示。负命题的命题形式是：

$$并非 p，可表示为 ¬p。¬p 称为否定式。$$

负命题陈述了它的支命题为假。负命题的逻辑性质是：负命题为真，当且仅当支命题为假。如果事实上支命题是真的，负命题就是假的；事实上支命题是假的，负命题就是真的。反之，如果负命题是真的，支命题就是假的；负命题是假的，支命题就是真的。由此可以看出，负命题与其支命题的真值是相反的，¬p 与 p 既不同真也不同假，它们之间是矛盾关系。

负命题和否定命题都有"否定"之意，但二者是有区别的：

1. 命题的定义不同。负命题是陈述其支命题不成立，否定命题是陈述某事物不具有某种属性。

2. 命题的种类不同。负命题是复合命题，包含否定词和一个支命题。负命题删除否定词后，剩下的还是一个命题。而否定命题是简单命题，是由主项、谓项、否定联词和量词组成，不包含其他命题。否定命题删除否定联词后，剩下的是词项，不是命题。

　　[例4] 他不是作案人。

　　[例5] 并非他是作案人。

　　上述 [例4]、[例5] 表达的意思相同。但 [例4] 是否定命题，是一个直言命题，删除"不是"之后，剩下的"他""作案人"是两个词项。[例5] 是负命题，删除"并非"之后，剩下的"他是作案人"还是一个命题。

　　3. 否定词的位置不同。二者都有否定词，而负命题的否定词可以放在支命题的前面、后面或中间，意在否定支命题，其位置可以改变。否定命题的否定词是放在主项、谓项之间，并反映主项、谓项之间的不相容关系，其位置不能改变。

　　4. 确定命题真假的方式不同。命题都有真假。负命题作为复合命题，其真假由其支命题的真假和否定词的性质共同决定。而否定命题作为简单命题，其真假由命题陈述的内容是否符合事实而定。

　　（二）联言命题

　　联言命题就是陈述几种事物情况同时存在的复合命题。例如：

　　[例1]《宪法》第35条：中华人民共和国公民有言论、出版、集会、结社、游行、示威的自由。

　　[例2]《刑法》第83条：有期徒刑的假释考验期限，为没有执行完毕的刑期；无期徒刑的假释考验期限为10年。

　　[例3] 被害人陈述和被告人供述辩解都是证据。

　　联言命题由支命题和命题联结词构成。联言命题的支命题称为联言支，一个联言命题的联言支至少有两个。联言支的数量多少和顺序改变不影响联言命题的逻辑性质。

　　联言命题的命题联结词是"并且"，用符号"∧"表示。符号"∧"称为合取词，读作"合取"或"并且"。在自然语言中，联言命题的联结词的语言形式是多种多样的，除"并且"外，还有"而且、既……又、也、但是、而"等。在自然语言中，那些表示并列、递进、转折关系的语词是作为"并且"的同义词或近义词来使用的，都可以作为联言命题的联结词，那些表达并列、递进、转折关系的语句可以被视为联言命题。

　　联言命题的支命题分别用 p、q……表示。联言命题的命题形式是：

$$p \text{ 并且 } q，可表示为 } p \wedge q$$

$p \wedge q$ 称为合取式。联言命题也称为合取命题，联言支也称为合取支。

联言命题陈述了它的支命题都是真的。联言命题的逻辑性质是：联言命题为真，当且仅当联言支都是真的。如果联言支全部为真，联言命题为真；联言支有一个为假，联言命题为假。反之，如果联言命题为真，联言支全部为真；如果联言命题为假，联言支中至少有一个为假。

联言命题在语言上有多种表达形式。如果某一思维对象同时具有几种不同的性质，或者不同的思维对象具有相同的性质，这时为了表达的简练、方便，合并相同语言成分，就需要使用联言命题。

［例4］《宪法》第46条：中华人民共和国公民有受教育的权利和义务。

这是复合谓项的联言命题。各联言支的主项相同，谓项不同。

［例5］《刑法》第49条：犯罪的时候不满18周岁的人和审判的时候怀孕的妇女，不适用死刑。

这是复合主项的联言命题。各联言支的主项不同，谓项相同。

［例6］《宪法》第88条：总理召集和主持国务院常务会议和国务院全体会议。

这是复合主谓项的联言命题。各联言支的主项、谓项都不相同。

（三）选言命题

选言命题就是陈述几种事物情况中至少有一种情况存在的复合命题。例如：

［例1］你明天或者去看球赛或者去看电影。

［例2］某甲和某乙至少有一个人不是凶手。

［例3］《刑事诉讼法》第118条：讯问犯罪嫌疑人必须由人民检察院或者公安机关的侦查人员负责进行。

选言命题由支命题和命题联结词组成。选言命题的支命题称为选言支，一个选言命题的选言支至少有两个。选言支的数量多少和顺序改变不影响选言命题的逻辑性质。

选言命题的命题联结词是"或者"，用符号"∨"表示。符号"∨"称为析取词，读作"析取"或"或者"。在自然语言中，选言命题的联结词的语言形式是多种多样的，除"或者"外，还有"至少有、不可都假、可能……也可能"等。在自然语言中，那些表示选择关系的语词是作为"或者"的同义词或近义词来使用的，都可以作为选言命题的联结词，那些表达选择关系的语句可以被视为选言命题。

选言命题的支命题分别用 p、q……表示。选言命题的命题形式是：

$$p \text{ 或者 } q, \text{ 可表示为 } p \lor q$$

$p \lor q$ 称为析取式。选言命题也称为析取命题，选言支也称为析取支。

选言命题陈述了它的支命题中至少有一个为真。选言命题的逻辑性质是：选言命题为真，当且仅当选言支中至少有一个为真。如果至少有一个选言支为真，选言命题为真；选言支全部为假，选言命题为假。反之，选言命题为真，至少有一个选言支为真，不可能选言支全部为假；选言命题为假，选言支全部为假。

上述选言命题陈述了它的选言支中至少有一个为真，可以同真，这种选言支可以同真的选言命题也称为相容的选言命题。还有一种选言支之间相互排斥，不可同真，这种选言命题称为不相容的选言命题，也称为排斥选言命题。

排斥选言命题就是陈述几种事物情况中，有一种情况存在并且只能有一种情况存在的复合命题。例如：

［例4］一个人，要么是成年人，要么是未成年人。

［例5］你明天或者去看球赛，或者去看电影，二者不可兼得。

［例6］今天的晚自习不是去教室，就是去图书馆。

排斥选言命题的命题联结词是"要么……要么、不是……就是""或者……或者，二者不可兼得"。

排斥选言命题由支命题和命题联结词组成。排斥选言命题的支命题称为选言支，一个排斥选言命题的选言支至少有两个。选言支的数量多少和顺序改变不影响排斥选言命题的逻辑性质。

排斥选言命题的支命题分别用 p、q……表示。排斥选言命题的命题形式是：

$$\text{要么 } p, \text{ 要么 } q$$

排斥选言命题陈述了它的支命题中有一个并且只有一个为真，即选言支不可同真。排斥选言命题的逻辑性质是：排斥选言命题为真，当且仅当选言支中有一个并且只有一个为真。如果选言支中有并且只有一个为真，排斥选言命题为真；选言支不止一个为真，或选言支全部为假，排斥选言命题为假。反之，排斥选言命题为真，有并且只有一个选言支为真；排斥选言命题为假，选言支不止一个为真，或选言支全部为假。

排斥选言命题是选言命题中的一种特殊情况，即它的选言支中有并且只有一个为真。逻辑学中，区分选言命题和排斥选言命题的办法是看它们的联结词，不看它们的内容。"或者"表示相容的选言命题，"或者……或者，二者不可兼得"表示不相容的选言命题。

［例7］今天的晚自习或者去教室，或者去图书馆。

这是相容的选言命题，虽然内容上不可能相容。

［例8］今天的晚饭或者吃米饭，或者吃面条。

这是相容的选言命题。

［例9］今天的晚饭或者吃米饭，或者吃面条，二者不可兼得。

这是排斥选言命题。

（四）假言命题

假言命题就是陈述事物情况之间条件关系的命题。假言命题与其他复合命题相比，其突出的逻辑特征是：假言命题不是对事物的性质或可能情况作出直接的断定，而是对事物情况作出一种有条件的断定，断定某一情况的存在是另一情况存在的条件，由此假言命题也被称为"条件命题"。其中，表示条件的支命题称为前件，表示结果的支命题称为后件。

根据条件性质的不同，条件可以分为充分条件、必要条件、充要条件。

充分条件是多因同果，多条件都能单独地导致同一个结果。多条件中的任何一个条件对于结果来说，都是充分条件。充分条件的特征可以概括为：如果有前件就必然有后件，没有前件未必没有后件；如果没有后件就必然没有前件，有后件未必有前件。

必要条件是多因一果，若干条件必须同时具备才能导致某一结果，任一条件都不能单独地导致结果出现，但是缺少任一条件，结果也不会出现。任一条件对于结果来说，都是必要条件，缺一不可。必要条件的特征可以概括为：如果没有前件就必然没有后件，有前件未必有后件；如果有后件就必然有前件，没有后件未必没有前件。

充要条件陈述了条件、结果之间互为充分、必要条件。充要条件的特征可以概括为：如果有前件就必然有后件，没有前件必然没有后件；如果有后件就必然有前件，没有后件必然没有前件。

正是由于条件的不同，假言命题分为充分条件假言命题、必要条件假言命题、充要条件假言命题（等值命题）。假言命题因其所包含的联结词不同而具有不同的逻辑性质。

1. 充分条件假言命题。充分条件假言命题就是陈述某一命题的存在是另一命题存在的充分条件的复合命题。例如：

［例1］如果他是凶手，那么他在案发现场。

［例2］如果明天不下雨，我们就去长城。

［例3］《刑事诉讼法》第12条：未经人民法院依法判决，对任何人都不得确定有罪。

充分条件假言命题由支命题和命题联结词组成。

充分条件假言命题的命题联结词是"如果……则"，用符号"→"表示。符号"→"称为蕴涵词，读作"如果……则"或"蕴涵"。在自然语言中，充分条件假言命题的联结词的语言形式是多种多样的，除"如果……则"外，还有"假如、倘若、只要……就、一旦……就"等。在自然语言中，那些表示充分条件关系的语词是作为"如果……则"的同义词或近义词来使用的，都可以作为充分条件假言命题的联结词，那些表达充分条件关系的语句可以被视为充分条件假言命题。

充分条件假言命题的前件、后件分别用 p、q 表示。充分条件假言命题的命题形式为：

如果 p 则 q，可表示为 p→q

p→q 称为蕴涵式。p→q 也称为蕴涵命题，有时也称为假言命题（下同）。

假言命题陈述了某一命题蕴涵另一命题，陈述了前件蕴涵后件，陈述了 p 是 q 的充分条件，即只要 p 真，q 就为真，而不会出现 p 真、q 假的情形。假言命题的逻辑性质是：假言命题为真，当且仅当并非前件为真而后件为假。反之，假言命题为假，当且仅当前件为真而后件为假。

2. 必要条件假言命题。必要条件假言命题就是陈述某一命题的存在是另一命题存在的必要条件的复合命题。例如：

［例1］只有水分充足，种子才会发芽。

［例2］只有年满18周岁，才有选举权。

［例3］仅当他在案发现场，他才会是作案人。

必要条件假言命题由支命题和命题联结词组成。

必要条件假言命题的命题联结词是"只有……才"。在自然语言中，必要条件假言命题的联结词的语言形式是多种多样的，除"只有……才"外，还有"除非……才、仅当……才、不……就不"等。在自然语言中，那些表示必要条件关系的语词是作为"只有……才"的同义词或近义词来使用的，都可以作为必要条件假言命题的联结词，那些表达必要条件关系的语句可以被视为必要条件假言命题。

必要条件假言命题的前件、后件分别用 p、q 表示。必要条件假言命题的命题形式为：

$$只有 p 才 q，可表示为 \neg p \rightarrow \neg q 或 q \rightarrow p$$

"只有 p 才 q"的意思是"如果没有 p 就没有 q""有 q 就有 p"，所以，可以用蕴涵词→来表示"只有 p 才 q"。例如，"只有年满18周岁，才有选举权"可以用如下假言命题来表示：

［例4］如果未满18周岁，就没有选举权。

$$\neg p \rightarrow \neg q$$

［例5］如果有选举权，那么一定年满18周岁。

$$q \rightarrow p$$

必要条件假言命题陈述了 p 是 q 的必要条件，即只要 p 假，q 就为假，而不会出现 p 假、q 真的情形。必要条件假言命题的逻辑性质是：必要条件假言命题为真，当且仅当并非前件为假而后件为真。反之，必要条件假言命题为假，当且仅当前件为假而后件为真。

3. 等值命题（充要条件假言命题）。等值命题，也称为充要条件假言命题，就是陈述某一命题的存在是另一命题存在的充分而且必要条件的复合命题。例如：

[例1] 一个数是偶数当且仅当它能被2整除。

[例2] 当且仅当小明参加篮球队，小强才会参加篮球队。

[例3] 当且仅当早上六点，我才起床。

等值命题由支命题和命题联结词组成。

等值命题的命题联结词是"当且仅当……才"，用符号"↔"表示。符号"↔"称为等值词，读作"当且仅当"或"等值于"或"相互蕴涵"。

等值命题的前件、后件分别用p、q表示。等值命题的命题形式为：

p当且仅当q，可表示为p↔q。p↔q称为等值式。

等值命题陈述两种事物情况同时存在或者同时不存在，也就是陈述了前件和后件同真或同假，互为充要条件。等值命题的逻辑性质是：等值命题为真，当且仅当它的前件和后件的真假情况是相同的。反之，等值命题为假，当且仅当它的前件和后件真假情况不同。

在上述三种不同条件关系的假言命题中，一个假言命题实际上陈述了两个逻辑关系：前件是后件的充分条件，同时，后件是前件的必要条件。也就是说，p→q表示p是q的充分条件，q是p的必要条件；q→p表示p是q的必要条件，q是p的充分条件；而p↔q表示p、q互为充分、必要条件，因此p↔q可以推出p→q，也可以推出q→p，但p→q或q→p不能推出p↔q。

三、多重复合命题

我们用来表达思想的命题，有的是简单命题，有的是复合命题，更多的是多重复合命题。

多重复合命题是以复合命题为支命题的复合命题。多重复合命题经过多次组合，可以非常复杂。我们需要根据它所包含的命题联结词，逐层对多重复合命题所陈述的各支命题之间的复杂关系进行逻辑分析。

一般地，分析多重复合命题分为以下两步：

1. 逐层找出支命题，支命题分解到简单命题为止，并用变项符号p、q、r……表示。相同的命题代以相同的符号，不同的命题代以不同的符号。

2. 根据多重复合命题所陈述的各支命题之间的关系，找出或补上合适的命题联结词，将支命题联结起来。

多重复合命题包含至少两个以上的命题联结词。就像数学中的加、减、乘、除等符号有先后运算顺序，这些命题联结词按联结力强弱也存在运算顺序。五种命题联结词的联结力强弱顺序依次递减：

$$¬ , ∧ , ∨ , → , ↔$$

$$¬ 最强， ∧和∨较强， →较弱， ↔最弱$$

连续的→从后向前结合。

括号（）可以改变任何命题联结词的运算顺序。括号内的命题形式是一个独立的部分，最先运算，然后按联结力强弱依次运算其他命题联结词。最后运算的命题联结词称为主联结词。主联结词是指联结力最弱的命题联结词。多重复合命题以主联结词命名和分类。主联结词是什么，就称作什么命题。

[例1]《刑法》第18条：尚未完全丧失辨认或者控制自己行为能力的精神病人犯罪的，应当负刑事责任，但是可以从轻或者减轻处罚。

这是多重复合命题。首先用变项符号代替变项：用 p 代替尚未完全丧失辨认自己行为能力的精神病人犯罪，用 q 代替尚未完全丧失控制自己行为能力的精神病人犯罪，用 r 代替应当负刑事责任，用 s 代替可以从轻处罚，用 t 代替可以减轻处罚。其命题形式为：

$$p∨q→r∧（s∨t）$$

下面我们来分析它属于哪种复合命题：因为括号的联结力最强，（s∨t）首先联结在一起；括号外剩下的联结词中，∧、∨的联结力强于→，之后 p∨q、r∧（s∨t）分别联结起来；最后，剩下的→联结力最弱，是主联结词，该多重复合命题称为假言命题。

[例2]《刑法》第3条：法律明文规定为犯罪行为的，依照法律定罪处刑；法律没有明文规定为犯罪行为的，不得定罪处刑。

这是多重复合命题。首先用变项符号代替变项：用 p 代替法律明文规定为犯罪行为的，用 q 代替依照法律定罪处刑，用¬ p 代替法律没有明文规定为犯罪行为的，用¬ q 代替不得定罪处刑。其命题形式为：

$$（p→q） ∧ （¬ p→¬ q）$$

下面我们来分析它属于哪种复合命题：因为括号的联结力最强，（p→q）、

（¬p→¬q）首先分别联结起来；括号外剩下的∧是主联结词，该多重复合命题称为联言命题。

［例3］受过刑事处罚的，不予颁发律师执业证书，但过失犯罪除外。

这是多重复合命题。首先用变项符号代替变项：用p代替受过刑事处罚，用q代替不予颁发律师执业证书，用¬r代替过失犯罪除外。其命题形式为：

$$p \wedge \neg r \rightarrow q$$

下面我们来分析它属于哪种复合命题：因为否定词联结力最强，¬r首先联结起来；剩下的联结词中，∧强于→，之后p∧¬r联结起来；最后，剩下的→联结力最弱，是主联结词，该多重复合命题称为假言命题。

第四节　模态命题和规范命题

由于"必然"和"可能"是两个最基本的模态词，因而在通常情况下，人们所说的模态命题多指包含"必然"或"可能"这两个模态词的命题。广义的模态命题还包括规范命题，规范命题就是包含"必须""允许""禁止"一类模态词的命题。

一、模态命题

（一）模态命题的特征

模态命题就是陈述事物情况的必然性或可能性的命题。

直言命题是关于事物性质存在或不存在的陈述，关系命题是关于事物之间关系的陈述，复合命题是在此基础上，对事物情况的断定。但有些事物情况的存在或不存在是必然的，有些事物情况的存在或不存在是可能的。陈述这种必然性或可能性的命题就是模态命题。例如：

［例1］量变引起质变，这是必然的。

［例2］可能明天会下雨。

［例3］如果他是作案人，那么他必然在案发现场。

模态命题是由非模态命题和模态词组成。模态命题是在非模态命题的基础上加上模态词而构成的。模态词分为"必然""可能"两种。模态命题都含有模态词，不含有模态词的命题是非模态命题。非模态命题可以是简单命题，也可以是复合命题，一般用命题变项符号 p 来表示。模态词的位置非常灵活，可以加在非模态命题的中间，也可以加在非模态命题的前面或后面。在分析模态命题的命题形式时，将模态词放在 p 的前面。

（二）模态命题的种类

模态命题可以分为必然命题和可能命题两种。

1. 必然命题。必然命题就是陈述事物情况的必然性的命题。在自然语言中，通常用"必然、必定、一定"等语词作为它的模态词，并用符号"L"表示。

必然命题分为必然肯定命题和必然否定命题两种。

（1）必然肯定命题。必然肯定命题就是陈述事物情况必然存在的命题。

例如：违反客观规律必然要受到客观规律的惩罚。

必然肯定命题的命题形式是：

必然 p，可表示为 Lp

（2）必然否定命题。必然否定命题就是陈述事物情况必然不存在的命题。

例如：客观规律必然不以人们的意志为转移。

必然否定命题的命题形式是：

必然不 p，可表示为 L￢p

2. 可能命题。可能命题就是陈述事物情况的可能性的命题。在自然语言中，通常用"可能、或许、也许、大概"等语词作为它的模态词，并用符号"M"表示。

可能命题分为可能肯定命题和可能否定命题两种。

（1）可能肯定命题。可能肯定命题就是陈述事物情况可能存在的命题。

例如：明天可能是晴天。

可能肯定命题的命题形式是：

可能 p，可表示为 Mp

（2）可能否定命题。可能否定命题就是陈述事物情况可能不存在的命题。

例如：他可能不是该案凶手。

可能否定命题的形式是：

可能不 p，可表示为 M￢p

二、规范命题

（一）规范命题的特征

规范命题就是陈述人们的行为规范的命题。行为规范，是社会群体或个人在参与社会活动中所遵循的规则、准则的总称，是社会认可和人们普遍接受的具有一般约束力的行为标准。把这些规则、准则陈述出来，就是规范命题。就行为规范本身来说，它是指令人们如何行为的规定，这些规定只有合理不合理、有效力与无效力的问题，而没有真假问题。但是，就陈述行为规范的规范命题而言，规范命题是有真假的。如果一个规范命题所陈述的规范是有效规范，它就是真的；如果一个规范命题所陈述的规范不是有效规范，它就是假的。例如：

［例1］《刑法》第17条：已满16周岁的人犯罪，应当负刑事责任。

［例2］禁止虐待动物。

［例3］《刑事诉讼法》第130条：侦查人员执行勘验、检查，必须持有人民检察院或者公安机关的证明文件。

规范命题是由两部分组成的：一个是"必须、禁止、允许"等模态词；一个是陈述某种行为规范的命题，这一部分也可以称为支命题。支命题可以是简单命题，也可以是复合命题，一般用命题变项符号 p 来表示。规范命题的模态词有"必须""禁止""允许"三种。模态词的位置非常灵活，可以放在命题中间，也可以放在命题的前面或后面。在分析规范命题的命题形式时，将模态词放在 p 的前面。

（二）规范命题的种类

规范命题分为必须命题、禁止命题和允许命题三种。

1. 必须命题。必须命题就是陈述人们必须履行某种行为的命题。在自然语言中，必须命题通常包含"必须、应当、有义务"等语词，并用符号"O"表示。

必须命题分为必须肯定命题和必须否定命题两种。

（1）必须肯定命题。必须肯定命题就是命令或要求人们必须做出某种行为的命题。

例如：《刑事诉讼法》第138条：进行搜查，必须向被搜查人出示搜查证。

必须肯定命题的命题形式是：

必须 p，可表示为 Op

（2）必须否定命题。必须否定命题就是命令或要求人们必须不能做出某种行为的命题。

例如：必须不虐待俘虏。

必须否定命题的命题形式是：

必须不 p，可表示为 O¬ p

2. 禁止命题。禁止命题就是陈述禁止人们做出某种行为的命题。在自然语言中，禁止命题通常包含"禁止、不得、不准、不许、不可"等语词，并用符号"F"表示。

禁止命题分为禁止肯定命题和禁止否定命题两种。

（1）禁止肯定命题。禁止肯定命题就是禁止人们做出某种行为的命题。

例如：《刑事诉讼法》第135条：侦查实验，禁止一切足以造成危险、侮辱人格或者有伤风化的行为。

禁止肯定命题的命题形式是：

禁止 p，可表示为 Fp

（2）禁止否定命题。禁止否定命题就是禁止人们不做出某种行为的命题。

例如：禁止公民不依法纳税。

禁止否定命题的命题形式是：

禁止不 p，可表示为 F¬ p

显然，"禁止 p"等值于"必须不 p"，"禁止不 p"等值于"必须 p"。为了表达的通畅，我们用"禁止 p"代替"必须不 p"，用"必须 p"代替"禁止不 p"。

3. 允许命题。允许命题就是陈述人们可以履行某种行为的命题。在自然语言中，允许命题通常包含"允许、可以、准予、有权利"等语词，并用符号"P"表示。

允许命题分为允许肯定命题和允许否定命题两种。

（1）允许肯定命题。允许肯定命题就是陈述人们可以做出某种行为的命题。

例如：《刑事诉讼法》第 175 条：人民检察院审查案件，对于需要补充侦查的，可以退回公安机关补充侦查，也可以自行侦查。

允许肯定命题的命题形式是：

$$允许 p，可表示为 Pp$$

（2）允许否定命题。允许否定命题就是陈述人们可以不做出某种行为的命题。

例如：允许当事人不上诉。

允许否定命题的命题形式是：

$$允许不 p，可表示为 P\neg p$$

第三章　推理

第一节　推理概述

一、推理及其推理形式

推理就是以一个或几个命题为根据或理由，从而得出或推出一个命题的思维过程。例如：

[例1] 所有律师都不是审判员，

所以，所有审判员都不是律师。

[例2] 只有二年级学生，才能担任教学助理；

他不是二年级学生；

所以，他不能担任教学助理。

[例3] 凡是不能正确表达意思的人是不能作证的；

张某不能正确表达意思；

所以，张某不能作证。

[例4] 犯罪行为都不是合法行为，

所以，合法行为都不是犯罪行为。

[例5] 只有年满18周岁，才有选举权；

现在他未满18周岁；

所以，他没有选举权。

[例6] 凡是抢夺他人财物的应处3年以下有期徒刑；

某甲抢夺他人财物；

　　所以，某甲应处3年以下有期徒刑。

　　以上各例都是推理。每个推理当中，作为根据或理由的命题称为前提；由前提推出的命题称为结论。

　　推理的特征是：推理由前提和结论组成，并且前提和结论之间具有推出关系。如果命题之间只存在语句上的前后关系，没有推出关系，就不是推理。例如，"因为今天是晴天，所以民法是法律。"这只是一个貌似推理的命题组合，不是逻辑推理。

　　推理是由具有推出关系的前提和结论组成的命题序列。一般地，在推理中含有"所以""因此""因为"等表示因果关系的语词。根据这些语词，我们可区分出推理中哪个命题是前提，哪个命题是结论。表示因果关系的这些语词不仅可以用来区分推理的前提和结论，而且还描述了一种推导关系，即作为结论的命题是由作为前提的命题推导出来的。这种推导关系表现为各种不同的推理过程，称为推理形式。

　　推理形式就是指前提与结论之间的联结方式，它反映推理的内在结构、前提与结论之间的内在关系。

　　每一推理过程都有各自不同的逻辑要求，称为推理规则。任何推理都是按照一定推理规则把前提和结论排列成一定推理形式，推理就是通过推理形式把前提和结论联结起来的思维过程。

　　将［例2］、［例5］进行对比，这两个推理的内容是不同的，但是，这两个推理具有相同的内在结构或内在关系，其推理形式是相同的。它们都由三个命题组成，如果用变项符号来代替具体的命题，而逻辑常项保持不变，［例2］、［例5］就具有如下相同的推理形式：

只有p，才q，
非p
所以，非q

　　将［例3］、［例6］进行对比，这两个推理的内容是不同的，但是其推理形式是相同的。它们都由三个直言命题组成，包含三个不同的词项。如果用变项符号来代替具体的词项，而逻辑常项保持不变，［例3］、［例6］就具有如下相同的推理形式：

所有 M 是 P

所有 S 是 M

所以，所有 S 是 P

同理，将［例1］、［例4］进行对比，这两个推理的内容是不同的，但是其推理形式是相同的。它们都由两个直言命题组成，包含两个不同的词项。如果用变项符号来代替具体的词项，而逻辑常项保持不变，［例1］、［例4］就具有如下相同的推理形式：

所有 S 都不是 P

所以，所有 P 都不是 S

表示前提和结论之间推理关系的方式有很多。可以用语词"因为""所以"或符号"∵""∴"表示，"因为"后面的命题表示前提，"所以"后面的命题表示结论；也可以用符号→表示，→前面的命题表示前提，→后面的命题表示结论；也可以用横线表示，横线上面的命题表示前提，横线下面的命题表示结论。上述三个推理形式可以依次表示为：

只有 p，才 q

_____非 p_____

非 q

所有 M 是 P

_____所有 S 是 M_____

所有 S 是 P

_____所有 S 都不是 P_____

所有 P 都不是 S

上述［例2］、［例5］都是以复合命题作为推理的大前提，并以简单命题为变项，因此称为复合命题推理。［例1］、［例3］、［例4］、［例6］都是以简单命题作为推理的前提，并以词项为变项，因此称为简单命题推理。

推理和推理形式密不可分。推理是由前提、结论以及推理形式组成的。推理形式是由前提和结论组成的命题形式序列，是对推理的形式结构进行抽象或概括的结果。每一推理都有相应的推理形式，不同的推理可以具有相同的推理形式。具有相同形式结构的推理，就具有相同的推理形式。同一推理形式可以代入任一内容。每一具体的推理都是推理形式的实例代入。

推理具有内容和形式两个方面，内容和形式是不可分离的。推理的内容方面指的是前提和结论，形式方面指的是推理形式。在实际思维过程中，推理形式总是与推理内容交织在一起。逻辑学把推理形式作为自己的主要研究对象，并不是说逻辑就只有形式而没有任何内容了，不过是主要研究思维的形式方面，而不是直接地研究思维的具体内容。

推理既反映前提与结论在内容和意义上的联系，也反映前提与结论在形式结构上的联系。推理形式是对推理的形式结构的逻辑抽象，它撇开了具体内容，只剩下形式。推理内容是有对错的，而推理形式只有形式上的对错，没有内容上的对错。推理内容，即推理的前提或结论是否真实、成立，不是逻辑学的研究对象。推理形式是否正确、有效，是逻辑学的研究对象。逻辑学研究推理形式及其有效性，而不研究推理的具体内容。推理是否有效，不是就推理内容而言的，而是就推理形式而言的。有效推理就是指这个推理的推理形式有效，就是前提与结论之间的联系方式符合推理规则。形式有效的推理就是我们常说的合乎逻辑的推理。

那么前提和结论之间具有怎样的联系才能保证推理是正确的呢？如何判定一个推理形式是否有效呢？

如果一个推理形式是有效的，当且仅当依据此推理形式的任一推理（即其变项的任一代入）都不会出现前提为真而结论为假的情况。

［例7］有足球迷是老年人，

　　　　所以，有老年人是足球迷。

其推理形式是：

有 S 是 P

所以，有 P 是 S

这就是一个有效推理形式。因为依据此推理形式进行任一推理，无论对其变项符号 S、P 作怎样的代入，都不会出现前提为真而结论为假。在一个推理过程中，如果前提真实，并且推理形式有效，那么结论必然为真。反之，如果前提真实，而结论不必然为真，则推理形式无效。无效推理形式就是依据此推理形式代入的推理不能保证前提为真时结论必然为真，对变项作这种代入时，可能推理内容正确，而对变项作另一种代入时，可能推理内容不正确。依据有效推理形式进行的推理称为有效或正确的推理。依据无效推理形式进行的推理称为无效或错误的推理。形式有效的推理都遵守推理规则，违反推理规则的一定是无效的推理。

下面我们来研究，一个推理的内容是正确的，是否其相应的推理形式就是有效的？一个推理的形式是有效的，是否其相应的内容就是正确的？

［例8］有青年人不是学生，

所以，有学生不是青年人。

这个推理内容没有错误，其推理形式是：

有S不是P

所以，有P不是S

下面我们对这个推理形式换一种代入：

［例9］有违法行为不是犯罪，

所以，有犯罪不是违法行为。

显然，［例9］的前提为真而结论为假，这说明相应的推理形式是无效的。

我们再来看两个例子：

［例10］所有能被2整除的数都是偶数，

所以，所有偶数都是能被2整除的数。

这个推理的内容没有错误，其推理形式是：

所有S是P

所以，所有P是S

下面我们来检验这个推理形式是否有效，我们再做一次代入：

［例11］所有抢劫罪都是犯罪行为，

所以，所有犯罪行为都是抢劫罪。

上述［例10］和［例11］的推理形式是相同的，但［例11］的前提是正确的，结论是错误的。这充分说明了这个推理形式是一个无效推理形式。

上述［例8］、［例10］说明了前提和结论都真的推理，其推理形式不一定有效。即一个推理的内容正确，并不代表相应的形式就有效。那么一个推理的推理形式有效，是否其内容就是正确的呢？我们再看下面的例子：

　　［例12］所有云南人都喜欢吃米线，

　　　　　　他是云南人；

　　　　　　所以，他喜欢吃米线。

其推理形式是：

$$所有 M 是 P$$
$$所有 S 是 M$$
$$所以，所有 S 是 P$$

这个推理形式和上述［例3］、［例6］的推理形式是相同的，是有效的。但是［例12］的大前提是错误的，其结论不必然为真。这说明一个形式正确的推理，可能会有错误的前提或结论，就是说一个有效的推理形式，可能从一个假前提出发。即一个推理的形式有效，并不代表相应的内容就正确。

综上说明，推理形式不同于推理内容，二者不能混淆。推理形式是否有效，和推理内容是否正确是两个问题。在一个推理过程中，内容正确不代表相应的推理形式有效，内容不正确也不代表相应的推理形式无效。推理形式是否有效与推理内容是否正确无关。分析一个推理的有效性只能从推理形式上去分析，和推理内容无关。

二、推理种类

为了便于研究各类推理的特征，根据不同的标准，推理可划分为不同的种类：

1. 根据前提和结论之间的联系方式不同，推理可分为演绎推理和非演绎推理。所谓演绎推理，就是前提与结论之间具有必然联系的推理，前提真则结论必真。所谓非演绎推理，就是前提与结论之间不具有必然联系的推理，前提真则结论是否为真不确定。

2. 根据是否含有模态词，演绎推理可分为模态推理和非模态推理。模态推理就是含有模态词的演绎推理，它的前提和结论是模态命题；模态推理可分为模态对当推理和规范对当推理。非模态推理就是不含有模态词的演绎推理，它的前提和结论是非模态命题；非模态推理可分为简单命题推理和复合命题推理。

3. 根据推理的大前提不同，常见的推理分类是简单命题推理和复合命题推理。简单命题推理就是以简单命题作为前提的演绎推理，可分为直接推理、间接推理（三段论推理）和关系推理。复合命题推理就是以复合命题作为大前提的演绎推理，可分为双重否定推理、联言推理、选言推理、假言推理等。

4. 非演绎推理可分为回溯推理、归纳推理、求因果联系五法、类比推理等。

第二节　演绎推理

一、简单命题推理

简单命题推理就是以简单命题作为前提进行的演绎推理。其中包括以直言命题作为前提的直接推理、三段论推理，和以关系命题作为前提的关系推理。

（一）直接推理

直言命题的直接推理是指包含一个直言前提和一个直言结论的简单命题推理。它的结论直接从前提推导出来。因为直接推理只有一个前提和一个结论，前提和结论之间的推导关系有两种情形：一是根据直言命题之间的对当关系来进行，称为直言对当关系推理；二是通过直言命题之间的命题变形来进行，称为变形推理（包括换质推理、换位推理）。

1. 直言对当关系。对当关系是指具有同一素材的命题之间的真假关系。对当关系只能在同一素材的命题之间进行。

直言命题的对当关系是指主项和谓项分别相同的 A、E、I、O 四种直言命题之间的真假关系。例如：

［例 1］ 所有证据都是确实充分的。

［例 2］ 所有证据都不是确实充分的。

［例 3］ 有证据是确实充分的。

［例 4］ 有证据不是确实充分的。

上述四个命题，其主项和谓项都是相同的，因此称为同一素材的直言命题，它们之间具有对当关系。

直言命题之间的对当关系可用下图表示：

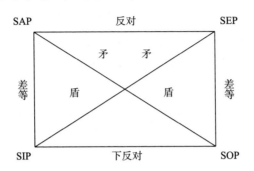

这种图形称为对当方阵或逻辑方阵。它的每一个角代表一种命题，每一条线代表两种命题之间的一种对当关系。

直言命题间的对当关系可以根据直言命题的真假情况来说明。直言命题的真假情况可以由它的主谓项外延之间的关系来确定。直言命题的主谓项外延之间的关系无外乎是全同关系、种属关系、属种关系、交叉关系和全异关系。主项与谓项外延之间的关系不同，直言命题的真假情况也就不同。

SAP 陈述了 S 的全部外延都包含在 P 的外延之中，但并未陈述 S 的外延是否等于 P 的外延。当 S 与 P 的外延之间是全同关系或种属关系时，S 的全部外延都包含在 P 的外延之中，这时"所有 S 是 P"是真的。因此，SAP 实际上陈述了 S 与 P 的外延之间或是全同关系或是种属关系，但并未陈述究竟是其中的哪一种关系。

SEP 陈述了 S 的全部外延都排斥在 P 的外延之外。当 S 与 P 的外延之间是全异关系时，S 的全部外延都排斥在 P 的外延之外，这时"所有 S 不是 P"是真的。因此，SEP 实际上陈述了 S 与 P 的外延之间是全异关系。

SIP 陈述了至少有一部分 S 的外延包含在 P 的外延之中，但并未陈述究竟有多少 S 的外延包含在 P 的外延之中，也未陈述这些 S 的外延究竟是 P 的全部外延还是 P 的部分外延。当 S 与 P 的外延之间是全同关系、种属关系、属种关系或交叉关系时，都有 S 的外延包含在 P 的外延之中，这时"有 S 是 P"是真的。因此，SIP 实际上陈述了 S 与 P 的外延之间或是全同关系或是种属关系或是属种关系或是交叉关系，但并未陈述究竟是其中的哪一种关系。

SOP 陈述了至少有一部分 S 的外延排斥在 P 的外延之外，但并未陈述究竟有多少 S 的外延排斥在 P 的外延之外。当 S 与 P 的外延之间是属种关系、交叉关系或全异关系时，都有 S 的外延排斥在 P 的外延之外，这时"有 S 不是 P"是真的。因此，SOP 实际上陈述了 S 与 P 的外延之间或是属种关系或是交叉关系或是全异关系，但并未陈述究竟是其中的哪一种关系。

直言命题及其主谓项外延间的真假情况如下表所示：

A⟋B⟋C	(S P 同心同一)	(Ⓢ P 内含)	(S Ⓟ 内含)	(S✕P 交叉)	(S) (P) 全异
SAP	+	+	−	−	−
SEP	−	−	−	−	+
SIP	+	+	+	+	−
SOP	−	−	+	+	+

注：A 表示 S、P 外延之间的关系；B 表示命题的真值，+ 表示真，− 表示假；C 表示命题的种类

直言命题间的对当关系有四种：矛盾关系、反对关系、下反对关系和差等关系。

（1）矛盾关系。命题之间的矛盾关系是指：两个命题不可同真，也不可同假，即一真一假。当其中一个为真时，另一个为假；当其中一个为假时，另一个为真。

在直言对当方阵中，矛盾关系表现为两个矛盾命题 A 与 O、E 与 I 之间的真假关系。从上表可以看出：

①A 与 O 之间的真假关系。

当 SAP 为真，则 SOP 为假。

当 SAP 为假，则 SOP 为真。

当 SOP 为真，则 SAP 为假。

当 SOP 为假，则 SAP 为真。

②E 与 I 之间的真假关系。

当 SEP 为真，则 SIP 为假。

当 SEP 为假，则 SIP 为真。

当 SIP 为真，则 SEP 为假。

当 SIP 为假，则 SEP 为真。

（2）反对关系。命题之间的反对关系是指：两个命题不可同真，但可同假。当其中一个为真时，另一个为假；当其中一个为假时，另一个可真可假。

在直言对当方阵中，反对关系表现为两个全称命题 A 与 E 之间的真假关系。从上表可以看出：

当 SAP 为真，则 SEP 为假。

当 SAP 为假，则 SEP 可真可假。

当 SEP 为真，则 SAP 为假。

当 SEP 为假，则 SAP 可真可假。

（3）下反对关系。命题之间的下反对关系是指：两个命题不可同假，但可同真。当其中一个为假时，另一个为真；当其中一个为真时，另一个可真可假。

在直言对当方阵中，下反对关系表现为两个特称命题 I 与 O 之间的真假关系。从上表可以看出：

当 SIP 为假，则 SOP 为真。

当 SIP 为真，则 SOP 可真可假。

当 SOP 为假，则 SIP 为真。

当 SOP 为真，则 SIP 可真可假。

（4）差等关系。命题之间的差等关系是指：两个命题既可同真，也可同假。对当方阵中上角命题称为上位命题，下角命题称为下位命题。当上位命题为真，下位命题为真；当上位命题为假，下位命题可真可假；当下位命题为假，上位命题为假；当下位命题为真，上位命题可真可假。

差等关系和上述三种对当关系不同的是，上述三种命题之间的真值关系都是对称的，而差等关系不是对称的。差等关系也可称为从属关系、蕴涵关系。

在直言对当方阵中，差等关系表现为两个联词相同的命题 A 与 I、E 与 O

之间的真假关系。从上表可以看出：

①A 与 I 之间的真假关系。

当 SAP 为真，则 SIP 为真。

当 SAP 为假，则 SIP 可真可假。

当 SIP 为假，则 SAP 为假。

当 SIP 为真，则 SAP 可真可假。

②E 与 O 之间的真假关系。

当 SEP 为真，则 SOP 为真。

当 SEP 为假，则 SOP 可真可假。

当 SOP 为假，则 SEP 为假。

当 SOP 为真，则 SEP 可真可假。

关于直言命题之间的真假关系，需要注意以下两点：

第一，由于单称肯定命题和全称肯定命题、单称否定命题和全称否定命题的主谓项周延情况以及主谓项外延之间的关系完全一样，因此在推理中把单称命题视为全称命题。但是实际上，单称肯定命题和单称否定命题之间的真假关系是矛盾关系，而全称肯定命题和全称否定命题之间的真假关系是反对关系。

第二，上述直言命题之间的对当关系是建立在主项不是空类的基础上的。如果主项所指称的对象不存在，那么除矛盾关系外，其他几种对当关系都不成立。

2. 直言对当关系推理。直言对当关系推理就是根据直言命题之间的对当关系，由一个命题必然地推出另一个命题的直接推理，即由一个给定命题的真或假，去推知同一素材的其他命题的真或假。

与四种直言对当关系相对应，直言对当关系推理也有四种：矛盾关系推理、反对关系推理、下反对关系推理和差等关系推理。

（1）矛盾关系推理。矛盾关系推理就是根据命题之间的矛盾关系进行的对当关系推理。

①A 与 O 之间的矛盾关系推理：由 SAP 真推知 SOP 假，由 SAP 假推知 SOP 真；由 SOP 真推知 SAP 假，由 SOP 假推知 SAP 真。

其推理有效式为：

$$SAP→¬ SOP$$
$$¬ SAP→SOP$$
$$SOP→¬ SAP$$
$$¬ SOP→SAP$$

例如：并非所有违法行为都是犯罪行为，所以，有违法行为不是犯罪行为。

其推理形式是：

$$¬ SAP→SOP$$

②E 与 I 之间的矛盾关系推理：由 SEP 真推知 SIP 假，由 SEP 假推知 SIP 真；由 SIP 真推知 SEP 假，由 SIP 假推知 SEP 真。

其推理有效式为：

$$SEP→¬ SIP$$
$$¬ SEP→SIP$$
$$SIP→¬ SEP$$
$$¬ SIP→SEP$$

例如：所有审判员都不是律师，所以，并非有审判员是律师。

其推理形式是：

$$SEP→¬ SIP$$

上述情况表明，在矛盾关系推理中，一个命题和它的矛盾命题的负命题之间是等值关系。即：

$$SAP↔¬ SOP$$
$$SEP↔¬ SIP$$
$$SIP↔¬ SEP$$
$$SOP↔¬ SAP$$

（2）反对关系推理。反对关系推理就是根据命题之间的反对关系进行的对当关系推理。

A 与 E 之间的反对关系推理：由 SAP 真推知 SEP 假；由 SEP 真推知 SAP 假。

其推理有效式为：

$$SAP \rightarrow \neg SEP$$

$$SEP \rightarrow \neg SAP$$

例如：所有犯罪行为都不是合法行为，所以，并非犯罪行为都是合法行为。

其推理形式是：

$$SEP \rightarrow \neg SAP$$

（3）下反对关系推理。下反对关系推理就是根据命题之间的下反对关系进行的对当关系推理。

I 与 O 之间的下反对关系推理：由 SIP 假推知 SOP 真；由 SOP 假推知 SIP 真。

其推理有效式为：

$$\neg SIP \rightarrow SOP$$

$$\neg SOP \rightarrow SIP$$

例如：并非有被告人不是无罪的，所以，有被告人是无罪的。

其推理形式是：

$$\neg SOP \rightarrow SIP$$

（4）差等关系推理。差等关系推理就是根据命题之间的差等关系进行的对当关系推理。

①A 与 I 之间的差等关系推理：由 SAP 真推知 SIP 真；由 SIP 假推知 SAP 假。

其推理有效式为：

$$SAP \rightarrow SIP$$

$$\neg SIP \rightarrow \neg SAP$$

例如：所有盗窃行为都是违法行为，所以，有盗窃行为是违法行为。

其推理形式是：

$$SAP \rightarrow SIP$$

②E 与 O 之间的差等关系推理：由 SEP 真推知 SOP 真；由 SOP 假推知 SEP 假。

其推理有效式为：

$$SEP \rightarrow SOP$$

$$\neg SOP \rightarrow \neg SEP$$

例如：并非有盗窃行为不是违法行为，所以，并非所有盗窃行为都不是违法行为。

其推理形式是：

$$\neg SOP \rightarrow \neg SEP$$

这些直言对当推理形式可以表示如下：

对当关系推理	有效式	
矛盾关系推理	SAP→¬ SOP	¬ SOP→SAP
	SEP→¬ SIP	¬ SIP→SEP
	SIP→¬ SEP	¬ SEP→SIP
	SOP→¬ SAP	¬ SAP→SOP
反对关系推理	SAP→¬ SEP	SEP→¬ SAP
下反对关系推理	¬ SIP→SOP	¬ SOP→SIP
差等关系推理	SAP→SIP	¬ SIP→¬ SAP
	SEP→SOP	¬ SOP→¬ SEP

3. 换质推理。换质推理是一种变形推理，就是通过改变前提命题的质，从而得出一个等值命题作为结论的直接推理。

换质推理规则：

（1）前提中的量词不变、主项不变。

（2）改变前提中的联词和谓项：将联词"是"变为"不是"，"不是"变为"是"；将结论的谓项变为与前提的谓项具有矛盾关系的词项。

A、E、I、O 的换质实质上表达四个等值式。

其推理有效式为：

$$SAP \leftrightarrow SE\overline{P}$$

$$SEP \leftrightarrow SA\overline{P}$$

$$SIP \leftrightarrow SO\overline{P}$$

$$SOP \leftrightarrow SI\overline{P}$$

例如：所有盗窃罪都是故意犯罪，所以，所有盗窃罪都不是过失犯罪。

其推理形式是：

$$SAP \leftrightarrow SE\overline{P}$$

4. 换位推理。换位推理是一种变形推理，就是通过交换前提中的主谓项位置，从而得出一个等值命题作为结论的直接推理。

换位推理规则：

（1）不改变前提命题的质和量，只改变其主项和谓项的位置。

（2）前提中不周延的词项在结论中不得周延。

A、E、I、O 四种命题中，只有 E、I 可以直接换位，称为简单换位。

其推理有效式为：

$$SEP \leftrightarrow PES$$

$$SIP \leftrightarrow PIS$$

例如：有青年人是律师，所以，有律师是青年人。

其推理形式是：

$$SIP \leftrightarrow PIS$$

SAP 不能直接换位。因为 SAP 如果换位为 PAS，P 在前提中不周延，而在结论中周延了，违反了换位推理规则（2）。但是 SAP 可以限量换位，先使用直言对当关系推理，从 SAP 推出 SIP，再从 SIP 推出 PIS。但换位前后的 SAP 和 PIS 之间不是等值关系，只是蕴涵关系。SAP 的限量换位如下：

$$SAP \rightarrow PIS$$

例如：凡犯罪行为都是违法行为，所以，有违法行为是犯罪行为。

SOP 不能换位。因为 SOP 如果换位为 POS，S 在前提中不周延，而在结论中周延了，违反了换位推理规则（2）。

换质推理、换位推理可以交互连续使用，对前提既换质又换位。可以先换质再换位，也可以先换位再换质。这样换质推理和换位推理之间就会有很复杂的推理关系。

例如：犯罪行为是违法行为，所以，非违法行为是非犯罪行为。

其推理形式是：

$$SAP \rightarrow \overline{P}A\overline{S}$$

其推理过程为：

$$SAP \rightarrow SE\overline{P} \rightarrow \overline{P}ES \rightarrow \overline{P}A\overline{S}$$

直接推理中的对当关系推理、换质推理和换位推理可以连续应用，也可以交替联合应用。

例如：犯罪行为都是违法行为，所以，并非非违法行为是犯罪行为。

其推理形式是：

$$SAP \rightarrow \neg \ \overline{P}AS$$

其推理过程为：

$$SAP \rightarrow SE\overline{P} \rightarrow \overline{P}ES \rightarrow \overline{P}OS \rightarrow \neg \ \overline{P}AS$$

（二）三段论推理

1. 三段论的特征。三段论是以两个直言命题作前提，并借助前提中的一个共同词项把两个直言命题联结起来，从而得出一个直言命题作结论的推理。

例如：能被 2 整除的数是偶数；

　　　　10 是能被 2 整除的数；

　　　　所以，10 是偶数。

三段论的形式特征，表现在以下两个方面：

（1）三段论是由三个直言命题构成的，其中两个是前提，一个是结论；

（2）在三段论的前提和结论中一共出现三个不同的词项，每个词项各出现两次。

为了研究方便，我们要对三段论中三个不同的词项和命题加以区分：作为结论的主项的词项称为小项，用 S 表示；作为结论的谓项的词项称为大项，用 P 表示；在两个前提中各出现一次、结论当中不出现的词项称为中项，用 M 表示。大项、小项的作用是用来区分两个前提：含有大项的前提称为大前提，含有小项的前提称为小前提。中项在前提中起着媒介作用。大项、小项在两个前提中并没有发生直接的推理关系，只有通过中项的媒介作用，才能把大项和小项联结起来，从而得出结论。

因此，在上述三段论中，"10" 是小项，"偶数" 是大项，"能被 2 整除的数"是中项；"能被 2 整除的数是偶数"是大前提，"10 是能被 2 整除的数"是小前提。上述三段论的推理形式是：

所有 M 是 P

所有 S 是 M

所以，所有 S 是 P

该推理形式可用符号表示为：

MAP

<u>SAM</u>

SAP

也可用蕴涵式表示为：

MAP∧SAM→SAP

2. 三段论的格和式。三段论在形式上的特征称为格和式。

在三段论的两个前提中，中项各出现一次，既可以作主项，也可以作谓项。因此，根据中项在两个前提中所处位置的不同，从而形成了结构不同的三段论形式，这称为三段论的格。三段论共有四个不同的格。

第一格：中项在大前提中作主项，在小前提中作谓项。其形式为：

第二格：中项在大、小前提中都作谓项。其形式为：

第三格：中项在大、小前提中都作主项。其形式为：

第四格：中项在大前提中作谓项，在小前提中作主项。其形式为：

$$
\begin{array}{c}
P \diagdown M \\
M \diagup S \\
\hline
S \text{——} P
\end{array}
$$

三段论的式是由组成三段论的三个直言命题的具体种类决定的。在每一个三段论中，组成三段论的三个命题分别是 A、E、I、O 中的一种。由于组成三段论的三个直言命题类型不同，从而形成三段论不同的式。例如上述推理形式：

MAP

SAM

SAP

由于中项在大前提中是主项，在小前提中是谓项，因此为第一格；由于其中的大、小前提和结论分别是 A 命题，就称为 AAA 式。该推理形式可称为第一格 AAA 式。

例如：所有担任教学助理的都是二年级学生；

小王不是二年级学生；

所以，小王不能担任教学助理。

此例中，小王是小项，担任教学助理是大项，二年级学生是中项。其推理形式是：

PAM

SEM

SEP

由于中项在大、小前提中都是谓项，因此为第二格；由于其中的大、小前提和结论分别是 A、E、E 命题，就称为 AEE 式。该推理形式是第二格 AEE 式。

三段论的格和式共同决定了一个三段论的具体形式。三段论的格和式确定了，则三段论的推理形式也就确定了。

在三段论的每一格中，大前提、小前提和结论都可能是 A、E、I、O 中的任一种，其排列组合的数目是 4×4×4 = 64。也就是说，每个格共有 64 个不同的式，四个格共有 64×4 = 256 个不同的式，但其中绝大部分是不能得出必然性结论的无效式。一个三段论是否是有效式，要靠三段论规则来检验。

3. 三段论的基本规则。三段论的基本规则是判定三段论是否有效的根据。三段论的基本规则可概括为以下三条：

（1）中项至少要周延一次。这条规则要求中项在前提中的两次出现至少有一次是周延的。如果中项在两个前提中都不周延，就可能出现这样的情况：小项与中项的一部分外延具有外延关系，大项与中项的另一部分外延具有外延关系，这样就不能通过中项来确定小项与大项之间的外延关系，即中项不能起到媒介作用。由此，也就不能建立有效的推理形式。

如果中项在两个前提中都不周延，就犯了"中项不周延"的逻辑错误。

例如：犯罪行为都是违法行为；

　　　盗窃是违法行为；

　　　所以，盗窃是犯罪行为。

这个三段论犯了中项不周延的逻辑错误。因为中项"违法行为"在两个前提中都是肯定命题的谓项，都是不周延的，因此小项"盗窃"和大项"犯罪行为"无法通过中项"违法行为"确定它们之间的外延关系，所以得不出必然的结论。

（2）前提中不周延的词项在结论中也不得周延。如果大项或小项在前提中不周延，而在结论中周延了，即在前提中陈述了一个词项的部分外延，而在结论中陈述了该词项的全部外延，则结论所陈述的范围就超出了前提所陈述的范围，因此，结论不为前提所蕴涵。

如果大项在前提中不周延而在结论中周延，就犯了"大项不当周延"的逻辑错误。

例如：凡审判员都是年满 23 岁以上的公民；

　　　我不是审判员；

　　　所以，我不是年满 23 岁以上的公民。

这个三段论犯了"大项不当周延"的逻辑错误。因为大项在前提中是肯定命题的谓项，是不周延的；而大项在结论中是否定命题的谓项，是周延的。所以，结论陈述的范围超过了前提陈述的范围，结论不必然真。

如果小项在前提中不周延而在结论中周延，就犯了"小项不当周延"的逻辑错误。

例如：凡审判员都是在法院工作的；

　　　　凡审判员都是司法工作者；

　　　　所以，凡司法工作者都是在法院工作的。

这个三段论犯了"小项不当周延"的逻辑错误。因为小项在前提中是肯定命题的谓项，是不周延的；而小项在结论中是全称命题的主项，是周延的。所以，结论陈述的范围超过了前提陈述的范围，结论不必然真。

（3）前提和结论中否定命题的数量相等。这条规则要求：

①两个前提不能都是否定命题。如果两个前提都是否定命题，则前提中所陈述的大项和小项的外延分别和中项的全部或部分外延之间具有排斥的关系。这样，中项就不能起到媒介作用，即无法通过中项来确定大项和小项之间的外延关系，也就不能得出确定的结论。

如果从两个否定命题得出结论，就犯了"两否定前提"的逻辑错误。

例如：抢劫罪都不是盗窃罪；

　　　　抢劫罪都不是小偷小摸行为；

　　　　所以，？

这就犯了"两否定前提"的错误。虽然中项"抢劫罪"在两个前提中都是周延的，但是"抢劫罪"和"盗窃罪"之间是全异关系，"抢劫罪"和"小偷小摸行为"之间也是全异关系，这样就不能确定"盗窃罪"和"小偷小摸行为"之间的关系，不能必然得出"小偷小摸行为不是盗窃罪"的结论，也不能必然得出"小偷小摸行为是盗窃罪"的结论。

②前提中有一否定命题，则结论必为否定命题。如果前提中有一个是否定命题，因为两个前提不能都是否定命题，则另一个前提必为肯定命题。这样，就有两种可能：如果大前提是否定命题，则大项和中项是排斥关系；如果小前提是否定命题，则小项和中项是排斥关系。因而通过中项的媒介作用，大项和小项之间一定是排斥关系，所以结论是否定的。

例如：凡中国公民都具有中国国籍；

　　　　吴某没有中国国籍；

　　　　所以，吴某不是中国公民。

如果前提中有一否定命题而得出肯定命题的结论，就犯了"结论不当肯定"的逻辑错误。

③两个前提都是肯定命题，则结论必为肯定命题。如果两个前提都是肯定命题，则中项同大项和小项之间没有相互排斥的关系，这样，通过中项的媒介作用，大项和小项之间也不会有相互排斥的关系，从而结论是肯定的。

例如：凡中国公民都具有中国国籍；

　　　　赵某是中国公民；

　　　　所以，赵某具有中国国籍。

如果两个前提都是肯定的而得出否定命题的结论，就犯了"结论不当否定"的逻辑错误。

以上三条基本规则，第一条针对中项的量，第二条针对大项和小项的量，第三条针对三个直言命题的质。这三条基本规则对于判定三段论是否有效是基本的，并且是充分的。任何一个三段论，如果遵守了这三条规则，这个三段论就是有效的；如果违反了其中任何一条规则，这个三段论就是无效的。

4. 三段论的导出规则。为了应用的方便，根据三段论的三条基本规则，还可以推导出若干导出规则。导出规则是从基本规则推导出来的，因此可以用基本规则来证明。

（1）两个前提都是特称命题，则不能得出结论。当两个前提都是特称命题时，有三种可能情况：

①两个前提都是特称肯定命题。这时，前提中所有的词项都不周延，从而中项在两个前提中都不周延，违反基本规则（1）。

②两个前提都是特称否定命题。这时，违反基本规则（3）。

③两个前提中一个是特称肯定命题，一个是特称否定命题。这时，前提中只有一个周延的词项，即否定命题的谓项，根据基本规则（1），这个周延的词项必须是中项，因而大项在前提中是不周延的；而根据基本规则（3），结论必为否定命题，因而大项在结论中周延，这就违反了基本规则（2）。

总之，在任何情况下，从两个特称命题前提都不能得出结论。

（2）前提中有一特称命题，则结论必为特称命题。当前提中有一个特称命题时，有三种可能情况：

①两个前提都是肯定命题。因为两个前提不能都是特称命题，当其中一个为特称命题，另一个必为全称命题。这时，因为两个前提都是肯定命题，前提中只有一个周延的项，即全称命题的主项，根据基本规则（1），这个周延的词项必须是中项，因而小项在前提中不能周延；根据基本规则（2），小项在结论中也不得周延，因而结论必为特称命题。

②两个前提都是否定命题。这时，违反基本规则（3）。

③两个前提中一个是肯定命题，一个是否定命题。这时，两个前提中，一个是特称命题，一个是全称命题。前提中有两个周延的词项，即全称命题的主项和否定命题的谓项。根据基本规则（1），其中一个周延的词项必须是中项；根据基本规则（3），结论必为否定命题，因而大项在结论中周延；又根据基本规则（2），大项在前提中也必须周延，因而前提中另一个周延的词项必须是大项。因此，小项在前提中不周延，根据基本规则（2），小项在结论中也不得周延，因而结论必为特称命题。

综上，如果前提中有一特称命题，则结论必为特称命题。

5. 三段论各格的规则。根据三段论各格的特点，还可以从基本规则推导出各格的规则。

（1）第一格规则：

①小前提必为肯定命题；

②大前提必为全称命题。

（2）第二格规则：

①两个前提中必有一个否定命题；

②大前提必为全称命题。

（3）第三格规则：

①小前提必为肯定命题；

②结论必为特称命题。

（4）第四格规则：

①若前提中有一否定命题，则大前提必为全称命题；

②若大前提是肯定命题，则小前提必为全称命题；

③若小前提是肯定命题，则结论必为特称命题；

④大、小前提都不能是 O 命题；

⑤结论不能是 A 命题。

6. 省略三段论。我们在交流思想的过程中，有时为了表达的简练，经常采用省略三段论。省略三段论是指表达不完整的三段论，指在语言表达方面省略一个前提，或省略显而易见的结论。三段论推理通常可以描述为：A 并且 C，所以 B。由于省略了前提 C，表达出来的推理形式就成为：因为 A，所以 B。例如：

［例 1］ 我是律师，

　　　　所以，我不是审判员。

这两个命题之间实际上有推理关系，而这种推理关系的建立需要补充另外一个命题作为大前提，其完整形式是：

（律师都不是审判员;）

我是律师;

所以，我不是审判员。

［例 2］ 法学院的学生都应该学习法律逻辑，

　　　　所以，我们也应该学习法律逻辑。

这里省略了小前提，其完整形式是：

法学院的学生都应该学习法律逻辑;

（我们是法学院的学生;）

所以，我们也应该学习法律逻辑。

［例 3］ 没有文化的军队是愚蠢的军队，

　　　　而愚蠢的军队是不能战胜敌人的。

这里省略了显而易见的结论，其完整形式是：

没有文化的军队是愚蠢的军队;

而愚蠢的军队是不能战胜敌人的;

（所以，没有文化的军队是不能战胜敌人的。）

省略三段论的特点是：有两个直言命题，其中出现三个不同的词项。省略三段论不是一种特殊形式的三段论，而是语言表达方面的灵活运用。

省略三段论虽然表述简洁有力，但也有前提（被省略的前提）是否真实、推理形式是否正确的问题，因为被省略的部分容易隐藏错误，而不易被察觉。省略三段论所包含的错误不外乎两个方面：一是内容错误，即前提虚假或结论不当；二是形式错误，即违反三段论的规则，推理形式是无效的。所以，为了有效地判明一个省略三段论是否前提真实和形式正确，必须把其中被省略的命题补充出来，把省略三段论还原为典型的、完整的形式，这样，就能够根据三段论的规则检验出这一省略三段论是否是有效的推理，并检查出可能存在的内容上或形式上的错误。

三段论的省略式可以按照以下步骤还原：

（1）确认省略式中被省略的是前提还是结论。这可以根据已给出的两个命题之间的逻辑关系来进行确认。如果给出的两个命题之间存在推导关系，则被省略的是前提之一；如果给出的两个命题中含有一个共同的词项，或两个命题之间用"并且"等语词相联结，则这两个命题都是前提，而被省略的是结论。也可以根据自然语言中的标志性语词来确认，例如在"因为""由于"等语词后面的命题是前提，在"因此""所以""因而"等语词后面的命题是结论。

（2）如果省略的是前提，确定省略的是大前提还是小前提。这可以借助结论的主、谓项来确定。结论的主项是小项，结论的谓项是大项。如果前提中含有小项，那么这个前提是小前提，则是省略了大前提；如果前提中含有大项，那么这个前提是大前提，则是省略了小前提。

（3）根据三段论的结构补充被省略的部分。如果被省略的是大前提，则将大项与中项相联结，构成大前提；如果被省略的是小前提，则将小项与中项相联结，构成小前提；如果被省略的是结论，则把小项与大项相联结，构成结论。

（4）写出完整的三段论的形式，包括把被省略的命题的形式也写出来。然后进行检查，既要检查有没有形式错误，又要检查有没有内容错误。

至于如何确定所补充命题的主项、谓项、联词和量词，这需要从人们所处的语境、语言和思维习惯、三段论的结构及其规则等方面来考虑。

［例4］ 大熊猫是国家珍稀动物，

所以，大熊猫是禁止捕猎的。

这个省略三段论中，首先根据表示推理关系的语词，判断出省略的是一个前提，并且省略的是大前提；其次判断出中项是"国家珍稀动物"，大项是"禁止捕猎的"。这时，如果补上"禁止捕猎的是国家珍稀动物"作为大前提，则违反了基本规则（1），犯了"中项不周延"的逻辑错误，因为中项在两个前提中都是全称肯定命题的谓项，都是不周延的；如果补上"国家珍稀动物是禁止捕猎的"，则符合三段论的基本规则，既没有形式错误，也没有内容错误，是有效的。

［例5］ 某人到过案发现场，

所以，某人是犯罪嫌疑人。

这个省略三段论中，首先根据表示推理关系的语词，判断出省略的是一个前提，并且省略的是大前提；其次判断出中项是"到过案发现场"，大项是"犯罪嫌疑人"。这时，如果补上"犯罪嫌疑人都到过案发现场"作为大前提，则违反了基本规则（1），犯了"中项不周延"的逻辑错误，因为中项在两个前提中都是全称肯定命题的谓项，都是不周延的；如果补上"到过案发现场的都是犯罪嫌疑人"，虽然没有形式错误，但内容明显与实际不符，因为并非到过案发现场的都是犯罪嫌疑人；如果修正内容错误，改为"有些到过案发现场的是犯罪嫌疑人"，则不符合基本规则（1），中项在大前提中是特称命题的主项，在小前提中是肯定命题的谓项，两次都不周延，犯了"中项不周延"的逻辑错误。所以，这个省略三段论，或者有形式错误，或者有内容错误，无论如何都不能构成一个有效三段论。

7. 复合三段论。三段论在实际应用中的表达形式，往往很复杂，有时会出现若干个三段论的联合运用，这称为复合三段论。复合三段论是指几个三段论联结起来构成的推理。只要每一个三段论推理形式都是有效的，那么由它们而组成的整个推理就是有效的。

复合三段论主要有以下两种形式：

（1）连锁式三段论。在三段论中，经常采用简略的表达式，只给出前提和最后的结论，而省略中间的步骤，即从两个前提得出一个结论以后，又以这个结论为前提，再增加一个前提，得出一个新的结论，而且可以根据需要如此继续下去。这称为连锁式三段论。

连锁式三段论的特征是：第一个三段论的结论是第二个三段论的前提（大前提或小前提），由于它们紧密连接，因此后者省略，以免重复。

检验一个连锁式三段论是否有效，其方法是找出省略的中间步骤，将它还原为标准的连锁式三段论，然后用三段论规则对其中的每一个三段论加以检验，看其是否正确。

例如：凡是参加辩论队的学生都选修了演讲与辩论课程；

所有参加动漫社的学生都没有选修演讲与辩论课程；

有些参加篮球队的学生参加了动漫社；

所以，有些参加了篮球队的学生没有参加辩论队。

这个复合三段论是由二个三段论构成的，可还原如下：

第一个三段论是由第一个和第二个前提推出结论，其完整形式是：

凡是参加辩论队的学生都选修了演讲与辩论课程；

所有参加动漫社的学生都没有选修演讲与辩论课程；

（所有参加动漫社的学生都没有参加辩论队。）

第二个三段论是把第一个三段论的结论作为一个前提，再加上第三个前提推出结论，其完整形式是：

（所有参加动漫社的学生都没有参加辩论队；）

有些参加篮球队的学生参加了动漫社；

所以，有些参加了篮球队的学生没有参加辩论队。

（2）带证式三段论。在一个复合三段论中，其前提本身是一个省略三段论的结论，这称为带证式三段论。其前提中至少有一个是省略三段论，并且前提本身带有证明，所以称为带证式。可以是一个前提带证，也可以是两个前提带证。运用带证推理在表达思想、论证时有更强的说服力。

［例1］侵犯财产罪都是故意犯罪，因为以非法占有公私财物为目的的犯罪行为都是故意犯罪；

盗窃罪是侵犯财产罪；

所以，盗窃罪是故意犯罪。

这个复合三段论的大前提本身是一个省略三段论的结论，并自带一个证明。其完整形式是：

以非法占有公私财物为目的的犯罪行为都是故意犯罪；

（侵犯财产罪都是以非法占有公私财物为目的的犯罪行为；）

侵犯财产罪都是故意犯罪。

［例2］犯抢劫罪的应处3年以上有期徒刑；

　　　　某甲是犯抢劫罪的，因为某甲以暴力方法抢劫公私财物；

　　　　所以，某甲应被判处3年以上有期徒刑。

这个复合三段论的小前提本身是一个省略三段论的结论，并自带一个证明。其完整形式是：

（以暴力方法抢劫公私财物的是抢劫罪；）

某甲以暴力方法抢劫公私财物；

所以，某甲是犯抢劫罪的。

［例3］真理是经得起检验的，因为真理是客观规律的正确反映；

　　　　中国特色社会主义道路是真理，因为它是中国发展规律的正确反映；

　　　　所以，中国特色社会主义道路是经得起检验的。

这个复合三段论的大、小前提都是省略三段论，并自带证明。大前提还原后的完整形式是：

（客观规律的正确反映是经得起检验的；）

真理是客观规律的正确反映；

所以，真理是经得起检验的。

小前提还原后的完整形式是：

（中国发展规律的正确反映是真理；）

中国特色社会主义道路是中国发展规律的正确反映；

所以，中国特色社会主义道路是真理。

8. 三段论的应用。一般情况下，公检法等司法工作都要经过查明事实、适用法律这样两个步骤，然后作出判定。从逻辑的角度分析，这样的过程是三段论推理运用的过程。例如，在法庭判决中，引用的法律条文作为三段论的大前提，具体案件事实作为三段论的小前提，法官对案件作出的判决作为三段论的结论。这称为审判三段论或司法三段论。下面通过具体的案例来说明三段论在法律工作中的应用。

2020 年 1 月 21 日晚[1]，王某与朋友陶某、姜某、远某相约在一烧烤店内聚餐。王某因心情愉悦，在已经喝了 8 两白酒后，又主动叫了白酒自饮。期间，王某和姜某一起上厕所后，走到饭店门口交谈。交谈过程中，姜某站立不稳倒地，王某顺势搀扶，二人分别站立不稳，后仰倒地。没想到的是，王某却因此磕到了后脑。在王某倒地不起后，有服务员发现了这一情况，赶紧跑去告知了远某和陶某。"我出了饭馆，看见姜某在饭馆台阶上抽着烟，嘴里还骂骂咧咧的。王某躺在地上一动不动。"陶某表示，其和远某跑到王某身边，一边喊他的名字，一边让周围人打电话报警救人。随后，王某被救护车送往医院。最终，王某因颅脑损伤死亡。而姜某在事故发生后，经医院诊断为酒精中毒。王某死后，远某向王某前妻转账 5000 元，陶某向王某前妻转账 20 000 元，作为王某死亡的慰问金。随后，王某的母亲将陶某、姜某、远某三人告上法院，要求他们就王某的死亡，进行赔偿。

该案经北京二中院终审判决。在法庭审理过程中，姜某认为，自己当时因饮酒过量而意识不清，认知能力下降，不具有实施救助义务的能力。且其对王某的倒地主观上不存在故意或过失，王某死亡是意外事件。陶某则认为，王某应就其自身是否应当饮酒以及饮酒的多少具有判断力和控制力，亦应知饮酒的危害及大量饮酒可能造成的后果。但王某在明知自己已经大量饮酒后，仍再次与他人继续共同饮酒，导致体内酒精含量过高，最终发生意外致其死亡。且是王某当天邀约自己进行饮酒，自己也无法预知王某上厕所过程中会不慎摔倒导致死亡，属于意外事件。

北京二中院认为，行为人因过错侵害他人民事权益，应当承担侵权责任。共同饮酒活动系增进情感的社会交往行为，属于情谊行为，且行为人不具有受法律约束的意思表示，因此共同饮酒行为通常情况下不纳入法律调整范围。

---

[1] 叶婉："饮酒过量倒地死亡 同饮人被判赔偿"，载环球网，https://society. huanqiu. com/article/436fYepYdjV，访问时间：2021 年 5 月 13 日。

但是，大量饮酒会降低人的控制力和判断力，增加产生危险行为或者诱发身体疾病等损害后果的概率。首先，饮酒者对于自身是否应当饮酒以及饮酒量的多少有完全的判断力和控制力，对于饮酒的后果也具有清醒、明确的认知，在饮酒行为自由的前提下，饮酒者对于自行大量饮酒而导致的损害后果应当自负责任；其次，共同饮酒人基于特定场景下的紧密联系而产生对彼此的信赖利益，共同饮酒人也能够预见其作为或不作为可能会对饮酒者造成的损害，因此共同饮酒人相互之间负有必要提醒、合理劝阻其他饮酒人的注意义务，以最大限度保护共同饮酒人的人身安全；再者，在共同饮酒人的行为导致饮酒人处于危险状态时，共同饮酒人需就其先行行为负有消除危险或救助陷入危险之人的作为义务，共同饮酒人的过失来源于对注意义务的违反，而注意义务大小的判断标准应当结合饮酒发生的时间和空间、参与饮酒的人数、共同饮酒的原因、共同饮酒的身份角色、行为的危险程度、损害预防的成本等因素进行综合考量。此案中，陶某、姜某、远某与王某4人发生共同饮酒行为，参与饮酒人数并不多，4人在涉案餐馆这一特定空间形成了较为紧密的联系，其中陶某在与姜某二人聚会喝酒的过程中要约王某和远某先后加入酒局，陶某与其他三人的关系更为亲密和熟悉。根据王某死亡时的监控视频，王某和姜某在醉酒状态下，均已部分丧失对自己行为的控制力，二人放纵饮酒将自身置于危险状态。且姜某站立不稳时，王某站在姜某身后，并不能苛责姜某能够预见到后仰倒地会造成身后王某的死亡后果，王某对自身的死亡负有主要责任。在王某倒地不起后，姜某始终未能意识到事态的严重性，未能尽到相应的查看、呼救、帮助义务，对于王某的死亡存在一定过错，应当承担相应责任。对于姜某抗辩称事件发生时自身无意识，但是无论其是否有意识，该状态是由其自身放任饮酒导致，不能成为其免责事由。其次，姜某和王某外出上厕所，陶某、远某均未意识到他二人在醉酒状态下离开餐馆等相对封闭空间的危险性。远某作为最后加入酒局的人员，本身对于姜某和王某二人均不熟悉，难以判断姜某和王某二人酒后的身体状态，其注意义务较低，无法苛责远某能够预见到王某中途上厕所会导致死亡的后果，且在事故发生后，远某存在积极救助的行为。远某已经尽到同饮人的作为义务，不应当对王某的死亡后果承担责任。综上，北京二中院认为，对于王某的死亡，姜某承担

20%责任，陶某承担5%责任，远某不承担责任，王某自负75%的责任。最终，北京二中院裁判姜某赔偿王某父母丧葬费、死亡赔偿金、医疗费、精神损害抚慰金等共计326 460.8元；陶某赔偿81 615.2元。

这一案件中，多次出现三段论推理的应用。现举几例：

[例1] 姜某为自己的辩解中，使用了如下省略三段论推理：

（因意识不清、认知能力下降的，不具有实施救助义务的能力；）

自己当时因饮酒过量而意识不清，认知能力下降；

所以，自己不具有实施救助义务的能力。

法院在判决书中的论证，多次使用了三段论推理：

[例2] （行为人不具有受法律约束的意思表示不纳入法律调整范围；）

共同饮酒活动系增进情感的社会交往行为，属于情谊行为，属于不具有受法律约束的意思表示；

因此，共同饮酒行为通常情况下不纳入法律调整范围。

[例3] 饮酒者对于自行大量饮酒而导致的损害后果应当自负责任；

王某放纵饮酒将自身置于危险状态；

所以，王某对自身的死亡负有主要责任。

[例4] 共同饮酒人基于特定场景下的紧密联系而产生对彼此的信赖利益；

陶某、姜某、远某与王某4人发生共同饮酒行为，参与饮酒人数并不多，4人在涉案餐馆这一特定空间形成了较为紧密的联系，其中陶某在与姜某二人聚会喝酒的过程中要约王某和远某先后加入酒局，陶某与其他三人的关系更为亲密和熟悉；

陶某已与他人产生对彼此的信赖利益。

[例5] 行为人能够预见其作为或不作为可能会对他人造成的损害，行为人相互之间负有必要提醒、合理劝阻他人的注意义务，以最大限度保护他人的人身安全；

共同饮酒人应能够预见其作为或不作为可能会对饮酒者造成的损害；

因此，共同饮酒人相互之间负有必要提醒、合理劝阻其他饮酒人的注意义务，以最大限度保护共同饮酒人的人身安全。

［例6］共同饮酒人的过失来源于对注意义务的违反，应当承担相应责任；

在王某倒地不起后，姜某始终未能意识到事态的严重性，未能尽到相应的查看、呼救、帮助义务，对于王某的死亡存在一定过错；

姜某应当承担相应责任。

［例7］共同饮酒人的过失来源于对注意义务的违反，应当承担相应责任；

陶某未意识到他二人在醉酒状态下离开餐馆等相对封闭空间的危险性；

所以，陶某应当对王某的死亡后果承担责任。

这些推理中，推理形式都是：

$$所有 M 是 P$$

$$所有 S 是 M$$

$$所以，所有 S 是 P$$

这是三段论推理第一格AAA式。审判中所用的三段论推理一般都表现为这一形式，所以，这一形式通常被人们称为审判格。

（三）关系推理

关系推理是一种简单命题推理，是以关系命题作前提，并且根据关系命题的逻辑特征推出一个新的关系命题作结论的推理。事物之间的关系有着各种各样的性质，我们这里只讨论在日常思维活动中最常见的自返性、对称性和传递性，并且将讨论仅限于二元关系。

1. 自返性。关系的自返性是指事物是否同自身有关系。

关系的自返性有三种情况：

（1）自返关系。自返关系是事物与其自身发生的某种关系。如果事物都同自身具有关系 R，则 R 是自返关系。

常见的自返关系有相等、相同等。

［例1］ A = A

"＝"就是自返关系。

[例2]他自杀了。

"自杀"也是自返关系。

（2）反自返关系。反自返关系是事物与其自身不能发生的关系。如果事物都不可能同自身具有关系 R，则 R 是反自返关系。

常见的反自返关系有大于、小于等。

[例1]"＞"就是反自返关系，因为 A 不可能大于 A 本身。

[例2]"侵略"也是反自返关系，因为一个国家不可能侵略它自己。

（3）非自返关系。非自返关系是事物与其自身可能发生，也可能不发生的关系。如果事物同自身可能具有关系 R，也可能没有关系 R，则 R 是非自返关系。非自返关系是既非自返，又非反自返的关系。

常见的非自返关系有尊敬、批评等。

例如：满意就是非自返关系，因为一个人可能满意自己，也可能不满意自己。

2. 对称性。关系的对称性是指事物之间是否具有对称关系。事物之间是否对称是指：对于两个特定事物 a、b 而言，当 a 与 b 之间具有关系 R 时，b 与 a 之间是否也具有关系 R。

关系的对称性有三种情况：

（1）对称关系。对称关系是指：a 与 b 之间有关系 R，并且 b 与 a 之间一定也有关系 R，则 R 是对称关系。

对称关系可以表示为：Rab→Rba

常见的对称关系有：相同、同学、交叉关系、矛盾关系、反对关系等。

例如：小张和小王是同学，所以，小王和小张也是同学。

"同学"就是对称关系。

（2）反对称关系。反对称关系是指：a 与 b 之间有关系 R，但是 b 与 a 之间一定没有关系 R，则 R 是反对称关系。

反对称关系可表示为：Rab→¬Rba

常见的反对称关系有：大于、之上、战胜等。

例如：5 ＞3。

"＞"就是反对称关系。

（3）非对称关系。非对称关系是指：a 与 b 之间有关系 R，但是 b 与 a 之间不一定有关系 R，则 R 是非对称关系。非对称关系是既非对称，也非反对称的关系。

常见的非对称关系有：喜欢、认识、表扬、帮助、信任等。

例如：王老师喜欢努力学习的学生。

"喜欢"就是非对称关系。

3. 传递性。关系的传递性是指事物之间是否具有传递关系。事物之间是否能传递是指：对于三个或三个以上特定事物 a、b、c 而言，当 a 与 b 之间具有关系 R，b 与 c 之间也具有关系 R 时，a 与 c 之间是否也具有关系 R。

关系的传递性有三种情况：

（1）传递关系。传递关系是指：当 a 与 b 之间具有关系 R，并且 b 与 c 之间也具有关系 R 时，a 与 c 之间一定具有关系 R，则 R 是传递关系。

传递关系可表示为：Rab∧Rbc→Rac

常见的传递关系有：等于、大于、小于等。

例如：5＞3，并且 3＞2；所以，5＞2。

"＞"就是传递关系。

（2）反传递关系。反传递关系是指：当 a 与 b 之间具有关系 R，并且 b 与 c 之间也具有关系 R 时，a 与 c 之间一定没有关系 R，则 R 是反传递关系。

反传递关系可表示为：Rab∧Rbc→¬Rac

常见的反传递关系有：父子关系等。

例如：甲是乙的父亲，乙是丙的父亲，所以，甲不可能是丙的父亲。

"父亲"就是反传递关系。

（3）非传递关系。非传递关系是指：当 a 与 b 之间具有关系 R，并且 b 与 c 之间也具有关系 R 时，a 与 c 之间不一定具有关系 R，则 R 是非传递关系。非传递关系是既非传递，又非反传递的关系。

常见的非传递关系有：认识、喜爱、同学、尊重等。

例如：甲和乙是同学，乙和丙是同学，但甲和丙不一定是同学。

"同学"就是非传递关系。

综上，自返性关系有一个关系主项，是一项关系；对称性关系有两个关系主项，是两项关系；传递性关系有三个以上关系主项，是多项关系。

关系的不同性质之间具有逻辑联系。每一个关系都可以从不同的角度去分析它具有什么样的性质。例如，"等于"是自返关系、对称关系、传递关系，"大于"是反自返关系、反对称关系、传递关系，"欣赏"是非自返关系、非对称关系、非传递关系。

二、复合命题推理

复合命题推理就是根据复合命题的逻辑性质进行的演绎推理。复合命题的逻辑性质是由它的命题联结词决定的，所以复合命题推理就是根据命题联结词的逻辑性质进行的推理。

一个复合命题推理是有效的，指的是它的推理形式是有效的，如果前提真则结论必真，前提蕴涵结论。推理的有效性是由推理形式决定的。推理形式都可以表示为一个蕴涵式。推理形式是前提和结论之间的一种形式结构，是由它所包含的命题形式序列组成的，而命题形式又是由它所包含的命题联结词决定的。所以，复合命题推理形式归根到底是由命题联结词的逻辑性质决定的。

复合命题推理形式的有效式是检验一个复合命题推理是否有效的规则，也是指导如何进行有效推理的工具。复合命题推理的有效式是非常多的，包括双重否定推理、联言推理、选言推理、假言推理、等值推理、假言连锁推理、二难推理、归谬法推理、反三段论推理等。

（一）双重否定推理

双重否定推理就是根据负命题的逻辑性质进行的演绎推理。

其推理有效式为：

1. 双否销去式。双否销去式是指如果一个命题前面有双重否定词，则可以将双重否定词销去。其推理形式是：

$$非非 p$$

$$所以，p$$

上述推理形式相应的蕴涵式是：

$$\neg\neg p \rightarrow p$$

例如：我不是没有强调过这件事，所以，我强调过这件事了。

2. 双否引入式。双否引入式是指在任何一个命题的前面都可以引入双重否定词。其推理形式是：

$$p$$

所以，非非 p

上述推理形式相应的蕴涵式是：

$$p \rightarrow \neg \neg p$$

例如：有证人出庭作证了，所以，不是没有证人出庭作证。

综上所述，在双重否定推理中：

$$\neg \neg p \rightarrow p$$

$$p \rightarrow \neg \neg p$$

$$p \leftrightarrow \neg \neg p$$

（二）联言推理

联言推理就是根据联言命题的逻辑性质进行的演绎推理。

其推理有效式为：

1. 分解式。分解式是指以一个联言命题为前提，以这个联言命题的任一联言支为结论。因为如果联言命题为真，则其联言支都为真。其推理形式是：

$$p \text{ 并且 } q \quad \text{或：} \quad p \text{ 并且 } q$$

所以，p　　　　　　所以，q

上述推理形式相应的蕴涵式是：

$$p \wedge q \rightarrow p$$

$$p \wedge q \rightarrow q$$

例如：《刑法》第 49 条：犯罪的时候不满 18 周岁的人和审判的时候怀孕的妇女，不适用死刑。所以，犯罪的时候不满 18 周岁的人不适用死刑。

在引用法条适用具体案件时，许多情况下都是在运用联言推理分解式。因为法条的规定是概括的，有可能在一个法条中规定了多种情况，而适用的情形往往是具体的，这时就要根据实际情形选择其中一种情况，要使用分解式。

2. 合成式。合成式是指以几个已知命题作为前提，组成一个联言命题作为结论。因为如果联言支全部为真，则联言命题为真。其推理形式是：

$$p, q$$
$$所以，p 并且 q$$

上述推理形式相应的蕴涵式是：

$$p \wedge q \rightarrow p \wedge q$$

例如：中国共产党领导的多党合作将长期存在和发展，中国共产党领导的政治协商制度将长期存在和发展。所以，中国共产党领导的多党合作和政治协商制度将长期存在和发展。

（三）选言推理

选言推理实际上可以分为相容的选言推理和不相容的选言推理。相容的选言推理是以相容的选言命题作为大前提，一般称为选言推理；不相容的选言推理是以不相容的选言命题作为大前提，也称为排斥选言推理。

1. 选言推理。选言推理就是根据选言命题的逻辑性质进行的演绎推理。

其推理有效式为：

（1）否定肯定式。否定肯定式是指以选言命题作为大前提，以否定其一些选言支作为小前提，以肯定其余选言支作为结论。因为一个选言命题为真，选言支不可能全部为假，所以，能从其中一些选言支为假推定剩下的选言支为真。这是选言推理最常用的有效形式。其推理形式是：

$$或者 p，或者 q \quad 或： \quad 或者 p，或者 q$$
$$非 p \qquad\qquad\qquad 非 q$$
$$所以，q \qquad\qquad\qquad 所以，p$$

上述推理形式相应的蕴涵式是：

$$(p \vee q) \wedge \neg p \rightarrow q$$
$$(p \vee q) \wedge \neg q \rightarrow p$$

例如：本案嫌疑人，或者是甲或者是乙；经查，嫌疑人不是甲；所以，嫌疑人是乙。

如果违反了选言推理规则，常见的错误形式是"肯定否定式"，就是以选言命题作为大前提，以肯定其一些选言支作为小前提，以否定其余选言支作为结论。其错误形式是：

或者 p，或者 q　　或：　　或者 p，或者 q

　　　　　p　　　　　　　　　　　　q

所以，非 q　　　　　　　所以，非 p

　　例如：本案嫌疑人，或者是甲或者是乙；经查，嫌疑人是甲；所以，嫌疑人不是乙。

　　这是一个无效推理。因为如果选言命题为真，其选言支可能不止一个为真，所以，不能从其中一个选言支为真推定剩下的选言支为假。

　　（2）附加式。附加式是指以任一真命题作为前提，可以得出以这个真命题为其中一个选言支的任意选言命题作为结论。其推理形式是：

p

所以，p 或者 q

　　上述推理形式相应的蕴涵式是：

$$p \rightarrow p \lor q$$

　　［例 1］这个死者是自杀的，所以，或者这个死者是自杀的或者这个死者是他杀的。

　　［例 2］太阳从东方升起，所以，或者太阳从东方升起或者太阳从西方升起。

　　这种推理在自然语言中很少见，因为在通常情况下，当人们已知某个命题 p 为真时，就不会再去推出"p 或者 q"为真。

　　2. 排斥选言推理。排斥选言推理就是根据排斥选言命题的逻辑性质进行的演绎推理。排斥选言推理是选言推理的一种特殊形式，它的大前提是排斥选言命题。

　　其推理有效式为：

　　（1）否定肯定式。否定肯定式是指以排斥选言命题作为大前提，以否定其一些选言支作为小前提，以肯定剩下的一个选言支作为结论。因为排斥选言命题为真时，选言支不可同假，可以从其中一些为假，推知剩下的一个为真。其推理形式是：

要么 p，要么 q　　或：　　要么 p 要么 q

非 p　　　　　　　　　　　非 q

所以，q　　　　　　　　所以，p

例如：星期天，小明要么去看球赛，要么去看电影；小明没去看电影；所以，小明去看球赛了。

（2）肯定否定式。肯定否定式是指以排斥选言命题作为大前提，以肯定其一个选言支作为小前提，以否定其余选言支作为结论。因为排斥选言命题为真时，选言支不可同真，可以从其中一个为真，推知其余为假。其推理形式是：

要么 p，要么 q　　或：　　要么 p，要么 q

p　　　　　　　　　　　　q，

所以，非 q　　　　　　　所以，非 p

例如：星期天，小明要么去看球赛，要么去看电影；小明去看电影了；所以，小明没去看球赛。

（四）假言推理

假言推理就是根据假言命题的逻辑性质进行的演绎推理。

1. 充分条件假言推理。充分条件假言推理是指根据充分条件假言命题的逻辑性质进行的演绎推理，一般称为假言推理。

其推理有效式为：

（1）肯定前件式。肯定前件式是指以假言命题作为大前提，以肯定大前提的前件作为小前提，进而以肯定大前提的后件作为结论。因为假言命题的特征之一是"有前件就有后件"，肯定其前件就应当肯定其后件。其推理形式是：

如果 p 则 q

p

所以，q

上述推理形式相应的蕴涵式是：

$$(p \rightarrow q) \wedge p \rightarrow q$$

例如：如果他是凶手，那么案发时他在现场；现查证，他是凶手；所以，案发时他在现场。

（2）否定后件式。否定后件式是指以假言命题作为大前提，以否定大前提的后件作为小前提，进而以否定大前提的前件作为结论。因为假言命题的

特征之一是"没有后件就没有前件"，否定其后件就应当否定其前件。其推理
形式是：

$$如果 p 则 q$$

$$非 q$$

$$所以，非 p$$

上述推理形式相应的蕴涵式是：

$$（p→q）∧¬q→¬p$$

［例1］ 如果他是凶手，那么案发时他在现场；现查证，案发时他不在现
场；所以，他不是凶手。

［例2］ 明朝谢肇淛编的《五杂俎》中有这样一个故事：宋叶衡罢相归，
日与布衣饮甚欢，一日不怡，问诸客曰："某且死，但未知死后佳否？"一姓
金士人曰："甚佳。"叶惊问曰："何以知之？"士人曰："使死而不佳，死者
皆逃归矣。一死不返，是以知甚佳矣。"满座皆笑。

如果违反了假言推理规则，常见的错误形式有：

第一，否定前件的错误。这种错误是指以假言命题作为大前提，以否定
大前提的前件作为小前提，进而以否定大前提的后件作为结论。其错误形
式是：

$$如果 p 则 q$$

$$非 p$$

$$所以，非 q$$

其错误形式也可表示为：

$$（p→q）∧¬p→¬q$$

例如：如果他是凶手，那么案发时他在现场；现查证，他不是凶手；所
以，案发时他不在现场。

这是一个无效推理。因为假言命题的特征之一是"没有前件未必没有后
件"，所以不能从否定其前件就必然否定其后件。

第二，肯定后件的错误。这种错误是指以假言命题作为大前提，以肯定
大前提的后件作为小前提，进而以肯定大前提的前件作为结论。其错误形
式是：

$$如果 p 则 q$$

$$q$$

$$所以，p$$

其错误形式也可表示为：

$$(p \rightarrow q) \wedge q \rightarrow p$$

例如：如果他是凶手，那么案发时他在现场；现查证，案发时他在现场；所以，他是凶手。

这是一个无效推理。因为假言命题的特征之一是"有后件未必有前件"，所以不能从肯定其后件就必然肯定其前件。

2. 必要条件假言推理。必要条件假言推理就是根据必要条件假言命题的逻辑性质进行的演绎推理。其推理有效式为：

（1）否定前件式。否定前件式是指以必要条件假言命题作为大前提，以否定大前提的前件作为小前提，进而以否定大前提的后件作为结论。因为必要条件假言命题的特征之一是"没有前件就没有后件"，所以应当从否定其前件进而否定其后件。其推理形式是：

$$只有 p 才 q$$

$$非 p$$

$$所以，非 q$$

上述推理形式相应的蕴涵式是：

$$(\neg p \rightarrow \neg q) \wedge \neg p \rightarrow \neg q$$

例如：只有年满 18 周岁，才有选举权；他未满 18 周岁；所以，他没有选举权。

（2）肯定后件式。肯定后件式是指以必要条件假言命题作为大前提，以肯定大前提的后件作为小前提，进而以肯定大前提的前件作为结论。因为必要条件假言命题的特征之一是"有后件就有前件"，所以应当从肯定其后件进而肯定其前件。其推理形式是：

$$只有 p 才 q$$

$$q$$

$$所以，p$$

上述推理形式相应的蕴涵式是：

$$(\neg p \rightarrow \neg q) \wedge q \rightarrow p$$

例如：只有年满 18 周岁，才有选举权；他有选举权；所以，他已满 18 周岁。

如果违反了必要条件假言推理规则，常见的错误形式有：

第一，肯定前件的错误。这种错误是指以必要条件假言命题作为大前提，以肯定大前提的前件作为小前提，进而以肯定大前提的后件作为结论。其错误形式是：

$$只有 p 才 q$$

$$p$$

$$所以，q$$

其错误形式也可表示为：

$$(\neg p \rightarrow \neg q) \wedge p \rightarrow q$$

例如：只有年满 18 周岁，才有选举权；他已年满 18 周岁；所以，他有选举权。

这是一个无效推理。因为必要条件假言命题的特征之一是"有前件未必有后件"，所以肯定其前件并不必然肯定其后件。

第二，否定后件的错误。这种错误是指以必要条件假言命题作为大前提，以否定大前提的后件作为小前提，进而以否定大前提的前件作为结论。其错误形式是：

$$只有 p 才 q$$

$$非 q$$

$$所以，非 p$$

其错误形式也可表示为：

$$(\neg p \rightarrow \neg q) \wedge \neg q \rightarrow \neg p$$

例如：只有年满 18 周岁，才有选举权；他没有选举权；所以，他未满 18 周岁。

这是一个无效推理。因为必要条件假言命题的特征之一是"没有后件未必没有前件"，所以否定其后件并不必然否定其前件。

3. **等值推理（充要条件假言推理）**。等值推理，也称为充要条件假言推理，就是根据等值命题的逻辑性质进行的演绎推理。

其推理有效式为：

（1）肯定式。肯定式是指以等值命题作为大前提，以肯定大前提的前件作为小前提，进而以肯定大前提的后件作为结论；或者以肯定大前提的后件作为小前提，进而以肯定大前提的前件作为结论。因为等值命题的特征之一是"有前件就有后件，有后件就有前件"，所以应当从肯定其前件进而肯定其后件，或者从肯定其后件进而肯定其前件。其推理形式是：

$$p \text{ 当且仅当 } q \quad \text{或：} \quad p \text{ 当且仅当 } q$$
$$p \qquad\qquad\qquad q$$
$$\text{所以，} q \qquad\qquad \text{所以，} p$$

上述推理形式相应的蕴涵式是：

$$(p \leftrightarrow q) \wedge p \to q$$
$$(p \leftrightarrow q) \wedge q \to p$$

例如：一个三角形是等边三角形，当且仅当三个内角相等；这个三角形三个内角相等；所以，这个三角形是等边三角形。

（2）否定式。否定式是指以等值命题作为大前提，以否定大前提的前件作为小前提，进而以否定大前提的后件作为结论；或者以否定大前提的后件作为小前提，进而以否定大前提的前件作为结论。因为等值命题的特征之一是"没有前件就没有后件，没有后件就没有前件"，所以应当从否定其前件进而否定其后件，或者从否定其后件进而否定其前件。其推理形式是：

$$p \text{ 当且仅当 } q \quad \text{或：} \quad p \text{ 当且仅当 } q$$
$$\text{非} p \qquad\qquad\qquad \text{非} q$$
$$\text{所以，非} q \qquad\qquad \text{所以，非} p$$

上述推理形式相应的蕴涵式是：

$$(p \leftrightarrow q) \wedge \neg p \to \neg q$$
$$(p \leftrightarrow q) \wedge \neg q \to \neg p$$

例如：一个三角形是等边三角形，当且仅当三个内角相等；这个三角形三个内角不相等；所以，这个三角形不是等边三角形。

（五）假言连锁推理

假言连锁推理又称纯假言推理，它是根据假言命题的逻辑性质进行的演绎推理。假言连锁推理至少由三个假言命题组成，其中两个作为前提，一个作为结论。

其最常见的推理有效式为：

如果 p 则 q

如果 q 则 r

所以，如果 p 则 r

上述推理形式相应的蕴涵式是：

（p→q）∧（q→r）→（p→r）

[例1]《论语》中记载：子路曰：卫君待子而为政，子将奚先？子曰：必也正名乎。子路曰：有是哉？子之迂也。奚其正？子曰：野哉！由也。君子于其所不知，盖阙如也。名不正，则言不顺；言不顺，则事不成；事不成，则礼乐不兴；礼乐不兴，则刑罚不中；刑罚不中，则民无所措手足。故君子名之必可言也，言之必可行也。君子于其言，无所苟而已矣！

其中包含着一个假言连锁推理：

名不正，则言不顺；

言不顺，则事不成；

事不成，则礼乐不兴；

礼乐不兴，则刑罚不中；

刑罚不中，则民无所措手足。

其推理形式是：

p→q

q→r

r→s

s→t

t→u

（所以，p→u）

[例2] 有一个民间故事——金龟子的奇迹：从前有一个农民被恶霸无辜

抓了起来，关在一个高高的塔顶。塔顶只有一扇小窗户可以看见外面，但是塔太高了，他无法跳下去。一天，他看见自己的妻子站在塔下哭泣。他告诉妻子去捉一只金龟子来，再拿一点黄油、一条丝线、一条细绳、一条粗绳。他的妻子不明所以，但是照办了。他让妻子把丝线拴在金龟子的腿上，再把黄油抹在金龟子的头上，然后把金龟子对准窗口放开。金龟子喜食甜食，它以为黄油在它的头上面，所以，它就一直向上爬，一直爬到窗口上。农民抓住了金龟子，拉住了丝线，他又让妻子把细绳系在丝线的另一端，之后他慢慢地往上拉丝线，把细绳拉了上来，他又让妻子把粗绳系在细绳的另一端，又慢慢地把粗绳拉了上来。然后，农民把粗绳系在窗户上，顺着粗绳逃走了。

这个故事中，把黄油抹在金龟子的头上看起来和农民逃走没有任何关系，可是这个故事中，运用了一个假言连锁推理，把这两件看起来没有关联的事联系在了一起。让我们来看一下推理过程：

如果把黄油抹在金龟子的头上，那么它会一直向上爬；

如果它一直向上爬，那么它就会把丝线带上来；

如果它把丝线带上来，那么丝线就会把细绳带上来；

如果丝线把细绳带上来，那么细绳就会把粗绳带上来；

如果细绳把粗绳带上来，那么农民就会逃走；

所以，如果把黄油抹在金龟子的头上，那么农民就会逃走。

其推理形式是：

$$p \rightarrow q$$
$$q \rightarrow r$$
$$r \rightarrow s$$
$$s \rightarrow t$$
$$t \rightarrow u$$
$$所以，p \rightarrow u$$

（六）二难推理

二难推理又称为假言选言推理，它是根据假言命题和选言命题的逻辑性质进行的演绎推理。由于论辩双方在论辩中经常使用这种推理，对每一种可能的情况，都推出对方难以接受的结论，使对方陷入"进退两难"的困境，因而，这种推理被称为二难推理。

其推理有效式为：

1. 构成式。二难推理构成式是指其前提由两个假言命题和一个选言命题组成，用选言前提的两个选言支分别肯定两个假言前提的前件，进而用结论肯定它们的后件。二难推理构成式实际上是由两个假言推理肯定前件式合成的。由于假言推理肯定前件式是有效式，因而二难推理构成式也是有效式。

（1）简单构成式：两个假言前提的后件相同，结论是一个直言命题。其推理形式是：

如果 p 则 r

如果 q 则 r

p 或者 q

所以，r

上述推理形式相应的蕴涵式是：

$$(p \rightarrow r) \wedge (q \rightarrow r) \wedge (p \vee q) \rightarrow r$$

例如：《红楼梦》第 64 回中有这样一段：贾宝玉想去看望林黛玉，在路上遇见林黛玉的侍女雪雁，得知林黛玉在自己的住处祭奠祖宗，于是心想：大约必是七月，因为瓜果之节，家家都上秋季的坟，林妹妹有感于心，所以在私室自己祭奠……但我此刻走去，见她伤感，必极力劝解，又怕她烦恼郁结于心；若意不去，又恐她过于伤感，无人劝止：两件皆足致疾。

这段描述惟妙惟肖地表达了贾宝玉进退两难的矛盾心理，可用这样一个推理过程来表示：

但我此刻走去，见她伤感，必极力劝解，又怕她烦恼郁结于心，足以致疾；

若意不去，又恐她过于伤感，无人劝止，足以致疾；

或者去，或者不去；

两件皆足致疾。

（2）复杂构成式：两个假言前提的后件不相同，结论是一个选言命题。其推理形式是：

如果 p 则 r

如果 q 则 s

p 或者 q

所以，r 或者 s

上述推理形式相应的蕴涵式是：

$$(p \rightarrow r) \wedge (q \rightarrow s) \wedge (p \vee q) \rightarrow r \vee s$$

例如：林肯是美国历史上的一位著名总统。他在成为总统之前是一位著名的律师。一次，林肯得知他青年时代的好友、已经去世的老阿姆斯特朗的儿子小阿姆斯特朗被认定为图财害命的凶手，并且已被法庭判定有罪。出于对老阿姆斯特朗的友情，林肯决定以小阿姆斯特朗律师的身份提请复审。林肯首先查阅了法院的全部卷宗，然后又到案发现场进行了实地勘察。林肯发现法庭据以定罪的主要证据是虚假的。本案的关键证人名叫福尔逊，他在陪审团面前发誓说：1857 年 10 月 18 日夜 11 时，他曾亲眼看见小阿姆斯特朗和被害人殴斗，当时皓月当空，月光下他看见小阿姆斯特朗在大树下用枪击毙了被害人，而当时他在大树东边的草堆后面。法庭上，林肯和福尔逊进行了对质：

林肯：你肯定死者是小阿姆斯特朗杀害的吗？

福尔逊：是的。我在 10 月 18 日晚上亲眼看见小阿姆斯特朗用枪击毙了死者。

林肯：你发誓你看见的是被告？

福尔逊：是的。

林肯：你在大树东边的草堆后面，被告在大树下，相距二三十米，能看清吗？

福尔逊：看得很清楚。因为当时有月光，月光很亮。

林肯：你肯定不是从衣着等其他方面辨认的？

福尔逊：不是的。我肯定看清了他的脸，当时月光正照在他脸上。

林肯：你能肯定是晚上 11 点吗？

福尔逊：完全可以肯定。因为我回屋看了时钟，那时正是 11 点 15 分。

林肯：你担保你说的完全是事实吗？

福尔逊：我可以发誓，我说的完全是事实。

林肯（转身面对众人）：我不能不告诉大家，这个证人是个彻头彻尾的骗子。接着林肯出示了美国的历书，证明：10 月 18 日当晚 10 点 57 分，月亮已经落下山看不见了。这个铁的事实已明白无疑地说明福尔逊是在说谎。林肯依此做了激动人心的辩护："证人发誓说他于 10 月 18 日晚 11 点钟在月光下看清了被告小阿姆斯特朗的脸，但历书已证明那天晚上是上弦月，11 点钟月亮已经下山了，哪来的月光？退一步说，就算证人记不清时间，假定稍有提前，月亮还在西边，而草堆在东，大树在西，月光从西边照过来，如果被告脸向大树，即向西，证人根本看不到被告的脸；如果被告脸朝草堆，即向东，那么即使有月光，也只能照着他的后脑勺，证人怎么能看到月光照在被告脸上，而且能从二三十米的草堆处看清被告的脸呢？"

福尔逊在这无懈可击的辩驳面前，承认是被人收买来作伪证陷害被告的，小阿姆斯特朗被当庭释放。

虽然林肯事先做了大量准备工作，证明福尔逊在作伪证，但在法庭上林肯并没有上来就直接指出证人在说假话，而是巧妙地对证人进行了质询，使得证人的证词出现矛盾。林肯的论辩中包含了一个二难推理：

如果被告脸向西，月光可以照到脸上，可是由于证人的位置在树的东面的草堆后面，那他就根本看不到被告的脸；

如果被告脸向东，那么即使有月光，也只能照着他的后脑勺，证人更不能看清被告的脸；

被告或者脸向西，或者脸向东；

所以，证人或者根本看不到被告的脸，或者根本不能看清被告的脸。

2. 破坏式。二难推理破坏式是指其前提由两个假言命题和一个选言命题组成，用选言前提的两个选言支分别否定两个假言前提的后件，进而否定它们的前件。二难推理破坏式实际上是由两个假言推理否定后件式合成的。由于假言推理否定后件式是有效式，因而二难推理破坏式也是有效式。

（1）简单破坏式：两个假言命题的前件相同，结论是一个负命题。其推理形式是：

$$如果\ p\ 则\ q$$

$$如果\ p\ 则\ r$$

$$非\ q\ 或者非\ r$$

$$所以，非\ p$$

上述推理形式相应的蕴涵式是：

$$(p→q) \land (p→r) \land (\neg q \lor \neg r) → \neg p$$

例如：在莎士比亚著名喜剧《威尼斯商人》中，夏洛克和安东尼奥订了一个契约：夏洛克借给安东尼奥 3000 元现金，借期 3 个月，免付利息。如果到期不还，债权人有权从债务人的胸前割下一磅肉，作为利息。3 个月期满，安东尼奥还不出这笔钱。夏洛克状告安东尼奥，要求执行契约，割安东尼奥一磅肉。在法庭上，女扮男装的法官鲍细娅出场了。她对夏洛克说："根据威尼斯法律，你的起诉可以成立，而且在威尼斯谁也无权变更法律。"

她不动声色地又问："称肉的天平准备好了吗?"

夏洛克说道："我已带来了!"

鲍细娅又说："夏洛克，去请一位医生来，免得他流血死去。"

夏洛克说道："不，借约上没有这一条。"

正当夏洛克得意忘形准备动手时，鲍细娅说道："你准备割肉吧，但是借约上并未允许你取他的一滴血，也不准割得超过或不足一磅的重量，不许你差一丝一毫，否则，根据威尼斯的法律，你就要抵命，你的财产全部充公。"

夏洛克问："我收回本金都不成吗?"

鲍细娅坚定地答道："不成!"

夏洛克陷入进退两难的困境。法官鲍细娅使用了如下的二难推理：

如果夏洛克按契约的规定割肉，安东尼奥就不能出血；

如果夏洛克按契约的规定割肉，就不能差一丝一毫；

安东尼奥或者会出血，或者夏洛克难以做到不差一丝一毫，

所以，夏洛克无法按契约的规定割肉。

（2）复杂破坏式：两个假言命题的前件不相同，结论是一个选言命题。其推理形式是：

如果 p 则 r

如果 q 则 s

非 r 或者非 s

所以，非 p 或者非 q

上述推理形式相应的蕴涵式是：

$$（p→r）∧（q→s）∧（¬r∨¬s）→¬p∨¬q$$

例如：如果加工厂能按时开工，说明生产资料充足；

如果加工厂能按时完成生产任务，说明加工厂人力充足；

现在加工厂或者生产资料不足，或者人力不足；

所以，加工厂或者不能按时开工，或者不能按时完成生产任务。

面对推理形式上正确、内容上没有漏洞的二难推理，很难反驳，最好的办法就是回避，当然回避的方式要巧妙。看看耶稣面对二难问题时的巧妙回答：

当时，以色列国为罗马国所征服。一次，耶稣在讲道时，一位祭司长派来的奸细要他实话相告："纳税给凯撒对不对？我们该不该纳税呢？"耶稣马上发觉了他的诡计，因为如果说不要纳税，就违背了罗马法律；如果说要纳税，就会激起犹太人的不满。于是耶稣右手高举一枚货币说："这货币上面刻着的是谁的头像和名号？"有人回答说："是罗马皇帝凯撒的头像和名号。"耶稣说："那么属于凯撒的东西就应该给凯撒，属于神的东西就应该给神。"这样，耶稣以令大家感到惊奇的回避方式，堵回了对方可以找麻烦的借口。

（七）归谬法推理

归谬法推理是指根据假言命题的逻辑性质进行的演绎推理。归谬法推理是假言推理否定后件式的特殊形式，如果一个命题蕴涵两个相互矛盾的命题，则得出这个命题为假的结论。

其推理有效式为：

如果 p，则 q 并且非 q

所以，非 p

上述推理形式相应的蕴涵式是：

$$（p→q∧¬q）→¬p$$

［例1］ 如果所有证据都是确实的，则某甲既在案发现场，又没在案发现场；所以，并非所有证据都是确实的。

［例2］ 在克塞诺封所写的《苏格拉底回忆录》中有一段对话，记载了苏格拉底（简称苏）与埃弗奇顿（简称埃）辩论关于什么是正义的问题。

埃弗奇顿自称他熟知什么行为是正义的，什么行为是非正义的。苏格拉底对此进行了反驳。

苏：欺骗属于哪一类？是正义的，还是非正义的？

埃：一切欺骗都是非正义的。

苏：好，照你说，一切欺骗是非正义的。但两军对战，兵不厌诈，战略家欺骗自己的敌人是正义的，还是非正义的？

埃：战略家欺骗自己的敌人是正义的。

埃此时陷入了矛盾。于是他修改自己的论点，重新断定：并非一切欺骗都是非正义的，欺骗敌人是正义的，欺骗朋友是非正义的。

苏此时又接受了埃的新论点。

苏：在战争中，当战略家看到自己的士兵士气低落，故意说谎，声称即将有大批援军到来，从而鼓舞了士气，获得了战斗的胜利。那么战略家这种欺骗自己的士兵的行为是正义的，还是非正义的？

埃：这种战略家欺骗自己的士兵的行为是正义的。

这又与原断定矛盾，于是，埃只好收回自己原来的断定，自认无知，从而苏格拉底在辩论中获胜。这就是"苏格拉底式讽刺"。

（八）反三段论推理

反三段论推理是一种根据假言命题的逻辑性质进行的演绎推理，是假言推理否定后件式的一种特殊形式，是用假言推理否定后件式的推理规则来指导三段论推理。三段论作为一种正确的推理形式，当前提都为真时，结论不可能为假。如果结论为假，则说明前提中至少有一个是假的。

把三段论的大前提和小前提作为假言命题前件，把结论作为假言命题后件，构成一个假言命题。这样三段论的一般形式是：

$$如果 p 并且 q，则 r$$

此时，如果 r 是假的，则可推出或者 p 是假的或者 q 是假的；如果 p 是真的则 q 是假的；如果 q 是真的则 p 是假的。

其推理有效式为：

如果 p 并且 q，则 r

所以，如果非 r 并且 p，则非 q

或：

如果 p 并且 q，则 r

所以，如果非 r 并且 q，则非 p

上述推理形式相应的蕴涵式是：

$$(p \wedge q \to r) \to (\neg r \wedge p \to \neg q)$$

$$(p \wedge q \to r) \to (\neg r \wedge q \to \neg p)$$

例如：公安机关立案侦查的案件，如果查明犯罪事实清楚并且证据确实充分，可以侦查终结。如果本案不能侦查终结并且犯罪事实清楚，那么一定是因为证据还不够确实充分。

（九）其他形式的复合命题推理

这里主要是指基于重言等值式进行的一种推理。有些等值式两端的真值在任何情况下都是相同的，称为重言等值式。每一个重言等值式，都提供了两个推理有效式。设 A↔B 为重言等值式，则可以推出 A→B，也可以推出 B→A。重言等值式说明不同的命题形式之间可以具有相同的真值关系，也说明同一个命题，可以用不同的联结词表达，而逻辑真值是相同的。

由于重言等值式很多，所以基于重言等值式的推理也很多。常用的有：

1. 假言易位推理。

$$p \to q \leftrightarrow \neg q \to \neg p$$

例如：如果他是凶手，则他在案发现场；所以，如果他没在案发现场，则他不是凶手。

2. 合取命题变形推理。

$$p \wedge q \leftrightarrow \neg (p \to \neg q)$$

例如：他犯了盗窃罪也犯了诈骗罪，所以，并非他犯了盗窃罪就没犯诈骗罪。

3. 蕴涵析取互易推理[1]。

$$p \lor q \leftrightarrow \neg\, p \rightarrow q$$

例如：这个行为或者是盗窃罪或者是抢劫罪，所以，如果这个行为不是盗窃罪就是抢劫罪。

4. 蕴涵析取互易推理$_2$。

$$p \rightarrow q \leftrightarrow \neg\, p \lor q$$

例如：如果他是凶手则他在案发现场，所以，或者他不是凶手或者他在案发现场。

5. 等值命题变形推理$_1$。

$$(p \leftrightarrow q) \leftrightarrow (p \rightarrow q) \land (q \rightarrow p)$$

例如：一个三角形是等边三角形当且仅当其三个内角相等；所以，如果一个三角形是等边三角形则其三个内角相等，并且如果一个三角形三个内角相等则是等边三角形。

6. 等值命题变形推理$_2$。

$$(p \leftrightarrow q) \leftrightarrow (p \land q) \lor (\neg\, p \land \neg\, q)$$

例如：甲参加比赛当且仅当乙也参加比赛，所以，或者甲、乙都参加比赛或者甲、乙都不参加比赛。

7. 否定合取推理。

$$\neg\, (p \land q) \leftrightarrow \neg\, p \lor \neg\, q$$

例如：并非他既犯盗窃罪又犯诈骗罪；所以，或者他没犯盗窃罪，或者他没犯诈骗罪。

8. 否定析取推理。

$$\neg\, (p \lor q) \leftrightarrow \neg\, p \land \neg\, q$$

例如：并非甲或乙是作案人，所以，甲、乙都不是作案人。

9. 否定蕴涵推理。

$$\neg\, (p \rightarrow q) \leftrightarrow p \land \neg\, q$$

例如：并非如果他在案发现场，他就是作案人；所以，即使他在案发现场，他也不是作案人。

10. 否定等值推理。

$$\neg\, (p \leftrightarrow q) \leftrightarrow (p \land \neg\, q) \lor (\neg\, p \land q)$$

例如：并非甲参加比赛当且仅当乙也参加比赛；所以，或者甲参加比赛而乙不参加比赛，或者甲不参加比赛而乙参加比赛。

11. 条件移出移入推理。

$$p \wedge q \rightarrow r \leftrightarrow p \rightarrow (q \rightarrow r)$$

例如：如果犯罪以后自动投案并且如实供述自己的罪行的，构成自首；所以如果是犯罪以后自动投案，那么，如果如实供述自己的罪行的，则构成自首。

12. 条件互易推理。

$$p \rightarrow (q \rightarrow r) \leftrightarrow q \rightarrow (p \rightarrow r)$$

例如：如果犯罪以后自动投案，那么，如果如实供述自己的罪行的，则构成自首；所以，如果如实供述自己的罪行的，那么，如果是犯罪以后自动投案的，则构成自首。

（十）复合命题的综合推理

一个简单的推理，可以从前提直接推出结论，可以直接根据推理形式来判定推理是否有效。

例如：如果他是作案人，则他在案发现场；他没在案发现场；所以，他不是作案人。

这个推理是有效的，因为它符合假言推理否定后件式规则。因为这个推理比较简单，我们可直接根据假言推理否定后件式的推理有效式进行判定。但有的推理前提比较复杂，结论无法直接得出，这就需要从给定的前提出发，逐步地运用多个推理有效式，遵循有效推理的规则，进行推理，最后得出结论。这称为复合命题的综合推理。

以复合命题推理有效式作为基本推导规则，增添一些新的规则和具体方法，就可构成综合推理系统。这些规则主要有：

1. 基本推导规则。基本推导规则就是复合命题推理有效式。复合命题推理有效式是进行有效推理的规则，既可以作为有效推理的判定方法，也可以作为有效推理的指导方法。有效式亦称重言式。每一个重言蕴涵式都提供了一个有效的推理形式或推理方法。当 A 重言蕴涵 B 时，如果 A 为真则 B 一定为真。所以，如果在推理过程中从一些在先的命题形式 A，有效推出了 B，就可以在其后的推理中使用 B 作为前提。基本推导规则也称为重言蕴涵规则。

常用的基本推导规则是：

双重否定推理 $\neg\neg p \leftrightarrow p$

联言推理分解式 $p \wedge q \rightarrow p$

联言推理合成式 $p \wedge q \rightarrow p \wedge q$

选言推理否定肯定式 $(p \vee q) \wedge \neg p \rightarrow q$

假言推理肯定前件式 $(p \rightarrow q) \wedge p \rightarrow q$

假言推理否定后件式 $(p \rightarrow q) \wedge \neg q \rightarrow \neg p$

等值推理肯定式 $(p \leftrightarrow q) \wedge p \rightarrow q$

等值推理否定式 $(p \leftrightarrow q) \wedge \neg p \rightarrow \neg q$

假言连锁推理 $(p \rightarrow q) \wedge (q \rightarrow r) \rightarrow (p \rightarrow r)$

二难推理构成式 $(p \rightarrow r) \wedge (q \rightarrow r) \wedge (p \vee q) \rightarrow r$

二难推理破坏式 $(p \rightarrow q) \wedge (p \rightarrow r) \wedge (\neg q \vee \neg r) \rightarrow \neg p$

归谬法 $(p \rightarrow q \wedge \neg q) \rightarrow \neg p$

例如：如果他有选举权，那么他已年满 18 周岁；

他未满 18 周岁；

所以，他没有选举权。

这个推理的结论是从两个前提有效推导出来的，可以说两个前提重言蕴涵了结论，那么这个结论可以作为下一步推理的前提使用。

2. 前提引入规则。前提引入规则是指在推理的任何一步，都可以根据需要随时使用一个给定的前提。

3. 条件证明规则。在综合推理过程中，在前提引入规则和基本推导规则指导下，所使用的前提或者是事先给定的，或者是经过基本推导规则得到的。但是对于形如这样的推理形式：$\neg p \vee q \rightarrow (p \rightarrow p \wedge q)$，无法在前提引入规则和基本推导规则指导下证明它是否是一个有效推理形式。这说明现有的证明规则不够用，证明其有效性还需要引入新的推理规则，这时需要增加"条件证明规则"。

条件证明规则的根据：

（1）有效推理的特征是前提真时结论必真，如果以有效推理的前提的合成式为前件，结论为后件，构造一个蕴涵式，那么这个蕴涵式就不可能前件真而后件假。

（2）而当一个推理形式的结论是一个形如 A→B 的蕴涵式，那么，就将前件 A 当成一个假设前提，如果能够由已知前提和这个添加的假设前提有效地推出结论的后件 B，即说明：在已知前提下，当 A 为真时，B 不可能假。也就是说明：当已知前提为真时，A→B 不可能是假的。其具体过程为：

①如果结论是一个形如 A→B 的蕴涵式，就将此式的前件 A 作为假设前提；A 既不是事先给定的前提，也不是根据在先步骤推导出来的结论，而是虚拟的前提；

②从一组已知前提和这个假设前提 A 出发，推导出 B；

③由此，可从已知前提推导出 A→B。

这个过程可以用如下公式表示：

（p∧q→r）→（p→（q→r））（条件移出移入推理）

例如：用条件证明规则来证明 ¬ p∨q→（p→p∧q）是否是有效推理形式。

证明：

（1）¬ p∨q   前提

（2）p   条件假设

（3）q   （1）（2）选言推理否定肯定式

（4）p∧q   （2）（3）联言推理合成式

（5）p→p∧q   （2）（4）条件证明

所以，¬ p∨q→（p→p∧q）是有效推理形式。

可见，当 ¬ p∨q 为真，并且 p 为真，可以推出 p∧q 为真；即：如果 ¬ p∨q 为真，那么，如果 p 为真，则 p∧q 为真。

4. 等值变形规则。常用的等值变形规则有：

（1）双重否定规则：¬ ¬ A↔A

（2）双端否定规则：如果 A↔B，则 ¬ A↔¬ B

（3）对称规则：如果 A↔B，则 B↔A

（4）传递规则：如果 A↔B，并且 B↔R，则 A↔R

（5）代入规则：在有效推理形式中，任何命题变项可用任何命题形式代换，代换后得到的仍是有效推理形式。代入必须处处进行。如果想用一个变项符号 A 对另一个变项符号 B 进行代换，那么对 B 的每一处出现都必须用 A 来代换。

例如：$A \wedge B \leftrightarrow \neg (A \rightarrow \neg B)$

用 R 代换 B，得：

$$A \wedge R \leftrightarrow \neg (A \rightarrow \neg R)$$

（6）置换规则：在任何命题形式中，任何部分都可用它的等值命题作置换，置换后得到的命题形式与原命题形式等值。置换不必处处进行，既可以对公式的整体进行置换，也可以对公式的部分进行置换。

例如：

$$(A \leftrightarrow B) \leftrightarrow (A \rightarrow B) \wedge (B \rightarrow A)$$

用 $\neg B \vee A$ 置换 $B \rightarrow A$，得：

$$(A \leftrightarrow B) \leftrightarrow (A \rightarrow B) \wedge (\neg B \vee A)$$

（7）交换律：

$$A \wedge B \leftrightarrow B \wedge A$$
$$A \vee B \leftrightarrow B \vee A$$

5. 间接证明规则（反证法）。间接证明和条件证明相比可以简化证明过程。条件证明只适用于结论为形如 $A \rightarrow B$ 的蕴涵式（或者 $A \rightarrow B$ 的等值命题），而间接证明适用于任何命题形式。

间接证明具体过程为：如果从一组已知前提 A 为真，要想推出 B 为真，可以先假定 B 为假；如果从 A 和 $\neg B$ 出发导出了矛盾，说明 B 不能为假，那么可以从已知前提 A 为真推出 B 为真。

例如：证明 $(p \rightarrow r) \wedge (q \rightarrow s) \wedge (p \vee q) \rightarrow r \vee s$ 是有效推理形式。

证明：

（1）$p \rightarrow r$　　　　前提

（2）$q \rightarrow s$　　　　前提

（3）$p \vee q$　　　　前提

（4）$\neg (r \vee s)$　　　　假设前提

(5) ¬r∧¬s　　(4) 否定析取

(6) ¬r　　(5) 联言推理分解式

(7) ¬p　　(1) (6) 假言推理否定后件式

(8) q　　(3) (7) 选言推理否定肯定式

(9) s　　(2) (8) 假言推理肯定前件式

(10) ¬s　　(5) 联言推理分解式

(11) s∧¬s　　(9) (10) 联言推理合成式

(12) r∨s　　(4) (11) 间接证明

所以，(p→r) ∧ (q→s) ∧ (p∨q) →r∨s是有效推理形式。

间接证明也可以运用于归谬法推理。如果从一组前提中推出矛盾，可以间接地证明结论不必然为真。这个过程可用如下公式表示：

$$(p→q∧¬q) →¬p$$

例如：某证人声称："甲盗窃了保险柜。因为只能是甲或乙盗窃了保险柜。如果是甲盗窃了保险柜，则甲会在凌晨两点作案；如果我去现场，我会被甲杀死；只有我去现场，甲才会在凌晨两点作案。"

问：该证人的证词是否真实？为什么？

证明：

首先为了推导的方便，先把变项内容形式化。设：p表示甲盗窃了保险柜，q表示乙盗窃了保险柜，r表示甲在凌晨两点作案，s表示我去现场，t表示我被甲杀死。

(1) p∨q　　前提

(2) p→r　　前提

(3) s→t　　前提

(4) ¬s→¬r　　前提

(5) ¬t　　前提（因为证人在作证，说明他没被杀死)

(6) ¬s　　(3) (5) 假言推理否定后件式

(7) ¬r　　(4) (6) 假言推理肯定前件式

(8) ¬p　　(2) (7) 假言推理否定后件式

(9) ¬p∧p　　甲没盗窃保险柜与甲盗窃保险柜自相矛盾

所以，该证人的证词不真实。

综合推理证明过程不是唯一的，上例也可以使用如下证明过程：

证明：

(1) p∨q　　　　　前提

(2) p→r　　　　　前提

(3) s→t　　　　　前提

(4) ¬s→¬r　　　　前提

(5) r→s　　　　　(4) 假言易位推理

(6) p→t　　　　　(2)(3)(5) 假言连锁推理

(7) ¬t　　　　　　前提（因为证人在作证，说明他没被杀死）

(8) ¬p　　　　　　(6)(7) 假言推理否定后件式

(9) ¬p∧p　　　　　甲没盗窃保险柜与甲盗窃保险柜自相矛盾

所以，该证人的证词不真实。

下面用综合推理证明下列推理是否有效：

例如：某商业中心发生一起团伙盗窃案。侦查人员掌握了以下情况：

(1) 如果 E 作案，那么 A 和 C 不可能都不作案；

(2) 如果 B 不作案，那么 A 也不可能作案；

(3) 或者 C 不作案，或者 B 作案；

(4) 除非 E 作案，D 才作案；

(5) D 作案。

侦查人员推断 B 作案了。问：侦查人员的推断是否正确？

证明：

首先为了推理的方便，先把变项内容形式化。设：A、B、C、D、E 分别表示他们作案。

(1) E→¬（¬A∧¬C）　　　前提

(2) ¬B→¬A　　　　　　　前提

(3) ¬C∨B　　　　　　　　前提

(4) ¬E→¬D　　　　　　　前提

(5) D　　　　　　　　　　前提

（6）E

（7）￢（￢A∧￢C）

（8）A∨C

（9）A→B

（10）C→B

（11）B

（4）（5）假言推理否定后件式

（1）（6）假言推理肯定前件式

（7）否定合取推理

（2）假言易位推理

（3）蕴涵析取互易推理

（8）（9）（10）二难推理构成式

结论：侦查人员据此可推出B作案。所以，侦查人员的推断是正确的。

上例还可以这样证明：

证明：

（1）E→￢（￢A∧￢C）　　　　　　前提

（2）￢B→￢A　　　　　　　　　　前提

（3）￢C∨B　　　　　　　　　　　前提

（4）￢E→￢D　　　　　　　　　　前提

（5）D　　　　　　　　　　　　　前提

（6）E　　　　　　　　　　　　　（4）（5）假言推理否定后件式

（7）￢（￢A∧￢C）　　　　　　　（1）（6）假言推理肯定前件式

（8）￢B　　　　　　　　　　　　假设前提

（9）￢A　　　　　　　　　　　　（2）（8）假言推理肯定前件式

（10）￢C　　　　　　　　　　　　（3）（8）选言推理否定肯定式

（11）￢A∧￢C　　　　　　　　　（9）（10）联言推理合成式

（12）（￢A∧￢C）∧￢（￢A∧￢C）　　（7）与（11）自相矛盾

结论：侦查人员据此可推出B作案。所以，侦查人员的推断是正确的。

下面用复合命题推理证明下列推理是否有效：

2020年9月，王甲送女儿到某中学报名，王甲忙前忙后，为女儿办理入学手续。由于地形原因，学校办公楼的三楼和操场齐平，两者之间有一米多的距离。为防止意外发生，学校在三楼与操场相邻处的通道阳台围墙上加装了护栏、设置了警示牌。王甲在办公楼三楼办完手续后，本应沿楼梯下楼，见三楼与操场仅隔"一米之遥"，想走"捷径"。然而悲剧就这样发生了，王甲翻越三楼阳台护栏，在跳至对面操场时不慎失足坠落，导致脑部重伤。学校保安闻讯赶来，立即拨打急救电话，将王甲送往医院。但王甲终因伤势过重，经抢救无效死亡。

后王甲家属以学校未尽到安全保障义务为由向法院提起诉讼，请求学校予以赔偿。根据《民法典》第 1198 条第 1 款规定："宾馆、商场、银行、车站、机场、体育场馆、娱乐场所等经营场所、公共场所的经营者、管理者或者群众性活动的组织者，未尽到安全保障义务，造成他人损害的，应当承担侵权责任。"法院审理后作出判决：学校在办公楼三楼与操场临近处的通道阳台围墙上，加装了护栏、设置了警示牌，对于一个成年人来说，学校已尽到合理限度范围内的安全保障义务，事故的发生系王甲故意行为所致，学校不应承担赔偿责任。

法院的判决书使用了如下必要条件假言推理：

宾馆、商场、银行、车站、机场、体育场馆、娱乐场所等经营场所、公共场所的经营者、管理者或者群众性活动的组织者，只有未尽到安全保障义务，造成他人损害的，才应当承担侵权责任；

学校在办公楼三楼与操场临近处的通道阳台围墙上，加装了护栏、设置了警示牌，对于一个成年人来说，学校已尽到合理限度范围内的安全保障义务，事故的发生系王甲故意行为所致；

所以，学校不应承担赔偿责任。

其推理形式是：

$$只有 p 才 q$$
$$非 p$$
$$所以，非 q$$

这个推理符合必要条件假言推理否定前件式，是有效的。

三、模态对当推理和规范对当推理

这里主要介绍模态推理中的模态对当推理和规范推理中的规范对当推理。

（一）模态对当推理

同直言命题一样，同一素材的 Lp、$L\neg p$、Mp、$M\neg p$ 四种模态命题之间也有真假关系，这种真假关系称为模态对当关系。模态对当关系可以用对当方阵图表示如下：

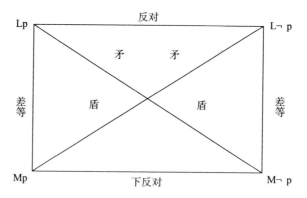

模态对当推理就是根据模态对当关系进行的演绎推理。模态对当推理有四种：

1. 矛盾关系推理。模态命题间的矛盾关系是指 Lp 与 M¬p 之间、L¬p 与 Mp 之间的真值关系。矛盾关系既不可同真也不可同假，因此，可以由其中一个命题为真推知另一命题为假，也可以由其中一个命题为假推知另一命题为真。

（1）Lp 与 M¬p 之间的矛盾关系推理。参照对当方阵图，Lp 与 M¬p 之间可以确定的推理有效式为：

$$Lp \rightarrow \neg M \neg p$$
$$\neg Lp \rightarrow M \neg p$$
$$M \neg p \rightarrow \neg Lp$$
$$\neg M \neg p \rightarrow Lp$$

（2）L¬p 与 Mp 之间的矛盾关系推理。参照对当方阵图，L¬p 与 Mp 之间可以确定的推理有效式为：

$$L \neg p \rightarrow \neg Mp$$
$$\neg L \neg p \rightarrow Mp$$
$$Mp \rightarrow \neg L \neg p$$
$$\neg Mp \rightarrow L \neg p$$

例如：某甲可能不是这个案件的作案人，所以，某甲不必然是这个案件的作案人。

其推理形式是：

$$M\neg p \rightarrow \neg Lp$$

综上，矛盾关系的模态命题之间既不同真也不同假，因而，一个模态命题和它的矛盾命题的负命题是等值关系。即：

$$Lp \leftrightarrow \neg M\neg p$$

$$L\neg p \leftrightarrow \neg Mp$$

$$Mp \leftrightarrow \neg L\neg p$$

$$M\neg p \leftrightarrow \neg Lp$$

2. 反对关系推理。模态命题间的反对关系是指 Lp 与 L¬ p 之间的真值关系。反对关系不可同真但可同假，因此，可以由其中一个命题为真推知另一命题为假。但是，不能由其中一个命题为假推知另一命题的真假。

参照对当方阵图，Lp 与 L¬ p 之间可以确定的反对关系推理有效式为：

$$Lp \rightarrow \neg L\neg p$$

$$L\neg p \rightarrow \neg Lp$$

例如：量变必然引起质变，所以，并非量变必然不引起质变。

其推理形式是：

$$Lp \rightarrow \neg L\neg p$$

3. 下反对关系推理。模态命题间的下反对关系是指 Mp 与 M¬ p 之间的真值关系。下反对关系不可同假但可同真，因此，可以由其中一个命题为假推知另一命题为真。但是，不能由其中一个命题为真推知另一命题的真假。

参照对当方阵图，Mp 与 M¬ p 之间可以确定的下反对关系推理有效式为：

$$\neg Mp \rightarrow M\neg p$$

$$\neg M\neg p \rightarrow Mp$$

例如：看来今天不可能读完这本书了，所以，今天可能读不完这本书了。

其推理形式是：

$$\neg Mp \rightarrow M\neg p$$

4. 差等关系推理。模态命题间的差等关系是指 Lp 与 Mp 之间、L¬ p 与 M¬ p 之间的真值关系。差等关系既可同真也可同假，因此，可以由上位命题为真推知下位命题为真，也可以由下位命题为假推知上位命题为假。但是，不能由上位命题为假推知下位命题的真假，也不能由下位命题为真推知上位命题的真假。

（1）Lp 与 Mp 之间的差等关系推理。参照对当方阵图，Lp 与 Mp 之间可以确定的推理有效式为：

$$Lp \to Mp$$
$$\neg Mp \to \neg Lp$$

（2）L￢p 与 M￢p 之间的差等关系推理。参照对当方阵图，L￢p 与 M￢p 之间可以确定的推理有效式为：

$$L\neg p \to M\neg p$$
$$\neg M\neg p \to \neg L\neg p$$

例如：并非作案人可能没有作案时间，所以，并非作案人必然没有作案时间。

其推理形式是：

$$\neg M\neg p \to \neg L\neg p$$

在法律工作中，特别是在刑侦工作中，要经常应用模态命题表达事物情况的必然性或可能性。案情是已经发生过的事实，要了解全部情况不是容易的事情。以现场勘察为例，往往由于案情复杂，现场遗留线索不多，或者一些细节尚未发现，而对案件性质、作案时间、作案手段、作案人的特征等有关情况，有时很难作出确切的判断，只能用某些猜测性的可能命题来表述。例如，由于掌握的事实材料的不足，对某死亡案件只能作出"死者可能死于他杀"或"死者可能死于自杀"这一类的结论。在法律工作中必须注意模态命题的逻辑性质，不能把可能当成现实，更不能把可能作为定案的依据，要正确理解必然性与可能性之间的关系。在逻辑上，"某人可能是凶手"，只能推出"某人不必然不是凶手"，而不能推出"某人可能不是凶手"或"某人就是凶手"；而"某人可能不是凶手"，则表示"某人不必然是凶手"，而不能理解为"某人也可能是凶手"或"某人不是凶手"。

（二）规范对当推理

同直言命题一样，同一素材的规范命题之间也有真假关系，这种真假关系称为规范对当关系。规范命题共有 Op、O￢p、Fp、F￢p、Pp、P￢p 六种。

因为 O¬ p 与 Fp 涵义相同，F¬ p 与 Op 涵义相同，它们之间是等值的，所以可以相互替换使用。即：

$$O¬ p \leftrightarrow Fp$$

$$F¬ p \leftrightarrow Op$$

因此，规范命题可以归结为：Op、Fp、Pp、P¬ p 四种。这四种规范命题之间的规范对当关系可以用对当方阵图表示如下：

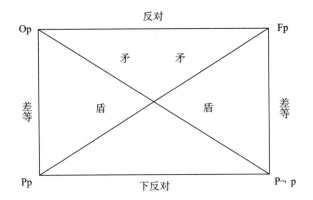

规范对当推理就是根据规范对当关系进行的演绎推理。规范对当推理有四种：

1. 矛盾关系推理。规范命题之间的矛盾关系是指 Op 与 P¬ p 之间、Fp 与 Pp 之间的真值关系。矛盾关系既不可同真也不可同假，因此可以由其中一个命题为真推知另一命题为假，也可以由其中一个命题为假推知另一命题为真。

（1）Op 与 P¬ p 之间的矛盾关系推理。参照对当方阵图，Op 与 P¬ p 之间可以确定的推理有效式为：

$$Op \rightarrow ¬ P¬ p$$

$$¬ Op \rightarrow P¬ p$$

$$P¬ p \rightarrow ¬ Op$$

$$¬ P¬ p \rightarrow Op$$

（2）Fp 与 Pp 之间的矛盾关系推理。参照对当方阵图，Fp 与 Pp 之间可以确定的推理有效式为：

$$Fp \rightarrow \neg Pp$$
$$\neg Fp \rightarrow Pp$$
$$Pp \rightarrow \neg Fp$$
$$\neg Pp \rightarrow Fp$$

例如：允许被告人上诉，所以，不禁止被告人上诉。

其推理形式是：

$$Pp \rightarrow \neg Fp$$

综上，矛盾关系的规范命题之间既不同真也不同假，因而，一个规范命题和它的矛盾命题的负命题是等值关系。即：

$$Op \leftrightarrow \neg P \neg p$$
$$Fp \leftrightarrow \neg Pp$$
$$Pp \leftrightarrow \neg Fp$$
$$P \neg p \leftrightarrow \neg Op$$

2. 反对关系推理。规范命题之间的反对关系是指 Op 与 Fp 之间的真值关系。反对关系不可同真但可同假，因此，可以由其中一个命题为真推知另一命题为假。但是，不能由其中一个命题为假推知另一命题的真假。

参照对当方阵图，Op 与 Fp 之间可以确定的反对关系推理有效式为：

$$Op \rightarrow \neg Fp$$
$$Fp \rightarrow \neg Op$$

例如：禁止刑讯逼供，所以，不应当刑讯逼供。

其推理形式是：

$$Fp \rightarrow \neg Op$$

3. 下反对关系推理。规范命题之间的下反对关系是指 Pp 与 $P \neg p$ 之间的真值关系。下反对关系不可同假但可同真，因此，可以由其中一个命题为假推知另一命题为真。但是，不能由其中一个命题为真推知另一命题的真假。

参照对当方阵图，Pp 与 $P \neg p$ 之间可以确定的下反对关系推理有效式为：

$$\neg Pp \rightarrow P \neg p$$
$$\neg P \neg p \rightarrow Pp$$

例如：未经许可，不允许在法庭审理过程中拍照；所以，在法庭审理过程中，允许不拍照。

其推理形式是：

$$\neg Pp \rightarrow P \neg p$$

4. 差等关系推理。规范命题之间的差等关系是指 Op 与 Pp 之间、Fp 与 P￢p 之间的真值关系。差等关系既可同真也可同假，因此，可以由上位命题为真推知下位命题为真，也可以由下位命题为假推知上位命题为假。但是，不能由上位命题为假推知下位命题的真假，也不能由下位命题为真推知上位命题的真假。

（1）Op 与 Pp 之间的差等关系推理。参照对当方阵图，Op 与 Pp 之间可以确定的推理有效式为：

$$Op \rightarrow Pp$$

$$\neg Pp \rightarrow \neg Op$$

（2）Fp 与 P￢p 之间的差等关系推理。参照对当方阵图，Fp 与 P￢p 之间可以确定的推理有效式为：

$$Fp \rightarrow P \neg p$$

$$\neg P \neg p \rightarrow \neg Fp$$

例如：禁止在公共场所吸烟，所以，在公共场所允许不吸烟。

其推理形式是：

$$Fp \rightarrow P \neg p$$

法律规定了公民以及其他主体的权利和义务。所以，这些法律规定都是规范命题。一般来说，法律条文中规定的义务都是必须履行的，表述这些义务要应用必须命题；法律条文中规定的犯罪行为和其他违法行为都是被禁止的，表述这些禁令要应用禁止命题；法律条文中规定的权利或自由都是被允许的，表述这些权利或自由要应用允许命题。因此，掌握规范命题及其推理的有关逻辑知识，对于正确制定法律、正确理解和正确适用法律，都是有所帮助的。例如，由于"允许 p"和"允许不 p"是下反对关系，它们是可以同真的，因而，对于法律所赋予的权利和自由，既允许履行又允许不履行，这既符合推理规则，也合乎法律规定。由于"必须 p"和"允许不 p"是矛盾关系，它们是不可同真的，因而，对于法律所规定的义务，不允许不履行。如果不履行这些义务，就是不合法的，就要受到法律的制裁。同理，由于"禁止 p"和"允许 p"是矛盾关系，它们也是不可同真的，因而，对于法律所禁止的行为是不允许履行的。如果履行了这些行为，就是不合法的，就要受到法律的制裁。

第三节　非演绎推理

我们上面所论述的推理形式及其有效性是就演绎推理而言的，只有演绎推理才存在推理是否有效的问题，非演绎推理不存在推理是否有效的问题，对于非演绎推理，逻辑学则主要研究如何提高其结论的可靠性程度。

一、回溯推理

回溯推理是从结果推测导致其发生的原因或条件的一种非演绎推理。例如，一盆鲜花死亡了，我们推测它死亡的原因可能是因为花土太干或太湿；灯忽然熄灭了，我们推测可能是停电了。

当我们看到一种现象或结果发生后，就会推测导致其发生的原因或条件。如果用 q 表示现象或结果，用 p 表示原因或条件，回溯推理就是从 q 推导出 p。之所以从 q 推导出 p，是因为省略了"如果 p 则 q"这个众所周知的常识。例如，一盆鲜花死亡了，我们推测可能是因为花土太干了，因为我们根据常识知道如果花土太干鲜花就会死亡；灯忽然熄灭了，我们推测可能是停电了，因为我们根据常识知道如果停电就会使得灯忽然熄灭。

回溯推理的推理过程是：

$$q$$
$$（如果 p 则 q）$$
$$所以，p$$

这是假言推理肯定后件式，在演绎推理中是一个无效推理形式，但这并不影响它在非演绎推理中的重要地位。我们在自然思维中经常会运用回溯推理分析我们身边发生的各种现象、事物。例如，早晨出门发现地面湿了，推测昨晚下雨了。回溯推理因为是推测事物发生的原因，所以推测的结果是可对可错的。例如，一盆鲜花死亡了，我们推测是花土太干了，实际上也可能是因为花土太湿了；灯忽然熄灭了，我们推测是停电了，实际上也可能是灯泡坏了。

下面我们来看一个回溯推理的案例：

[例1] 2019年11月2日~17日，三昧艺术馆举办了一场"盛世之路"摄影展，展出的是蒋铎老师的60余幅作品。其中首次展出的作品《哭泣的外卖小哥》引起了众多观展人的注意，这张照片背后是一个怎样的故事？这张照片拍摄于2017年11月15日。蒋铎老师说，那天他和往常一样拿着相机在北京街头采风。当走在红庙街头时，一位外卖小哥引起了他的注意：外卖小哥骑着电动车，泪流满面，嘴唇紧抿却又努力克制。当他敏锐地捕捉到这一幕并迅速地用相机记录下来时，外卖小哥已骑车走远。外卖小哥为什么会在送餐路上一路流泪？是一单外卖被给了差评？是没有按时送达受了责骂？是失恋了么？还是家里发生了什么变故而又不得不坚持工作？两年来，这些疑问成了蒋铎老师的心事。2019年11月13日，三昧艺术馆经多方努力，外卖小哥终于被找到了。据外卖小哥讲述，他的父亲几年前因病去世，姐姐外嫁，家里还有多病的母亲。当时在村里没有活干，就萌生了出去打工的想法。回忆起当时的情景，外卖小哥说：那时刚到北京不久找到这份送外卖的工作，由于工作时间短，没有经验，配送订单的时候用户多次催餐，说话过激。另外，外卖小哥想着手里的订单眼看就要超时，还有其他订单没去商家取，担心用户投诉或者差评。在红庙路口，边等红灯边想自己分身无术，情急之下就流下了委屈的眼泪。这一瞬间恰好被蒋铎老师捕捉到了。[1]

看来，外卖小哥当街哭泣的原因，蒋铎老师猜对了！

在刑事侦查中，用得最多的逻辑推理就是回溯推理，因为每一个刑事案件都是从回溯推理开始。例如，有这样一个案例：

[例2] 我国著名刑侦专家，被称为"中国福尔摩斯"的乌国庆曾凭借一袋咸菜，就破了一桩灭门惨案。某年，山东某村发生灭门惨案，家中包括女主人、老人和女童在内的祖孙三代都被杀害。乌国庆赶到现场后，在大门处

---

[1] 赵霏："那个哭泣的外卖小哥找到啦"，载搜狐网，https://www.sohu.com/a/360891025_225576，访问时间：2019年12月17日。

发现一袋被丢弃在地上的咸菜。这袋咸菜和被害人正房门口缸里的咸菜一样，都是萝卜、辣椒做的。他就此分析，这袋地上的咸菜，不是买回来的，而是送出去的，这起案件是熟人作案，犯罪嫌疑人与被害者可能是亲戚关系。这是因为，只有农村的亲戚去串门，主人才会顺手从自己家的咸菜缸里拿出一些送给他，如果是城里的亲戚朋友们来，主人可能不好意思拿咸菜送人。根据这条线索，当地警方很快抓到了嫌疑人，正是女主人的外甥女婿。而这起案件令人唏嘘。据嫌疑人供述，被害人一家对他非常友好，多次拿出家中积蓄借给他，案发前更是把仅剩的 7000 元借给他以解燃眉之急。然而他为了达到不还钱的目的，竟残忍杀害了被害人全家。[1]

本案的侦破，回溯推理立了大功。当然，这么多次地运用回溯推理，使用者本人未必感觉到自己这是在运用着逻辑推理，即便是专门研究推理的人，在具体的实践中，也不一定每一步思维都想着自己在运用哪种逻辑推理。

回溯推理是自然思维中常用的一种推理。我们即使没有经过逻辑训练，也会运用回溯推理，这是在不知不觉中，根据知识和经验的积累而无师自通。所以，从一定意义上说，回溯推理和自然思维紧密相连，它就来源于自然思维中的知识和经验的积累，我们经常不自觉地运用着这种推理。在回溯推理的过程中，经常运用着其他逻辑推理，不同推理方法之间相辅相成。逻辑推理在不知不觉中对思维、对实践起着指导作用。就像我们时刻在呼吸着空气，却根本就没有感觉到空气的存在，或者从来就没有刻意地去感觉空气的存在。逻辑推理就在我们身边，只要我们运用着思维，逻辑推理就被不知不觉地运用着。

二、归纳推理

归纳推理是这样一种非演绎推理，由于发现某类事物中许多个别对象都具有某种属性，并且没有发现反例，从而得出结论，该类事物中的每一个对象都具有这种属性。例如，侦查实践表明，甲犯作案有一定动机，乙犯作案有一定动机，丙犯作案有一定动机……可见，犯罪分子作案都有一定动机。

---

〔1〕 王晓易："他曾靠一包咸菜侦破灭门惨案，马加爵、周克华都因他落网"，载网易新闻网，https://www.163.com/news/article/EU75CU0F00019K82.html，访问时间：2019 年 11 月 17 日。

　　归纳推理根据前提中是否考察了某类事物的全部对象而分为完全归纳推理和不完全归纳推理。如果在前提中考察了该类事物的全部对象，这个推理就是完全归纳推理；如果在前提中考察了该类事物的部分对象，这个推理就是不完全归纳推理。

　　完全归纳推理的推理过程是：

$$S_1 \text{ 是 } P$$

$$S_2 \text{ 是 } P$$

$$\cdots\cdots$$

$$Sn \text{ 是 } P$$

$$\underline{(S_1 、 S_2 \cdots\cdots Sn \text{ 是 } S \text{ 类全部对象})}$$

$$\text{所以，所有 } S \text{ 是 } P$$

不完全归纳推理的推理过程是：

$$S_1 \text{ 是 } P$$

$$S_2 \text{ 是 } P$$

$$\cdots\cdots$$

$$Sn \text{ 是 } P$$

$$(S_1 、 S_2 \cdots\cdots Sn \text{ 是 } S \text{ 类部分对象，}$$

$$\underline{\text{并且没有发现反例})}$$

$$\text{所以，所有 } S \text{ 是 } P$$

　　上述形式中，S_1、S_2……Sn 分别表示某类事物中的不同对象，P 表示这些事物所具有的属性。

　　完全归纳推理由于考察了前提中的所有对象而无例外，只要前提真，则结论必然真，所以，就前提和结论之间的联系性质而言，实际上是一种演绎推理。不完全归纳推理由于仅考察了前提中的部分对象，所以前提为真，但结论不必然为真。由于完全归纳推理只有在研究对象确定而且数目有限时才可以采用，相比不完全归纳推理，这种情形出现的概率低，所以，归纳推理中大量运用的是不完全归纳推理。我们在非演绎推理中讨论的，也是不完全归纳推理。

　　归纳推理和演绎推理有着密切的联系，二者互为基础、互为条件、互相

依赖、互相转化。归纳推理得出的结论是演绎推理的基础和前提，演绎推理
得出的结论又为新的归纳推理提供前提和基础。归纳推理过程中包含着演绎
推理，演绎推理过程中包含着归纳推理。只有将归纳与演绎结合起来，才能
充分发挥逻辑思维的作用。

归纳推理和演绎推理的这种紧密联系在侦查假设中有着充分的体现。在
侦查假设中，归纳推理与演绎推理总是结合运用。在侦查过程中，通过对个
别案件的归纳总结，从而得出一类案件的一般原理，反过来又可以提高对个
别案件的认识能力，为个别案件的侦查提供指导。侦查假设中依据的一般原
理，就是通过研究大量个案，从不断总结侦破个案的实践经验中概括出来的。
没有对大量个别案件的归纳，就不会产生一般的侦查原理和方法。侦查中，
往往先从个别具体案件开始，找出它们的共同规律，概括出其一般原理和方
法，这是由个别到一般的过程；反过来在一般原理和方法的指导下，解决个
别案件的问题，是由一般到个别的过程。由个别到一般的过程使用的是归纳
推理，由一般到个别的过程使用的是演绎推理。侦查活动不断地由归纳推理
到演绎推理，再由演绎推理到新的归纳推理，是一个循环深入的过程。侦查
过程中，归纳推理和演绎推理紧密结合，从个别到一般，由一般到个别，不
断交互作用，互相渗透，互相交融，循环往复，逐步深入。

归纳推理和演绎推理在侦查中虽说各自具有重要作用，但是也都有其各
自的局限性。归纳推理的局限性，主要表现为归纳出的一般并不一定是本质
的东西，归纳出的带有普遍性的结论，也不一定具有必然性。演绎推理的局
限性，主要表现为它只从一般性方面去推断个别，而不能揭示出个别案件的
特殊性质，也不能以此扩充和修正一般原理。

虽然我们知道归纳推理的结论或然为真，但在实践中，也要努力做到以
下几点，以提高归纳推理结论的可靠性：

1. 前提中考察的对象数量越多，结论越可靠。

2. 前提中考察的对象种类越多，结论越可靠。

3. 不能轻易地下结论，避免"轻率概括"或"以偏概全"的逻辑错误。

例如：某甲听说了周围亲友多起离婚案，这些离婚案都是由于第三者插
足引起的。于是他认为，所有的离婚案都是由于第三者插足引起的。

这位审判员就犯了"轻率概括"的逻辑错误。

三、求因果联系五法

在客观事物的运动发展过程中，任何现象的产生、发展和结束都存在着一定的因果联系。如果甲现象发生就必然引起乙现象发生，那么甲、乙两现象之间就存在着因果联系。一般地说，原因和结果之间是先后相继的，在先的甲现象是随后发生的乙现象的原因，被引起的乙现象是甲现象的结果。例如，俗话说"无风不起浪"，风是浪起的原因，浪则是风起的结果。

每一现象的出现都有引起它的原因，而只要这个原因出现，相应的结果就不可避免地随之出现。没有无原因的结果，也没有无结果的原因。所以，因果联系是一种普遍的必然联系。但是，因果联系只存在于特定的前后相继的现象之间，不是任何两个前后相继的现象之间都存在着因果联系。例如，一年四季，春天总是先于夏天，但春天并不是夏天的原因。

英国哲学家、逻辑学家约翰·斯图亚特·密尔在他的《逻辑体系》中，将人们长期以来对因果联系的探索加以系统说明，并提出了求因果联系的基本方法，后人将这几种方法统称为求因果联系五法。下面我们将分别介绍这五种求因果联系的方法。

1. 求同法。求同法是这样探寻事物间因果联系的：如果在被研究现象出现的几个场合中，其他有关情况都不相同，只有一个情况是共同的，那么就得出结论：这个唯一相同的情况与被研究现象之间有因果联系。

一般用 a 表示被研究现象，用 b、c、d、e 分别表示不同的现象，用 A、B、C、D、E 分别表示各场合中出现的有关情况，求同法可用公式表示如下：

场合	有关情况	相关现象
①	A、B、C……	a、b、c
②	A、B、D……	a、b、d
③	A、C、E……	a、c、e

因此，A 与 a 之间有因果联系

上述公式中，以场合①为例，它表示某个具体的场合，在这个场合中，有关情况 A、B、C 出现，相关现象 a、b、c 也出现。

因果联系一般是先后相继的。如果情况 A 是现象 a 的原因，那么情况 A

在先，现象 a 随后相继。据此，在现象 a 出现的场合中，如果没有情况 A 出现，那么可以断定：情况 A 和现象 a 之间没有因果联系。上述公式中，场合①说明情况 A、B、C 引起现象 a、b、c；场合②说明情况 C 不是现象 a 的原因，因为在这个场合情况 C 不出现，但是现象 a 却出现了；场合③说明情况 B 不是现象 a 的原因，因为在这个场合情况 B 不出现，但现象 a 却出现了。比较三个场合我们便得出结论：情况 A 与现象 a 之间有因果联系。

［例1］20 世纪初，科学家们为了了解甲状腺肿大的原因，在这种疾病流行的地区进行了调查研究、分析、比较，结果发现这些地区的人口、气候、地理位置等各不相同，但有一个共同的情况，就是这些地区的饮水、土壤、水流中都缺碘。由此，科学家作出推断：缺碘是引起甲状腺肿大的原因。

科学家们在寻求甲状腺肿大的原因时运用的逻辑推理就是求同法。

［例2］年轻女孩小陈在四川省广安市武胜县城某单位上班。从家到单位，步行大约 20 分钟。2020 年 11 月 18 日，她回家吃过午饭后，当天下午两点左右，便像往常一样独自步行到单位上班。在路上小陈没有发现有什么异常情况。直到到了单位办公室后，小陈习惯性地用手将了一下头发，才发现原本披散在后背衣服上的一缕头发，不知何时沾上了胶水，那个胶水的气味，就是我们常见的 502 胶水的气味。小陈当时还以为是被人恶作剧。当天，小陈在同事的帮忙下，花了不少时间才将被胶水粘住的头发处理好。但仅仅过了一周左右，同样的事情再次发生在小陈身上。那天也是下午两点左右，小陈从家里步行到单位上班，还是之前的路线，当走到武胜县城会展中心附近的道路时，小陈感觉后背的衣服有点异样，她用手一摸，发现衣服上是已经干涸的胶水，还有被胶水粘住的头发。她环顾四周，但并未发现可疑的人。因为这次被胶水粘住的头发处理起来很困难，当天下午下班后，小陈不得不前去理发店将长发剪短。后来，小陈在当地社交平台上看到，当地还有其他年轻女孩自称在街头被人往身上喷胶水，或者是红墨水。巧合的是，这些受害者提到的可疑路段和她之前被人喷胶水的可疑路段刚好重合。小陈这才意识到，原来自己此前的遭遇不像是有人恶作剧那么简单，这应该是一起专门针对年轻女孩的犯罪。之后，小陈前往当地派出所报案。接到报案后，警方对报警人以及网友们反映的情况进行综合分析研判发现，受害人均是 20 多岁

到 30 岁左右、在街头独自行走的年轻女性，被喷的物质要么是胶水，要么是红墨水。嫌疑人作案时间都是白天，但具体时间不固定。为尽快将嫌疑人抓获归案，民警从 300 余小时的天网监控视频中，用了近 40 小时筛查千余人，最终，嫌疑男子蒋某进入警方的视线。2020 年 12 月 28 日下午，在广安市武胜县街子镇一家工厂内，民警将正在上班的蒋某抓获，还查获了其用于作案的红墨水、502 胶水等作案工具。经过进一步调查发现，在案发前的半年时间里，蒋某曾先后尾随 10 余名被害年轻女子，将 502 胶水或者红墨水喷在被害人的头发及后背上，从而获得精神上的满足。2021 年 5 月 14 日，武胜县人民法院审理后认为，蒋某多次采取向被害人喷红墨水或者胶水的方式，寻求刺激，任意损毁他人财物，情节严重，其行为构成寻衅滋事罪，判处蒋某有期徒刑 1 年 5 个月。法官当庭宣判后，蒋某当庭表示不会上诉。[1]

这个案例中，警方多次运用求同法推理判断出这些受害人的共同点：受害人均是 20 多岁到 30 岁左右的年轻女性；在街头独自行走；被喷的物质要么是胶水，要么是红墨水；嫌疑人作案时间都是白天，但具体时间不固定；作案地点集中在几个固定地方。求同法帮助警方准确地找到了嫌疑人。

[例 3] 2021 年 3 月，湖北荆州沙市区公安分局胜利街派出所民警在处理吸毒案件时发现，一些吸毒人员有着相对固定的货源，其中，中年男子黄某有重大嫌疑。围绕黄某的行动轨迹，民警发现其与云南及境外毒贩有密切接触，几乎每个星期都要前往云南。5 月 5 日凌晨，民警发现黄某驾车回到荆州，同行的还有两辆云南牌照车辆。当天上午，其中一辆云南牌照车辆停在了某宾馆停车场，另一辆白色商务车不停地在城区打转，似乎在勘察地形，寻找合适的交易地点。5 月 9 日下午 3 时，白色商务车驶入沙市区某酒店地下停车场，随后司机下车离开。一位民警走到白色商务车旁边，发现车里放着四个鼓鼓囊囊的蛇皮袋。民警立即严阵以待。直到下午 6 时许，嫌疑人如期出现。民警立即出击，当场收缴大量毒品麻果。据黄某交代，自己一直渴望

---

〔1〕 王超："多名年轻女子街头被喷胶水或红墨水 涉事男子获刑 1 年 5 个月"，载搜狐网，https://www.sohu.com/a/467367002_116237，访问时间：2021 年 5 月 19 日。

富裕的生活，于是开始接触来钱快的贩毒活动。[1]

该案中，民警发现一些吸毒人员有着相对固定的货源，其中，中年男子黄某有重大嫌疑，这正是运用了求同法。

求同法的特点是异中求同。利用求同法得出的结论不必然为真。因为在观察到的几个场合中出现的那个共同情况，可能和所研究的现象毫无关系。另外，在几个场合中本以为是不同的情况中，可能包含着被忽视的共同情况，而这个被忽视的共同情况可能正与被研究现象之间有因果联系。

为了提高求同法结论的可靠性，要注意对各个场合中的共同情况加以分析，不但要注意各场合中是否还有其他共同情况，也要注意唯一的共同情况是否的确与被研究现象有因果联系。另外，要尽量增加可以比较的场合，观察的场合越多，结论可靠性越大。如果比较的场合少，就可能出现"不相干情况"（并不是被研究现象的原因）是各场合的共同情况的情形，但随着观察场合的增多，"不相干情况"成为各场合中共同情况的可能性随之降低。例如，人们把日蚀、月蚀、彗星的出现看成是灾难的原因的迷信说法，正是把少数巧合情况中的"不相干情况"当成被研究现象的原因了。

运用求同法要注意探察因果现象之间的本质联系，不能因为表面上相同，就认为它们实质上相同；也不能因为表面上不同，就认为它们实质上也不同。例如，某汽车驾驶员先后三次发生交通事故。第一次是高速行驶撞伤行人，第二次是追尾造成撞车，第三次是强行超车造成翻车事故。这三次事故都发生在傍晚交通拥挤时，于是他认为傍晚交通拥挤容易发生交通事故，他做出决定不在傍晚交通拥挤时开车了。从表面上看，这三次事故都发生在傍晚交通拥挤时，但真正的原因是这位驾驶员违章驾驶。

2. 求异法。求异法是这样探寻事物间因果联系的：如果在被研究的现象出现和不出现的两个场合中，其他有关情况都相同，唯有一个情况不同，该情况在被研究现象出现的场合出现，在被研究现象不出现的场合也不出现，那么就得出结论：该情况与被研究现象之间有因果联系。

---

[1] 苏亦瑜："湖北警方破获一起跨境毒品案 查获毒品71.8公斤"，载中国新闻网，https://www.chinanews.com.cn/sh/2021/05-19/9480648.shtml，访问时间：2021年5月19日。

求异法可用公式表示如下：

场合	有关情况	相关现象
①	A、B、C	a、b、c
②	— B、C	— b、c

因此，A 与 a 之间有因果联系

上述公式中"—"表示某情况或某现象不出现。场合①说明情况 A、B、C 是现象 a、b、c 的原因，场合②说明情况 B、C 不是现象 a 的原因，因为情况 B、C 出现而现象 a 在这个场合中不出现。比较场合①和场合②便可得出结论：情况 A 是现象 a 的原因。

[例1] 为了探寻黄热病是不是由带病毒的蚊子传播的，人们设计了这样一个实验。在两间蚊子没法进入的房屋中，分别放置了黄热病人睡过的、未经清洗的床单，用过的脸盆等器具，这些东西都染有黄热病人的呕吐物、排泄物。这两个房间唯一不同的是其中一个房间放置了叮咬过黄热病人的蚊子，另一个则没有。然后让两个身体状况相同的志愿者分别进入这两个房间起居生活，而且这两个志愿者都被证明是对黄热病没有免疫力的。结果，几天以后，有蚊子的房间里的志愿者染上了黄热病，而没蚊子的房间里的志愿者没染上黄热病。对于上述两个志愿者而言，其他各种条件基本相同，只是一个被带病毒的蚊子叮咬过，而另一个没有。

这个实验就是通过求异法发现了黄热病是通过带病毒的蚊子传播的。

[例2] 鸡肉是中国家庭餐桌上的常见菜，老百姓中也流传着许多关于吃鸡的疑惑，究竟真相如何呢？比如，柴鸡比肉鸡更有营养吗？专家指出，从营养补充来说，柴鸡和肉鸡的营养差别可以忽略不计。但从风味和口感来讲，放养、每天吃菜叶和虫子、生长周期长的柴鸡确实口感更好。再者，买鸡肉时怎么挑颜色呢？专家指出，活鸡被宰后，血放出来，肉的颜色就会发白。如果肉质发红、发黑，这样的鸡不是病鸡就是死鸡。因此，买鸡肉时最好买颜色发白的。还有一些方法可以判断鸡肉的好坏。如果鸡肉外层微干，不发黏，用手指轻压后立即复原，无异味，则说明鸡肉比较新鲜。还可通过看翅膀识别注水鸡，如果发现翅膀上有红针眼，就证明鸡肉被注了水。用手捏一捏皮层，如果感到明显打滑，也可能意味着注过水。

接下来，鸡肉中是否含有激素，会影响孩子发育吗？专家指出，肉鸡品种经过漫长培育期，生长速度很快，完全没必要额外用激素催熟。另外，如果给鸡吃了激素，还会增加它的心血管和肝脏负担，导致死亡。因此，没有厂家会给鸡喂激素。但即使鸡肉里没有激素，家长也不能任由孩子吃肉，因为肉类摄入超量，饮食热量太高，才是孩子肥胖和发生性早熟的主要原因。

那么，怎样烹调才能让鸡肉发挥最佳营养和口感？专家指出，鸡肉肉质细嫩，适合各种烹调方式。为了保持其低脂肪的优点，最好选择较为清爽的烹调方式，如白斩鸡、清炖鸡。相反，香酥鸡、辣子鸡、炸鸡等经过油炸，不仅损失营养成分，而且热量也比较高，不利于健康。

鸡汤中加入不同药材，具有不同的滋补功效。加入生姜，可滋补强精、缓解感冒、提高人体免疫力；加入枸杞能平补阳气，有助于人体阳气生长，抵抗严寒；加入人参、党参，可治疗脾肺虚弱、气短心悸，增强造血功能，对畏寒体质有改善作用；加入黄芪，可补气补虚，增强机体免疫力。[1]

这段科普文章中，多次使用了求异法、求同法：

①从风味和口感来讲，柴鸡比肉鸡风味和口感更好，是因为柴鸡放养、每天吃菜叶和虫子、生长周期长。这是求异法。

②买鸡肉时最好买颜色发白的。因为活鸡和病鸡、死鸡的区别是，活鸡被宰后，可以放出鸡血，肉的颜色就会发白。这是求异法。

③通过看翅膀识别注水鸡。如果注水鸡的翅膀上有红针眼，证明鸡肉被注了水。这是求异法。

④肉类摄入超量，饮食热量太高，是孩子肥胖和发生性早熟的主要原因。这是求同法。

⑤较为清爽的烹调方式，如白斩鸡、清炖鸡，可以保持鸡肉低脂肪的优点。这是求同法。

⑥油炸的烹调方式，如香酥鸡、辣子鸡、炸鸡，不仅损失营养成分，而且热量也比较高，不利于健康。这是求同法。

---

[1] 中国养殖联盟："吃鸡肉必知7大真相，鸡肉中真含有激素吗？"，载搜狐网，https://www.sohu.com/a/21233352_198663，访问时间：2021年7月4日。

⑦鸡汤中加入不同药材，具有不同的滋补功效。这是求异法。

求异法的特点是同中求异。由于求异法考察了被研究现象出现和不出现的正反两个场合，而且要求除了正面场合中有某一情况而反面场合没有这一情况外，其他情况都相同，求异法对考察的场合的要求是严格的，因而求异法得出的结论的可靠性比求同法得出的结论的可靠性高。

求异法有时也会被误用，主要原因是"唯一不同的情况"找不准。很可能考察的这个"唯一不同的情况"与被研究现象之间并无实质联系，而与被研究现象有因果联系的情况却被忽视了。例如，英国科学家格林在实验中经常要用青蛙，为了让离体的青蛙心脏能继续保持跳动一段时间，格林每次都将它泡在生理盐水中。有一次实验时，格林发现浸泡在盐水中的青蛙心脏保持跳动的时间较以往每次而言都要长。格林在探究这一现象的原因时，发现这次实验和以往实验唯一不同的只是季节。于是他把"季节的原因使得离体的青蛙心跳延长"这一结论写入实验报告。但是后来，格林的助手向他汇报：以往每次实验时用的生理盐水都是蒸馏水，而这一次却使用的是自来水。而真正导致青蛙心脏跳动的时间延长的原因是在自来水中含有而蒸馏水中没有的一些微量元素。格林在实验报告中运用求异法得出错误结论的原因就是没有找准"唯一不同的情况"。

3. 求同求异并用法。求同求异并用法是这样探寻事物间因果联系的：如果在被研究现象出现的几个场合中，都有某一情况出现；而在被研究现象不出现的几个场合中，都没有这个情况出现，那就得出结论：该情况与被研究现象之间有因果联系。

求同求异并用法可用公式表示如下：

场合	有关情况	相关现象
	①A、B、C……	a、b、c
第一组	②A、B、D……	a、b、d
	③A、C、E……	a、c、e
	……………………………………………	

$$第二组 \quad \begin{array}{ll} ①B、C、E\cdots\cdots & b、c、e \\ ②D、O、H\cdots\cdots & d、o、h \\ ③C、F、I\cdots\cdots & c、f、i \end{array}$$

因此，A 与 a 之间有因果联系

求同求异并用法的特点是将考察的各种场合分为对比的两个组（与求异法考察两个场合不同），这两个组分别是被研究现象出现的场合和被研究现象不出现的场合（与求同法只考察一种情形不同）。通过对两组场合的考察，分析相同的情况、区别不同的情况，从而寻找因果联系。具体地讲，这一思维过程可以分为三步：

（1）考察被研究现象出现的一组场合，都有一个共同情况 A 出现，由此确定情况 A 和现象 a 有因果联系。这是第一次求同法。

（2）考察被研究现象不出现的一组场合，发现情况 A 不出现是唯一共同的情况，由此确定情况 A 的不存在与现象 a 的不存在有因果联系。这是第二次求同法。

（3）将上面考察的两组情况进行对比分析，发现有情况 A 就有现象 a，无情况 A 就无现象 a，由此得出结论：情况 A 和现象 a 有因果联系。这是一次求异法。

由于这种确定因果联系的方法，是求同法和求异法的结合，所以被称作求同求异并用法。

［例1］人们种植豆类作物如大豆、豌豆、蚕豆时，不仅不需要给土壤施氮肥，而且豆类作物还可以使土壤增加氮；而种植其他作物如小麦、高粱、玉米等时，则没有这种现象，即土壤中未增加氮而且要给土壤施氮肥。经过研究后人们发现，豆类作物的根部有叫做根瘤菌的东西，而非豆类作物则没有。由此人们得出结论：豆类植物的根瘤菌能使土壤中增加氮。

［例2］2020 年 10 月 5 日早上，黑龙江省鸡西市一家庭共 12 人参加了聚餐，家里年长者 9 人全部食用了"酸汤子"，3 个年轻人因不喜欢这种口味没有食用。当天中午，9 位食用了"酸汤子"的年长者陆续出现身体不适，被送往医院治疗抢救。而 3 位没有食用"酸汤子"的年轻人则没有不适症状出现。据了解，"酸汤子"是用玉米水磨发酵后做成的一种粗面条。经当地警方

调查得知，当天食用的该"酸汤子"食材为该家庭自制，且在冰箱中冷冻了近一年时间，在此次聚餐食用之前，因为冰箱里无处存放，被放置在了家中阴凉处。截至10月10日，经抢救无效7人陆续死亡。12日，中毒事件死亡人数升至8人。19日，最后一名患者离世。经公安机关对现场提取物检测，未查出有毒物质，排除人为投毒的可能。经医院化验检测，食物中黄曲霉素严重超标，初步判定为黄曲霉素中毒。根据黑龙江省卫健委食品处发布的消息，经检测，在玉米面中检出高浓度米酵菌酸，同时在患者胃液中亦有检出，定性为米酵菌酸引起的食物中毒事件。[1]

　　此例中，9位食用了"酸汤子"的年长者陆续出现身体不适，被送往医院治疗抢救；而3位没有食用"酸汤子"的年轻人则没有不适症状出现。这正是求同求异并用法。

　　求同求异并用法是通过两次运用求同法、一次运用求异法而得出结论的，但是，求同求异并用法不同于求同法和求异法的相继运用。这里的"求同求异"和求同法、求异法中的"求同""求异"不是在完全相同的意义上使用的。这里的"求同"是一次正面场合的求同、一次反面场合的求同。这里的"求异"也不像求异法中那样要求严格控制两个场合的情况，使得除一个因素不同以外，其他都相同。因为不论是在正面场合中还是在反面场合中，除了有无A情况这一差别外，其他的情况也不完全相同。但因为求同求异并用法比求同法、求异法考察的场合更多，所以结论的可靠性也更高。

　　求同求异并用法的结论也是或然的。与求异法一样，人们在考察相关情况时，可能忽视本是相关的情形。例如，曾经有一位同学，每当上课时就头痛，而不上课就没有该症状。他就断定：上课是自己头痛的原因。但经大夫检查，他有一副对自己不合适的近视眼镜，而且只有在上课时他才戴眼镜。实际上，不合适的眼镜才是他头痛的原因。这位同学给自己的头痛寻找原因时用的是求同求异并用法，但他并没有准确地找到原因。

　　运用求同求异并用法应注意以下两点：

---

　　〔1〕　任璇："上升至9人死亡！黑龙江鸡西酸汤子中毒事件唯一幸存者去世"，载"健康时报"百度百家号，https: / baijiahao. baidu. com/s?id = 1680983385851179356&wfr = spider&for = pc。

第一，正面场合和反面场合考察的情况越多，就越能排除偶然的巧合和与被研究现象不相干的因素，使正面求同和反面求同所得的结论更可靠，在此基础上再运用求异法所得的最后结论也就更加可靠。

第二，反面场合的各种情况应当与正面场合的各种情况比较相似或接近。只有这样才能增强可比性，提高结论的可靠性程度。

4. 共变法。共变法是这样探寻事物间因果联系的：如果在被研究现象发生变化的几个场合中，其他有关情况都不变化，唯有一个情况相应地变化，那就得出结论：这个相应变化的情况与被研究现象之间有因果联系。

共变法可用公式表示如下：

场合	有关情况	相关现象
①	A_1、B、C……	a_1、b、c
②	A_2、B、C……	a_2、b、c
③	A_3、B、C……	a_3、b、c

因此，A 与 a 之间有因果联系

上述公式中，A_1、A_2、A_3 分别表示情况 A 在不同场合中量的变化，a_1、a_2、a_3 分别表示被研究现象 a 在不同场合下量的变化。

［例1］绝大多数物体受热时，在其他条件不变的情形下，其温度不断升高，物体体积也就随之不断膨胀。由此可以得出结论，物体温度升高是其体积膨胀的原因。

［例2］说到长寿的因素，人们首先想到的会是健康的饮食、定期运动加上乐观的心态。然而瑞士巴塞尔大学的新研究显示，关心孙子女的祖父母，以及关爱他人的老年人，寿命明显更长。据报道，研究者分析了500多名70岁至103岁老人的数据，以观察寿命与关爱他人习惯之间的联系。该研究关注的并非长期带孩子的老人，而是时而帮忙带一下孙辈与从来不带孙辈的老人，以及没有儿孙但时常关心身边人的老年人。结果发现，那些不太助人的老人在接受第一次测试后5年内死亡的可能性明显更大。而无儿无女但助人为乐的老年人与不太助人的老人相比，平均多活了7年。专家认为，老人带孩子的过程，对老人有一定的疗养作用。小孩纯真无邪的成长过程，可以让老人心情舒缓，特别是对空巢老人而言，感情上有了更多寄托。此外，对于

一些过度关注身体健康或者有慢性疾病的老人来说，带孩子可以忘记身体上的不适，缓解焦虑的情绪。但是，如果照顾孩子或他人的负担太重，很可能产生反效果。担任带孩子主力的那些老年人，由于长期生活在高压下，更容易有一些身体和心理健康方面的问题。

[例3] 多国研究人员对 18.6 万名 55 岁至 73 岁的英国人的追踪研究发现，父母活的时间越长，子女活的时间也就越长。相关结果发表在《美国心脏病学会杂志》上。据报道，在此项研究中，被调查者的父母都已经过世。研究人员在了解被调查者的父母去世时的年龄之后，对这些人展开为期 8 年的追踪调查。研究人员在此期间发现，在父母活的年龄超过 69 岁的被调查者当中，父母任何一方活的年龄每增加 10 岁，这些被调查者的死亡率就会降低 16.5%。不考虑吸烟、酗酒、肥胖和久坐不动的生活方式等导致死亡的原因，子女长寿还是与父母年龄有着一定联系的。

报道称，此项研究还将子女随着年龄增加最有可能罹患的疾病作为研究对象。子女可能罹患的疾病与父母寿命关系最大的是心脏疾病。例如，如果父母当中任何一方年龄达到 80 岁，子女罹患高胆固醇血症、高血压和梗塞的概率就会降低 20%。

前面介绍的求同法、求异法、求同求异并用法三种求因果联系的方法要求考察被研究现象"出现"或"不出现"的情形，共变法的作用则突出地体现在不能使被研究现象处于纯粹的"出现"或"不出现"状态时如何探求因果联系。实际上，很多被研究现象都不能处于这种纯粹的"出现"或"不出现"状态，例如犯罪率高低、人体的血压等。在寻求诸如此类事物的因果联系时，往往使用共变法。密尔自己列举的应用共变法的例子是关于海洋潮汐与月亮引力之间关系的推理。密尔指出：我们既不能把月亮移开以便确定这样做是否把潮汐也一起消除了，我们也不能证明月亮的出现是否是伴随潮汐的唯一现象，因为与此同时总有星星出现，我们也不能把星星移走。但我们却能证明，潮汐随月亮的变化而变化，即月亮的位置的变化总是引起涨潮的时间、地点的变化。每次涨潮都有下述两件事之一出现：或者月亮在离涨潮出现的地方最近的位置上，或者月亮在离涨潮出现的地方最远的位置上。因而，我们得出结论：月亮是（或部分是）引起海洋潮汐现象的原因。

共变法有助于研究者通过考察某些现象同时存在、同时变化的状况，检验并确立诸现象之间的因果联系，以期最终发现影响事物发生、发展的内在规则。如果某现象发生变化时，另一现象也发生变化，那么可以断定前一现象变化是后一现象变化的原因。但并不是任何有共变关系的现象间都有因果联系，不能把有因果联系的共变现象和无因果联系的共变现象混同起来。例如，曾经有人发现随着空调产量的增加，肺结核的发病率也高，于是认为空调的使用与肺结核之间有因果联系，这个结论显然是不可靠的。

共变法的特点是同中求变，要求在被研究现象发生变化的若干场合中，只有一种发生变化的先行情况。原因与结果之间的共变，可能是成正比例的变化，例如越是受消费者喜爱的商品越是畅销；而不受消费者喜爱的商品就会滞销；也可能是成反比例的变化，例如一个概念的内涵越多，外延越小，内涵越少，外延越大。

共变法的用途很广泛。利用共变法，人们有了许多发现。例如，吸烟与肺癌、饮酒与肝硬化之间的因果联系就是利用共变法发现的。一位犯罪学家则通过比较发现，就业率的波动和盗窃发案率起伏之间有共变现象。当就业率升高的时候，盗窃率降低；当就业率降低的时候，盗窃率升高。这位犯罪学家得出结论：失业是引起盗窃发案率升高的原因。

共变法得出的结果具有或然性，有时除了所发现的发生变化的先行情况之外，还有可能发生变化的先行情况未被发现，而这才是被研究现象发生变化的真正原因。

要正确运用共变法，应注意以下几点：

（1）分析被研究现象存在的若干场合，确定这些场合中，被研究现象发生了变化。

（2）分析先行情况中的变化因素和不变因素，确定是否只有一个因素发生了变化。

5. 剩余法。剩余法是这样探寻事物间因果联系的：如果已知某一复合情况与另一复合现象之间有因果联系，又知前一情况中某一部分是后一现象中某一部分的原因，那就得出结论：前一情况的剩余部分与后一现象的剩余部分之间有因果联系。

剩余法可用公式表示如下：

$$A、B、C\cdots\cdots 与 a、b、c\cdots\cdots 之间有因果联系，$$

$$B 与 b 之间有因果联系，$$

$$C 与 c 之间有因果联系，$$

$$因此，A 与 a 之间有因果联系$$

剩余法的特点是余中求因。剩余法的运用是非常广泛的。

[例1] 居里夫人对放射性元素镭和钋的发现就是运用剩余法的著名实例。自18世纪末以来，随着新元素铀及其具有放射性的发现，引起了科学家对于放射性研究的热潮。居里夫人在对放射性的研究中，发现从沥青中提炼出来的铀矿的放射性强度比推算出来的铀的放射性强度大得多！据此居里夫人推测：在这些铀矿石中还有未知的放射性元素。经过进一步的研究，居里夫人从沥青铀矿中提炼出沉淀物，并从其沉淀物中发现了一种比铀放射性更强的元素，居里夫人给它命名为镭。但从铀矿提炼出来的镭的放射性比计算出来的镭的放射性还要强，于是居里夫人推测在镭里还有未知的放射性元素。经过提炼，果真又发现了一种新元素，居里夫人把它命名为钋。

使居里夫人获得诺贝尔奖的这两个新的放射性元素的发现过程是一个不断探索和艰辛劳动的过程。但就思维的角度而言，剩余法在其中起了重要作用：既然铀、镭所具有的放射性强度只是现在测到的放射性强度的一部分，那么，一定还有某种未知的元素是剩余的放射性的原因。

[例2] 在一起入室盗窃案中，犯罪嫌疑人黄某被抓获后，声称全案是他一人所为，无其他同案犯。当侦查人员讯问他作案后如何逃离现场的，他说是骑摩托车逃走的。但据目击者说，黄某是乘坐一辆小汽车逃走的，这辆小汽车等候在案发现场门口。在证据面前，黄某又改口说自己确实是乘坐小汽车逃走的。当侦查人员讯问他是谁驾驶汽车时，他说是他自己。可是他所说的逃跑路线和实际勘察的不一致。接下来的讯问中，侦查人员发现黄某虽然会驾驶摩托车，但对汽车驾驶技术一无所知，这说明在黄某入室抢劫时，另有一名同案犯驾驶汽车，在案发现场外等候。在充分的证据面前，黄某不得不交代了另一名同案犯。

在这个案例中，侦查人员正是使用剩余法认定了黄某还有一名同案犯，使得黄某想掩护同案犯的企图落空。

剩余法的结论是或然为真的。因为在复合情况 A、B、C 和复合现象 a、b、c 之间，必须能确定情况 B、C 和现象 b、c 之间确有因果联系，而且剩余部分的现象 a，不可能由情况 B、C 引起。若剩余部分也是由情况 B、C 引起，则关于情况 A 与现象 a 之间有因果联系的结论就有错误。另外，剩余部分的结果也可能不是由单一原因，而是由复合原因引起的。

为提高剩余法结论的可靠程度，应注意两点：

（1）必须确认复合现象中现象 b、c 确实分别是由复合因素中的情况 B、C 所引起的，而且复合现象中的剩余现象 a 确实与复合因素中的情况 B、C 不相干。这样，结论才可靠，否则结论就不可靠。

（2）复合因素 A，有时是已知的，这时剩余法的作用仅仅在于确定 A 是 a 的原因。复合因素中的 A 有时是未知的，这时剩余法的作用是提醒人们复合现象中的 a 必定另有原因，启发人们去寻求 a 的原因。

四、类比推理

类比推理亦称类推、类比。常用的类比推理有两种情形：

1. 同类事物之间的类比。同类事物之间的类比推理，即根据一类事物中的若干对象都具有某种属性，从而推测将会遇到的下一个对象也具有这种属性。其推理过程是：

$$S_1 \text{ 具有这种属性}$$
$$S_2 \text{ 也具有这种属性}$$
$$S_3 \text{ 也具有这种属性}$$
$$\cdots\cdots$$
$$Sn \text{ 也具有这种属性}$$

$$\text{所以，} S_{(n+1)} \text{ 也具有这种属性}$$

这种类比推理是从观察个别现象开始的，因而近似归纳推理。但它不是由个别到一般，而是由个别到个别，因而又不同于归纳推理。

［例 1］我们看着某人从一个不知内装何物的箱子中往外拿东西，前 5 次都拿出一个红色的皮球，于是推测第 6 次也会拿出一个红色的皮球。

〔例2〕最近某地连续发生几起抢劫案。据目击者说，凶手是两个人并乘一辆白色小货车。于是警方推测这两个人下一次作案时也会乘坐一辆白色小货车。

〔例3〕某位司机连续几天在下班高峰时在某一路段堵车，于是他推测以后还会堵车。

类比推理的结论是或然为真的。前几个对象都具有某种属性，并不必然推出将会遇到的下一个对象也具有这种属性。例如，〔例1〕中，下一次有可能拿出一个红色的皮球，也有可能拿出一个其他颜色的皮球；〔例2〕中，下一次也许两人会分开作案，即使一起作案也可能改乘其他颜色的车辆；〔例3〕中，下一次在这个路段，可能堵车，也可能不堵车。

2. 两类事物之间的类比。两类事物之间的类比推理，即根据两个或两类不同的事物在某些属性上相同或相似，通过比较从而推测它们在其他属性上也相同。

用 A、B 分别代表两类不同的事物，其推理过程是：

$$A \text{ 有属性 } a_1 、 a_2 \cdots\cdots a_3 ， b$$
$$\underline{B \text{ 有属性 } a_1 、 a_2 \cdots\cdots a_3}$$
$$\text{所以，} B \text{ 也有属性 } b$$

这种类比推理也是从个别推向个别的推理，它以两类事物在某些属性上相同作为前提，以推出两类事物在其他属性上也相同作为结论。

〔例1〕鲁班有一次进深山砍树木时，一不小心，脚下一滑，手被一种野草的叶子划破了，渗出血来。他摘下叶片轻轻一摸，原来叶子两边长着锋利的小齿。他用这些密密的小齿在手背上轻轻一划，居然割开了一道口子。他的手就是被这些小齿划破的，鲁班就从这件事上得到了启发。他想，要是使用这样齿状的工具，不是也能很快地锯断树木了吗！于是，他经过多次试验，终于发明了人们沿用至今的锯子。

〔例2〕美国物理学家富兰克林发现，闪电与用摩擦方法产生电的现象有许多相似之处：它们都发光，光的颜色相同；用摩擦方法产生的电火花和闪电的形状都呈弯曲的方向；二者都是瞬时产生、所发的光都能使物体着火、都能溶解金属、都能杀死生物体等。于是他得出结论：闪电是空中的放电现象。后来，富兰克林和他的儿子在费城做了著名的风筝实验，验证了他的结论。也是在这个基础上，富兰克林发明了避雷针。

类比推理具有或然性。两类事物在某些属性上相同，并不必然推出它们在其他属性上也相同。例如，鲸鱼和鱼类有很多相同之处，它们都生活在水里，都有鳍，身体都呈流线型，但鲸鱼却不属于鱼类，鲸鱼是哺乳动物，而鱼类是卵生动物。

使用类比推理要注意以下要求：

（1）进行类比的两类事物间相同的属性应该尽可能多。

（2）进行类比的两类事物间的属性应该是本质相同的。

（3）要注意类比事物间的差异性。

违反了这些要求，就会犯"机械类比"的错误。机械类比是将两个或两类仅有某些表面相似属性的事物进行类比的逻辑错误。如果前提中确认的相同属性很少，而且相同属性和推出来的属性没有什么关系，这样的类比推理就极不可靠。例如，《庄子·至乐》中所载鲁侯养鸟的故事，就是机械类比的典型。鲁侯把飞到鲁国城郊的一只海鸟看作神鸟，就用招待贵宾的办法，把它迎到庙堂里，献酒供奉。海鸟被吓得惊慌失措，不吃不喝，三天之后就死了。鲁侯以自己之所好，推之于鸟，忽略了人与鸟的本质区别，犯了机械类比的错误。不同类的事物不能比较推论，其原因在于衡量的标准不同。例如，《墨经》中提出"异类不比"的见解："木与夜孰长？智与粟孰多？爵、亲、行、贾，四者孰贵？"即木头与黑夜之间不能比较长短，智慧与粮食之间不能比较多少，爵位、亲属、操行、物价之间不能比较贵贱。

第四章　逻辑基本规律

我们运用概念、命题、推理表达思想，它们各有其应当遵守的逻辑规则。此外，各种思维形式还有它们需要共同遵守的普遍规则。这些对各种思维形式都起作用的普遍规则就叫逻辑基本规律，这样的规律共有三条：同一律、矛盾律、排中律。

逻辑基本规律体现了正确思维的基本要求和特征，从三个不同方面保证人们的思维具有确定性、一致性和明确性。

第一节　同一律

一、同一律的内容和要求

同一律是指任何一个思想都有确定性，是什么就是什么，是真的就是真的，是假的就是假的。

同一律通常表述为：A = A。

同一律要求在同一思维过程中，一个思想必须保持自身的确定和同一。如俗话所说：说一是一，说二是二。

同一思维过程是指在同一时间、同一关系下对同一对象的认识是同一的。

这里的"思想"，指用来表达思想的概念或命题。一个思想只有是确定的，才谈得上保持同一的问题，确定是同一的基础。

就概念而言，同一律要求保持概念的确定和同一。"确定"就是指一个概念必须具有确定的内涵和外延。"同一"就是指在同一思维过程中，一个概念的内涵和外延应当保持不变，前后一致。

就命题而言，同一律要求保持命题的确定和同一。"确定"就是指对一个命题内容的陈述、断定应当是清楚、确定的。一个命题肯定什么就肯定什么，否定什么就否定什么。"同一"就是指在同一思维过程中，同一个命题必须保持相同的陈述，其内容应当保持不变。

同一律是人们对思维活动的规律性加以总结所得到的逻辑基本规律，它要求人们的思想保持确定性和同一性，但思想的这种稳定性并不排斥客观事物和主观认识的发展变化，以及反映这些客观事物和主观认识的概念和命题的变化。时代变化了，反映事物的概念、命题发生变化不违反同一律。而且，事物的属性是多方面的，从不同方面反映同一对象，形成的概念、命题也不相同。同一律完全是对思维过程的要求，而不是要求客观事物保持同一或绝对不变。

[例1] 毛泽东同志在《关于正确处理人民内部矛盾的问题》中论述了"人民"这一概念在中国不同的社会历史时期具有不同的内涵和外延：在抗日战争时期，一切抗日的阶级、阶层和社会集团都属于人民的范围，日本帝国主义、汉奸、亲日派都是人民的敌人。在解放战争时期，美帝国主义和它的走狗即官僚资产阶级、地主阶级以及代表这些阶级的国民党反动派，都是人民的敌人；一切反对这些敌人的阶级、阶层和社会集团，都属于人民的范围。在现阶段，在建设社会主义的时期，一切赞成、拥护和参加社会主义建设事业的阶级、阶层和社会集团，都属于人民的范围。

[例2] 我国社会主要矛盾的转变：

①1956年，党的第八次全国代表大会指出：我国社会的主要矛盾，已经是人民对于建立先进的工业国的要求同落后的农业国的现实之间的矛盾、人民对于经济文化迅速发展的需要同当前经济文化不能满足人民需要的状况之间的矛盾。

②1981年，党的十一届六中全会指出：我国所要解决的主要矛盾，是人民日益增长的物质文化需要同落后的社会生产之间的矛盾。

③2017年，党的十九大报告中指出：中国特色社会主义进入新时代，我国社会主要矛盾已经转化为人民日益增长的美好生活需要和不平衡不充分的发展之间的矛盾。

历史的不同发展阶段赋予"人民"以不同的含义，但相对于某一个特定阶段，"人民"这一概念究竟包括哪些人，有什么含义，则应当是确定的。历史的不同发展阶段同样赋予"我国社会主要矛盾"以不同的含义，但相对于某一个特定阶段，"我国社会主要矛盾"则是确定的。不断发展变化着的事物又有其相对静止的一面，正是事物的相对静止才使得思维能够具有确定性。正是基于这种相对的确定性，人的思维活动才能够正常进行。同一律要求保持思想的确定性，正是符合了思维的这一特点。

二、违反同一律的逻辑错误

人的日常思维是借助于自然语言进行的。自然语言的用法十分复杂，一个概念、一个命题，在不同的语境中可以表达不同的意思；同一个思想，又可以通过不同的概念、命题得以表达。如果使用不当，就会引起歧义，导致逻辑错误。同一律要求保持思想自身的确定性、同一性，在同一思维过程中必须在同一意义上使用概念和命题，不能在不同意义上使用概念和命题。

违反同一律对概念的要求，所犯的逻辑错误是混淆概念或偷换概念；违反同一律对命题的要求，所犯的逻辑错误是转移论题或偷换论题。

（一）混淆概念或偷换概念

混淆概念是指在同一思维过程中，由于认识不清或逻辑不清，无意之中把不同的概念当作同一概念使用，违反同一律对概念的要求，从而造成概念混乱。

偷换概念是指在同一思维过程中，为达到某种目的，故意违反同一律对概念的要求，把不同的概念当作同一概念使用。

混淆概念的产生一般是不自觉的、无意识的。如果有意识地、自觉地混淆概念，就是偷换概念。偷换概念不仅违反同一律，而且是诡辩。混淆概念与偷换概念的共同点都是违反了同一律，不同点在于是无意为之还是故意为之。

混淆概念或偷换概念的逻辑错误常见以下几种表现：

1. 由多义词引起的混淆。自然语言中的概念很多是多义词，存在歧义。同时，个人理解的差异、语境的不同，也会使得对同一个概念有不同的理解，从而导致人们交谈、论辩、行为时发生混淆概念的情况。

例如：汉语中的"还"字是一个多音字，既可读作"还（huan）"，也可读作"还（hai）"。"今还欠款 4 000 元"，是已还（huan）4 000 元，还是还（hai）欠 4 000 元？借条上一个"还"字惹出一场官司。当事人张某和高某既是邻居又是同事。2000 年 7 月，张某向高某借了 14 000 元钱。2002 年 7 月，张某归还高某部分欠款后，向高某打了借条。在借条上，张某写道："张某借高某人民币 14 000 元，今还欠款 4 000 元。"可是之后张某一直未再还款。高某便一纸诉状将张某告到了北京市丰台法院王佐法庭，诉称张某尚欠其余款 1 万元，请求返还。张某接到起诉书副本后，找到王佐法庭，称自己只欠原告 4 000 元。审判人员发现借条存在重大歧义。"今还欠款 4 000 元"，既可以解释为"已归还欠款 4 000 元"，又可以解释为"尚欠款 4 000 元"。如果解释为"今还（huan）欠款 4 000 元"，那就是说张某尚欠高某 1 万元；如果解释为"今还（hai）欠款 4 000 元"，那就是说张某尚欠高某 4 000 元。当时《合同法》第 41 条规定："对格式条款的理解发生争议的，应当按照通常理解予以解释。对格式条款有两种以上解释的，应当作出不利于提供格式条款一方的解释。"也就是说，如果一方提供的用语可合理得出两种理解时，应选择不利于用语提供人的解释。张某在此案中是用语提供人，因此对"还"字的理解应选择不利于他的解释，也就是说借条中的"还"应读作"还（huan）"，解释为归还，那么张某理应再返还高某 1 万元。之后，北京市丰台法院王佐法庭判决张某向高某返还欠款 1 万元。[1]

在日常思维和法律活动中应注意不要使用容易引起歧义的概念。如果不可避免要使用，也应尽量明确它们的内涵、外延，以避免或者减少争端。

2. 由近义词引起的混淆，或将似是而非的两个概念混为一谈。

近义词可以帮助我们表达不同的感情色彩，但由于它们在内涵方面有相近或相似之处，容易引起混淆。

[例 1] 盗窃罪是应当判刑的，小偷小摸是盗窃行为，所以，小偷小摸是应当判刑的。

---

〔1〕 佟颖、曾会洋："一个多音字惹官司"，载新浪网，https://news. sina. com. cn/s/2002 - 11 - 08/1229800571. html，访问时间：2021 年 11 月 8 日。

这一推理就犯了"混淆概念"的逻辑错误。因为它把"盗窃罪"与"盗窃行为"混为一谈。

〔例2〕有人这样说："被告人不就是罪犯吗？怎么还要为罪犯辩护？"

这里将"被告人"和"罪犯"混为一谈。"被告人"用于人民法院进行审理时起对犯罪分子的称谓，而"罪犯"用于刑罚开始执行时起对犯罪分子的称谓。

〔例3〕鲁迅在《"有名无实"的反驳》一文中，谈到当时国民党军队中的一位排长时写道：他以为不抵抗将军下台，"不抵抗"就一定跟着下台了。这是不懂逻辑：将军是一个人，而不抵抗是一种主义，人可以下台，主义却可以仍旧留在台上的。

文中提到的这位排长就是把"不抵抗将军"和"不抵抗主义"这两个概念混淆了。

3. 混淆集合概念和非集合概念。在自然语言中，同一个概念，可以在集合意义上使用，也可以在非集合意义上使用。同一概念在某个命题中是集合概念，而在另一命题中是非集合概念，容易被混淆。

〔例1〕中国人创造了光辉灿烂的古代文化。

〔例2〕中国人是具有中国国籍的人。

〔例3〕中国人是勤劳勇敢的，

　　　　我是中国人，

　　　　所以，我是勤劳勇敢的。

上述〔例1〕中的"中国人"是集合概念，因为它所作的陈述"创造了光辉灿烂的古代文化"是就中华民族人民整体来说的，而不适用于组成该整体的任一个体。〔例2〕中的"中国人"是非集合概念，因为它所作的陈述"具有中国国籍"适用于中国人中的任一个体。〔例3〕中，"中国人是勤劳勇敢的"中的"中国人"是集合概念；"我是中国人"中的"中国人"是非集合概念。这个推理貌似三段论推理，混淆了集合概念和非集合概念，所以不能必然得出"我是勤劳勇敢的"。

4. 改变一个概念的内涵和外延，使之变成另一个概念。由于地域、语言、风俗习惯的差异，人们对同一概念可能做出不同的理解。如果在交流时不顾不同的社会、政治、经济、文化背景、生活习惯等形成的语境，不了解听话者的情况，不管谈话场合，只按照自己已经习惯了的语境和话语系统说话，就不能准确地向他人传达自己的意思并让他人理解、接受。

例如：某日，来自山西省的余小姐独自到重庆旅游。她路经一家饭馆时，点了当地特色菜鱼香肉丝。上菜时，余小姐懵了，厨师做的鱼香肉丝不仅没有"鱼"，连丁点鱼味也没有，里面是肉丝和木耳丝，还有一股怪怪的味道，咸味酸味甜味混合。余小姐觉得她在这里吃到的鱼香肉丝与自己在山西老家吃的鱼香肉丝完全不一样，老家的鱼香肉丝有一股"鱼"味，还有鱼。她立马把老板叫来质问："你这是鱼香肉丝?"并要求老板做一道正宗的鱼香肉丝。老板马上解释，自己店里做的鱼香肉丝就是这个味道。可余小姐认为，老板是在狡辩，是在欺骗消费者，并拨打了110报警。此时正值吃饭高峰，余小姐的大吵大闹让客人纷纷绕道而行。老板无奈，认为余小姐是吃饭想赖账，也拨打了报警电话。赶来的民警向余小姐解释道，事实上，鱼香肉丝是经典传统名菜，成菜虽然具有鱼香味，但味道并不来自鱼，而是由调味品调制而成。相传很久以前在四川有户人家，烧鱼时喜欢放一些葱、姜、蒜、酒、醋、酱油等去腥增味的调料。有一次女主人炒其他菜的时候，为了不使配料浪费，把上次烧鱼时用剩的配料都放了进去，却意外收获了家人的称赞。慢慢地，鱼香肉丝中的鱼香调味成为川菜主要传统味型之一。现实中，鱼香做法正是源自四川地区民间独具特色的烹鱼调味方法，经过四川人若干年的改进成为著名川菜，如鱼香肉丝、鱼香茄子等，但确实没有鱼，并且各地厨师的做法、用料也不一样。类似的传统美食还有蚂蚁上树、东坡肘子、虎皮尖椒、夫妻肺片和老婆饼等。所以，鱼香只是一种调味方法，并不代表一定要有鱼肉。后在民警调解下，双方达成和解。[1]

此例中，余小姐就是犯了混淆概念的逻辑错误。

下面让我们再来看一个案例：

近些年来，国内饮料知名品牌元气森林迎合现代消费者怕长胖追求无糖

---

〔1〕 重庆晚报："女子在重庆吃鱼香肉丝称'菜里无鱼'拒付款"，载搜狐网，http://news.so-hu.com/20150718/n417019175.shtml，访问时间：2021年7月18日。

的心理，在其乳茶产品广告宣传中高调宣称"0 蔗糖·低脂肪""奶茶控不怕胖"。其实，"0 蔗糖"并非无糖，而是添加了结晶果糖、海藻糖、麦芽糖浆等糖类物质，有些糖类物质的热量、升糖效应比蔗糖还要高。所以，"0 蔗糖"只代表没有添加其中一种糖分，并不意味着不含有其他糖类，更不等同于"0 糖"。事实上，元气森林的乳茶产品配料表中赫然在目就曾添加了结晶果糖。消费者不禁要问："元气森林的产品研发、宣传销售等部门能不知道？"可见，以"0 糖 0 脂 0 卡"饮料起家的元气森林，一直标榜这款产品是"喝不胖的乳茶"，利用人们的认知偏差，以"0 蔗糖"的文字游戏，误导消费者以为其产品是无糖产品而购买，使得消费者既花了冤枉钱，又伤害了身体。最终，在广大消费者的监督下，元气森林发表了道歉声明，表示在乳茶的产品标识和宣传中没有讲清"0 蔗糖"与"0 糖"的区别，容易引发误解；并将包装从原来的"0 蔗糖·低脂肪"改为"低糖低脂肪"；之后生产的乳茶原料中将不再含有结晶果糖。最后，元气森林善意地提醒广大消费者："乳茶有奶所以是有糖的。"

爱喝奶茶不想胖、宠溺味蕾怕早衰的年轻消费者群体，如今越来越执着于把"无糖"当成选购食品饮品的关键词。因此，市场上无糖酸奶、无糖饮料、无糖零食等销量一路冲高。然而，用"0 蔗糖"来偷换概念，却暗地在配料里加果糖等其他糖分，是不少商家心照不宣的做法。甚至有些商家为了让自己的产品迎合市场需求，还故意抛出"GI 低"等模糊认知，误导消费者。殊不知，GI 值即"升糖指数"，指的是食物转化为血液葡萄糖的测量指标。吃果糖却查葡萄糖，完全是在偷换概念。

（二）转移论题或偷换论题

转移论题是指在同一思维过程中，无意识地违反同一律对命题的要求，改变了原命题的内容，使论辩离开了论题。转移论题也称离题或跑题。

偷换论题是指在同一思维过程中，为达到某种目的，故意将某个论题改变为另外的论题，并把这个论题当作原来的论题。

同样，转移论题的产生一般是不自觉的、无意识的。如果有意识地、自觉地转移论题，就是偷换论题。偷换论题不仅违反同一律，而且是诡辩。转移论题与偷换论题的共同点都是违反了同一律，不同点在于是无意为之还是故意为之。

转移论题或偷换论题的错误常见以下几种表现：

1. 把相似而不相同的问题混为一谈。

例如：根据《律师职业道德和执业纪律规范》第 26 条规定："律师应当遵循诚实守信的原则，客观地告知委托人所委托事项可能出现的法律风险，不得故意对可能出现的风险做不恰当的表述或做虚假承诺。"某甲打算找某律师为其代理一民事案件，虽然该律师所看到的证据尚不足以证明案件中所争议的权益属于某甲，但该律师为谋取此次代理业务，仍向某甲保证："你这案子交给我了，没问题，肯定胜诉。"该律师为此受到批评。但事后某甲果然胜诉。该律师便向曾批评他的人说道："我向委托人作的是符合事实的保证，怎么能说是'虚假承诺'呢？"

实际上，该律师把在接案前作的承诺"肯定胜诉"，不知不觉地转移成了事后"果然胜诉"。"肯定胜诉""果然胜诉"看起来差不多，但"肯定胜诉"表达的是必然性，是模态命题；"果然胜诉"表达的是事实，是非模态命题。该律师就犯了转移命题的错误。

2. 答非所问、文不对题。

［例1］季路问事鬼神。子曰："未能事人，焉能事鬼？"曰："敢问死。"曰："未知生，焉知死？"

孔子没有针对子路的问题进行回答，转移了论题。

［例2］犯罪嫌疑人陈某入室盗窃并被当场抓获。在讯问中，公安人员让陈某如实交代作案经过。陈某不说一句话。审讯室里，他坐在指定位置上，表情上看不出任何心理活动。在长时间的沉默中，陈某的表情渐渐起了变化。他的脸上出现一种似痴似狂的神态。突然，他不自觉地说话了："又是牢狱之灾了。"紧接着，他又陷入了沉默。然而在公安人员没想到的时候，陈某又开口了："为了一两万块钱不值得。"公安人员搜查陈某的随身物品，问陈某："你住哪里？"陈某缓缓说道："我为什么要当小偷呢？你们何必呢？你们这样做不值得。"经历了抓捕陈某的两位公安人员真有些跟不上这样跳跃的思维。事后发现，陈某患有精神疾患。

陈某的回答不针对问题，答非所问，转移了论题。

[例3]　明代冯梦龙编著的《古今谭概》里，有一则小故事：丹徒有一位姓靳的内阁大学士。大学士的儿子不成材，但大学士儿子的儿子却考中了进士。这位内阁大学士常常责备他的儿子，骂他是不肖之子，是不成材的东西。后来，他的儿子实在忍受不了责骂，就和内阁大学士顶了起来："您的父亲不如我的父亲，您的儿子不如我的儿子，我有什么不成材的呢？"这位内阁大学士听了以后，放声大笑，不再责备了。

在当时情况下，大学士的儿子所要论辩的是自己是否成材的问题，但是却故意将这一辩题偷换成你的儿子和我的儿子相比怎么样，你的父亲和我的父亲相比怎么样，这恰好将原来所要论辩的辩题回避了，这是偷换论题式诡辩。

[例4]　2021年5月29日晚，河南洛阳的一家影院中，值班经理在例行观察监控时发现，有个孩子在观影期间跑到屏幕前，多次用手拍打金属银幕，造成幕布损坏。该值班经理连忙前去制止。事后从监控视频中可以看出，这个孩子先后几次对着银幕拳打脚踢，时间持续了近半小时，他停手后银幕已经坑坑洼洼，幕布的损坏已经无法修复了。根据业内人士透露，影院各项设施中造价最高的就是幕布，那是特制的投影布，每平方米都有上千孔洞，用于更好传播声音，高增益银幕表面还有金属涂料，别说像这个孩子一样拳打脚踢，就连摸一下都会造成不可逆的损伤。据估算，更换幕布加运输费，以及这期间停映的损失费需要近两万元。影院方面与孩子家长沟通赔偿事宜，不料孩子家长却表示，影院对此要负很大一部分责任，因为影院没有提前告知银幕不能触碰，而且自家小孩在那之后受到了惊吓，身心也受到了影响。对此影院方面表示很无奈，院方经理接受采访时表示，幕布下方是立有红色警示牌的，已经标注了"高压危险，禁止触碰"，就是为了防止顾客触摸幕布。[1]

此例中，孩子家长不积极协商赔偿事宜，反而胡搅蛮缠，实属故意转移论题。

---

[1]　"熊孩子拍坏影院银幕家长拒赔：'我孩子都吓着了！'影院强势回应"，载腾讯网，https://new.qq.com/rain/a/20210602A02QP100，访问时间：2021年6月2日。

第二节　矛盾律

一、矛盾律的内容和要求

矛盾律是指任何一个思想都不可能既是真的又是假的。或者说，互相排斥的思想不可同真，其中必有一假。对于矛盾律的适用范围而言，互相排斥的思想是指矛盾关系和反对关系。

矛盾律通常表述为：¬（A∧¬A）

矛盾律要求在同一思维过程中，对于互相矛盾或互相反对关系的思想不能同时予以肯定。思想之间的矛盾关系是一种既不可同假也不可同真的关系，思想之间的反对关系是一种可以同假但不可同真的关系，因此，对于两个不可同真的思想不能都予以肯定。矛盾律作为逻辑基本规律，不研究思维的具体内容。矛盾律本身不能确定两个互相排斥的思想究竟孰真孰假，但是，如果确定了其中一个思想为真，则根据矛盾律，就可以确定另一思想为假。

就概念而言，矛盾律要求在同一思维过程中不能用具有矛盾关系或者反对关系的概念去指称同一个对象。例如，对于同一个人，不能既断定他是"成年人"，同时又断定他是"未成年人"。

就命题而言，矛盾律要求在同一思维过程中对于具有矛盾关系或者反对关系的命题，不能同时加以肯定。在逻辑学中，命题的真值只有两个——真和假。任何一个命题的取值都只居其一，不可能既是真的，又是假的。如果已经确定某命题 A 为真，则 A 一定不为假。换言之，如果已经确定 A 为真，则¬A 一定为假，A 和¬A 不可同真。例如，在断定"某人有罪"的同时，不能又断定"某人无罪"。

1. 根据矛盾律的要求，下列矛盾关系的命题之间不能同真：

（1）直言命题对当关系中的矛盾命题：SAP 与 SOP、SEP 与 SIP。

（2）模态命题对当关系中的矛盾命题：Lp 与 M¬p、L¬p 与 Mp。

（3）规范命题对当关系中的矛盾命题：Op 与 P¬p、Fp 与 Pp。

（4）单称肯定命题与单称否定命题："这个 S 是 P"与"这个 S 不是 P"。

（5）任一命题与其负命题：A 与¬A。

2. 根据矛盾律的要求，下列反对关系的命题之间也不能同真：

（1）直言命题对当关系中的反对命题：SAP 与 SEP。

（2）模态命题对当关系中的反对命题：Lp 与 L￢p。

（3）规范命题对当关系中的反对命题：Op 与 Fp。

二、违反矛盾律的逻辑错误

在传统逻辑里，矛盾律首先是作为事物规律提出来的，意为任一事物不能同时既具有某属性又不具有某属性。作为思维规律，矛盾律是指任一思想不能既真又不真。矛盾律要求保持思想自身的一致性，在同一思维过程中，一个思想要保持自身前后一致。

违反矛盾律的要求，所犯的逻辑错误是自相矛盾。

"自相矛盾"一词源于《韩非子》中的一个寓言故事：

楚人有鬻盾与矛者，誉之曰："吾盾之坚，物莫能陷也。"又誉其矛曰："吾矛之利，于物无不陷也。"或曰："以子之矛，陷子之盾，何如？"其人弗能应也。

从逻辑上分析，这个楚国人同时肯定了一对互相矛盾的命题：

①我的盾不能被任何矛刺穿；

②我的矛能刺穿所有的盾。

正是因为这个楚国人的说法自相矛盾，所以当别人问他："用你的矛刺你的盾，会怎样呢？"他不能自圆其说，无言以对。

自相矛盾的逻辑错误常见以下几种表现：

（1）概念间自相矛盾：这种错误是由于在同一概念中包含了互相排斥的思想。例如，方的圆、无辜的罪犯。

（2）命题间自相矛盾：这种错误是由于在同一思维过程中包含了互相排斥的思想。例如，"整座山里漆黑一片，只有守林员的小木屋里还亮着灯。""他是吉林省人，同时他也是山东省人"。

（3）语句之间并没有明显的逻辑矛盾，但在它们的推论中隐含着相互排斥的概念或命题。

［例1］梁实秋在其《文学批评辩》一文中写道：

物质的状态是变动的，人生的态度是歧异的；但人性的质素是普遍的，文学的品味是固定的。所以伟大的文学作品能禁得起时代和地域的试验。《依里亚德》在今天尚有人读，莎士比亚的戏剧，到现在还有人演，因为普遍的人性是一切伟大的作品之基础。

梁实秋的这段文字中包含了自相矛盾的说法而不自知，正如鲁迅在其《文学与出汗》一文中一针见血地指出：

上海的教授对人讲文学，以为文学当描写永远不变的人性，否则便不久长。例如英国，莎士比亚和别的一两个人所写的是永久不变的人性，所以至今流传，其余的不这样，就都消灭了云。这真是所谓"你不说我倒还明白，你越说我越糊涂"了。英国有许多先前的文章不流传，我想，这是总会有的，但竟没有想到它们的消灭，乃因为不写永久不变的人性。现在既然知道了这一层，却更不解它们既已消灭，现在的教授何从看见，却居然断定它们所写的都不是永久不变的人性了。

［例2］李律师在代理一起经济纠纷案件时，当地公安局非法干预，于4月7日拘留了李律师的委托人，又将李律师非法拘禁十几个小时。李律师不服，委托张律师对该公安局提起行政诉讼。在庭审过程中，被告称，之所以拘禁李律师是因为他唆使委托人进行诈骗。在法庭调查时，张律师先后向被告提了三个问题：

（1）公安局是什么时间对李律师立案的？对方回答，是3月31日。

（2）公安局认定李律师涉嫌唆使委托人进行诈骗的根据是什么？对方回答，是李律师唆使委托人转移赃款。

（3）公安局认定李律师唆使委托人转移赃款的根据是什么？对方回答，根据他的委托人供述，供认是李律师让他转移的。

三个问题之后，公安局拘禁李律师的理由就不攻自破了。因为李律师的委托人是4月7日被拘留的，供述不可能在此前发生，但是公安局对李律师立案的时间却是3月31日。这是不可能成立的。张律师非常巧妙地让对方暴露出自相矛盾之处，使其无任何反驳余地。[1]

矛盾律要求对于不可同真的思想不能同时加以肯定，目的是排除同一思

---

〔1〕 王洪主编：《逻辑学》，中国政法大学出版社1999年版，第196页。

维过程中的自相矛盾，不属于同一思维过程中的互相矛盾不违反矛盾律。在不同的思维过程中，由于客观情况发生了变化，产生了两个前后矛盾的思想，这种情况不违反矛盾律。例如，说某人是"罪犯"又说他是"守法公民"，一个人不可能同时既是罪犯，又是守法公民，但相对于不同的时间，则完全是可能的。又如，在法庭上，一个被告人的两个辩护律师，一个为该被告人作无罪辩护，另一个为该被告人作有罪但罪轻的辩护，因为不是同一思维过程，也不能叫做自相矛盾。

要正确区分逻辑矛盾与辩证矛盾。逻辑矛盾和辩证矛盾尽管在语词形式上都包含着"矛盾"一词，但两者的含义是不同的。逻辑矛盾与辩证矛盾是两种不同的矛盾。逻辑矛盾是由于思维过程中违背了矛盾律的要求所造成的逻辑错误，是思维在反映现实过程中陷入混乱的表现。辩证矛盾是指存在于事物内部既对立又统一的矛盾，是思维对客观事物内在矛盾性的反映。例如，事物是运动的又是静止的，真理是绝对的又是相对的；力学中的作用与反作用。矛盾律的作用是避免和排除思维中不应该有的逻辑矛盾，帮助人们进行正确的思维。矛盾律能调整逻辑矛盾，但不能调整辩证矛盾。

第三节 排中律

一、排中律的内容和要求

排中律是指任何一个思想或是什么或不是什么，或是真的或是假的。或者说，互相排斥的思想不可同假，其中必有一真。对于排中律的适用范围而言，互相排斥的思想是指矛盾关系和下反对关系。

排中律通常表述为：$A \lor \neg A$

排中律要求在同一思维过程中，对于互相矛盾或互相下反对关系的思想不能同时予以否定。思想之间的矛盾关系是一种既不可同假也不可同真的关系，思想之间的下反对关系是一种可以同真但不可同假的关系，因此，对于两个不可同假的思想不能都予以否定。排中律作为逻辑基本规律，和矛盾律一样，不研究思维的具体内容。排中律本身不能确定两个互相排斥的思想究竟孰真孰假，但是，如果确定了其中一个思想为假，则根据排中律，就可以确定另一思想为真。

就概念而言，排中律要求在同一思维过程中用两个具有矛盾关系的概念去指称同一个对象时，其中必有一种情况是成立的。例如，对于死亡，不是"正常死亡"，就是"非正常死亡"；对于子女，不是"婚生子女"，就是"非婚生子女"。这两组矛盾关系的概念不可能同时为假，一个人的死亡不可能既不是正常死亡，也不是非正常死亡；一个子女不可能既不是婚生子女，也不是非婚生子女。二者必居其一。如果对两者都加以否定，就违反了排中律。

就命题而言，排中律要求在同一思维过程中对于具有矛盾关系或者下反对关系的命题，不能同时加以否定。如果已经确定某命题 A 为假，则 A 一定不为真。换言之，如果已经确定 A 为假，则¬ A 一定为真，A 和¬ A 不可同假。例如，在断定"并非某人有罪"的同时，不能又断定"并非某人无罪"。

1. 根据排中律的要求，下列矛盾关系的命题之间不能同假：

（1）直言命题对当关系中的矛盾命题：SAP 与 SOP、SEP 与 SIP。

（2）模态命题对当关系中的矛盾命题：Lp 与 M¬ p、L¬ p 与 Mp。

（3）规范命题对当关系中的矛盾命题：Op 与 P¬ p、Fp 与 Pp。

（4）任一命题与其负命题：A 与¬ A。

2. 根据排中律的要求，下列下反对关系的命题之间也不能同假：

（1）直言命题对当关系中的下反对命题：SIP 与 SOP。

（2）模态命题对当关系中的下反对命题：Mp 与 M¬ p。

（3）规范命题对当关系中的下反对命题：Pp 与 P¬ p。

二、违反排中律的逻辑错误

一个思想如果被认为既不真又不假，就会令人难以理解，不知所云。排中律要求保持思想自身的明确性，在是与非、真与假的问题上，必须作出明确而肯定的选择，不可以似是而非、含糊其辞。

违反排中律的要求，所犯的逻辑错误是模棱两不可。

模棱两不可的错误通常表现为在是与非、真与假的问题上不作明确的表态，既不肯定也不否定，在两者必居其一的场合不作明确的选择。例如：

［例1］在讨论某甲是否是凶手时，有人说："不能说某甲是凶手，但也不能说某甲就不是凶手。"

〔例2〕对于患绝症的病人，有人认为医生可以告知病人实情，有人则反对医生告知病人实情，这两种看法我都不赞成。因为告诉病人实情，无疑会给病人造成沉重打击，而向病人隐瞒情况，又不符合医生诚实服务的医德。

〔例3〕这次比赛，有人提议选派小李参加或者小周参加，我认为欠妥。但小李和小周都不参加，我也不赞成。

〔例4〕甲、乙、丙、丁四人出去游玩。甲说："看来今天可能会下雨。"乙说："不见得，我觉得今天一定不会下雨。"丙问丁："你说呢？"丁摇摇头说："他们说得都不对。"

以上几例都是对某一事物情况的两个互相矛盾的陈述都加以否定，既不是 A，又不是 ¬A，这样所表达的思想含糊不清，就属于模棱两不可。

排中律要求对于不可同假的思想不能同时加以否定，目的是在是与非、真与假的问题上要明确表态，作出选择。需要注意的是，下列几种特殊情形下，不作选择、不明确表态并不违反排中律：

1. 排中律只要求对于不可同假的两个思想不能都予以否定，而对于两个具有反对关系的思想，同时予以否定，则不违反排中律。因为两个互相反对的思想可以同假。例如，"这场球没输也没赢"，从语句上看，对"输""赢"同时予以否定，但"输""赢"之间是反对关系，不是矛盾关系，所以，这个命题没有违反排中律。又如，有人说："被告人既没有犯抢劫罪，也没有犯诈骗罪。"这种表述也没有违反排中律，"抢劫罪""诈骗罪"之间是反对关系。

对于两个具有反对关系的思想，如果也认为不能同时予以否定，是对排中律的误用。这种错误可以称为"非黑即白"的谬误。这种错误的实质在于认为不是黑的便一定是白的。然而，在黑与白这两个具有反对关系的思想之外还存在其他选择。例如，甲向乙询问他们共同喜欢的一支球队的一场比赛结果，甲说："这场球没赢。"乙说："那就是输了。"乙就犯了"非黑即白"的错误。没赢，可能是输了也可能是平了，输赢之间是反对关系。

2. 排中律虽然要求表达思想要明确、要旗帜鲜明，但由于认识上的局限，对两个互相否定的思想还无法断定孰真孰假，因而不作选择、不表态，或出于其他特殊目的而不愿表态，这也不违反排中律。因为排中律只是要求对两个不可同假的命题不能都否定，并没有要求确定其中哪个真哪个假。例如，在会议上对某提案表决时，出于某种考虑，既不投赞成票，也不投反对票，而表示弃权，这并不违反排中律。又如，对于一个被公安机关抓获的人来说，既不说他是罪犯，也不说他不是罪犯，而是将他称为"犯罪嫌疑人"，也不违反排中律。

3. 对复杂问语拒绝回答，也不违反排中律。复杂问语是包含着预设，并要求对方作肯定或否定回答的问语。预设是指交际中话语的已知部分，或者说双方共知的东西。例如，"他又打人了"这句话就包含着"他曾经打人"这个预设。对这种复杂问语，不论作肯定或否定的回答，其结果都承认了其中的预设。例如，审讯员问："你偷完东西就回家了吗？"这就是一个复杂问语，暗含的预设是，嫌疑人有偷东西的行为。不论嫌疑人回答"回家"还是"没回家"，都意味着承认自己有偷东西的行为。对这种复杂问语的答复，可以直接去否定其中的预设："我根本没有偷东西的行为。"

第四节　逻辑基本规律的应用

逻辑基本规律不是先验的，也不是约定俗成的，而是客观规律在人们头脑中的反映，是一切思维活动都首先必须遵守的最基本的思维规则，它们从不同的方面保证思想的正确。同一律保证思想的确定性和同一性，矛盾律保证思想的一致性，排中律保证思想的明确性。尤其是矛盾律和排中律之间更是等值的：

$$\neg(A \wedge \neg A) \leftrightarrow A \vee \neg A$$

矛盾律要求对不可同真的思想不能同时加以肯定，其中必有一假：如果知道其中一个为真，可以推知另一个为假。排中律要求对不可同假的思想不能同时加以否定，其中必有一真：如果知道其中一个为假，可以推知另一个为真。与同一律和矛盾律的要求相比，排中律的要求是更高的，它在思想要确定同一和前后一致的基础上，进一步提出了明确性的要求。任何违反逻辑基本规律的思想都是无效的。不确定的、自相矛盾的、模棱两不可的思想，都是应予排除的。

根据同一律的要求，表达思想时要围绕同一主题展开。自相矛盾一类的错误是很容易被人们发现、识别的，但"混淆概念""转移论题"的隐蔽性很强，通常人们很难识别出来，意识不到原来两个人讨论的不是一回事，因而很容易在论辩中发生风马牛不相及、鸡同鸭讲的情况。

[例1] 在一次课堂上，某位老师问学生：废品属不属于"商品"？同学们从商品的定义出发：商品是为了出售而生产的劳动成果，是用于交换的劳动产品，商品具有价值和使用价值。同学们经过思考，认为废品没有价值也没有使用价值，于是同学们回答："废品不是商品"。老师却说不对，老师说："如果存在价值，废品就是商品。"接着，老师告诉同学们：一种劳动产品只要能够满足人们的某种需要，并用于交换，它就成了商品。判断废品是不是商品，要具体问题具体分析。有些废品，虽然从其最初充当商品的角度而言已毫无用处，但作为另一种商品，比如废品站收购的废品，它既具有使用价值也具有价值。再比如报废汽车，作为汽车来说，已不是商品，但作为钢铁而言，它既是劳动产品，也可用于交换，因此也可成为商品。所以，只有那些没有任何意义的废品，才不是商品。老师讲解透彻，同学们收获了新知识。

但实际上，师生们并没有在同一角度上讨论问题。同学们理解的是"所有的废品"，老师讲解的是"有价值的废品""没有价值的废品"。这就属于混淆概念。但同学们关注的是学习了新知识，根本没有关注到师生讨论的"废品"不是同一个概念。所以，这样的逻辑错误不易察觉，就好比两个人在昏暗中大打出手，很多时候这种逻辑错误都是造成争端的罪魁祸首。

[例2] 男方和女方的家长产生了激烈的冲突。

这句话既可以理解为"男方的家长和女方的家长产生了激烈的冲突"，也可以理解为"男方本人和女方的家长产生了激烈的冲突"。

[例3] 冰岛罂粟花是不是毒品？湖北、江西法院的认定截然相反，得出了不同的判决结果。

2001年1月，湖北农妇岳某将所购的冰岛罂粟花种子撒在了自家对面的山坡上。5月，冰岛罂粟开花了。邻居见这花像是罂粟，就举报给了当地派出所。5月15日，宜昌市伍家岗区公安局将山上的冰岛罂粟花全部铲除，一共有13 830株。民警对岳某进行了讯问。

问：知道公安机关为什么传唤你来吗？

答：因为种植罂粟。

问：将你种植罂粟的经过交代清楚！

答：2000 年 11 月份，我到我弟弟家玩，看见一本叫《农村百事通》（2000 增刊）的杂志上介绍的，书上有联系地址，寄去书上要求的钱数，他们就给我寄来了种子。

问：你为什么想要种植罂粟呢？

答：我没有什么目的，只是认为罂粟花好看，可以卖钱，没想到它长得太高，不能栽在盆里，就没管了。

问：你以前卖过花吗？为什么书上有 40 个品种的花，你独选罂粟花？

答：几年前（具体时间记不清了）种过万种青，卖给市儿童公园里面绿化的部门了。

问：你为什么将罂粟种在半山坡上，一般叫人很难看见的地方？

答：就那一块地空着的，其他地都种了蔬菜。

问：你知道种植罂粟是国家法律禁止的吗？

答：不知道。《农村百事通》书上又没有说是国家法律不让种的。

2001 年 9 月，湖北宜昌市伍家岗区检察院对岳某提起公诉，指控岳某涉嫌非法种植毒品原植物罪。湖北宜昌市伍家岗区人民法院对此案进行了公开审理。在法庭上岳某辩称，自己种植冰岛罂粟花时并不知其为毒品，否则是不会种的，而且也没有种那么多。岳某的辩护人称，公诉机关的指控事实，证据不足，不能认定被告人有罪；公安机关所作的鉴定结论专业性不强，结论模糊，不能证实岳某所种植的植物就是毒品原植物。因岳某对鉴定结论提出异议，此结论又是认定本案的关键，法院提请宜昌市公安局作了补充鉴定，证实岳某种植的冰岛罂粟花就是罂粟，而非观赏类植物。

法院经审理后认定，岳某明知罂粟是毒品原植物而非法种植，数量巨大，在收获前未自动铲除，其行为已构成非法种植毒品原植物罪，判处其有期徒刑 6 年，并处罚金 2000 元。岳某被判有罪后未提出上诉。

与此相关，另一起案件的判决结果却截然相反。2001 年 5 月 20 日，在湖北农妇岳某因种植冰岛罂粟花被当地警方拘留之后，《湖北日报》社所属《楚天都市报》以"《农业百事通》竟推荐种罂粟'致富'"为题报道了此案，并配发了《"书"之祸》的评论。据采写这篇报道的记者介绍，报道是依据宜昌市公安局伍家岗区分局通讯员的稿子写的，因此稿子中《农业百事通》应为《农村百事通》的笔误也没有纠正过来。

报道刊发后，《农村百事通》杂志将《楚天都市报》编辑部告上了江西省南昌市中级人民法院，理由是报道侵犯了其名誉权。《农村百事通》杂志社认为：《楚天都市报》无根据地报道原告有违法事实并加以评论，报道所指的出版物就是原告出版的《农村百事通》2000 年增刊，该增刊广告中介绍的花卉种子名称"冰岛罂粟花"，冰岛罂粟与罂粟是有本质区别的植物，《楚天都市报》在报道时故意把刊物广告上介绍的冰岛罂粟花中的"冰岛"和"花"字隐去，把《农村百事通》刊物与毒品和犯罪联系在一起，误导读者，使杂志的名誉受到了极大的损害，向《楚天都市报》要求经济赔偿 200 万元。

据了解，宜昌市公安局伍家岗区分局曾用"有史以来宜昌城区查获的种植罂粟毒品原植物面积最大、数量最多的一次"来描述这起案件。《楚天都市报》、《三峡商报》、中央电视台等媒体对此案均作了报道。《楚天都市报》没想到，只有他们一家的报道招来了官司。

南昌市中级人民法院一审认定，冰岛罂粟花与罂粟同科，但形态特征及所含化学成分有所不同，前者为园林观赏植物，不属于用来提炼毒品的罂粟，可作花卉种植。《湖北日报》在报道湖北农妇岳某一案中，把江西《农村百事通》杂志社与毒品犯罪相联系，因此侵犯了《农村百事通》的名誉权。2001 年 12 月，南昌市中级人民法院判决，《湖北日报》社名誉侵权成立，判赔 15 万元。《湖北日报》社不服，向江西省高级人民法院提起上诉。2002 年 5 月，江西省高级人民法院二审维持了一审判决。二审判决特别指出，《楚天都市报》未将冰岛罂粟和毒品罂粟加以区分，其行为存在故意，报道内容失实，使他人名誉受到损害。

两起案件判决不同，关键都集中在冰岛罂粟花是不是毒品上。依据当时《刑法》第 351 条规定："非法种植罂粟、大麻等毒品原植物的，一律强制铲除。"非法种植罂粟 500 株以上不满 3000 株或者其他毒品原植物数量较大的，处 5 年以下有期徒刑、拘役或者管制；非法种植罂粟 3000 株以上或者其他毒品原植物数量大的，处 5 年以上有期徒刑，并处罚金或者没收财产。非法种植罂粟或者其他毒品原植物，在收获前自动铲除的，可以免除处罚。

很明显法律禁止的是种植罂粟、大麻等毒品原植物。《刑法》将非法种植毒品原植物罪列入毒品罪里，也就表明，种植的植物要能提炼出毒品来，才能算作这里指的"毒品原植物"，如果不能提炼出毒品，就算是名称里有"罂粟"也不能算作毒品原植物。如果种的不是毒品原植物，行为人当然就不能构成犯罪。一种植物算不算毒品原植物，最终要依公安机关的鉴定来判断。

岳某被判有罪，关键在于湖北法院认定冰岛罂粟花是毒品罂粟，如果像江西法院认定的那样，冰岛罂粟花不是毒品罂粟，仅为观赏植物，且可种植，那么岳某就不会被判有罪。

而《湖北日报》社认为江西法院认定事实有误，江西法院认定冰岛罂粟花不是毒品，是对罂粟作了狭义的理解。根据《不列颠百科全书》的记载，罂粟包含鸦片罂粟、冰岛罂粟、东方罂粟等 50 多个品种，也就是说，冰岛罂粟属于罂粟的一种。

《楚天都市报》记者说，作为记者，对冰岛罂粟花是不是毒品罂粟，不可能清楚。报社是依靠警方的案件记录等资料进行的报道。对这些资料，按照惯例，是不进行审查的。就算冰岛罂粟花不是毒品，记者按照公安机关的一些讯问笔录、刑事案件破案登记表等资料进行报道，这些资料能不能使新闻媒介在名誉权官司中免责？

《最高人民法院关于审理名誉权案件若干问题的解释》（1998 年发布，已失效）第 6 条规定："新闻单位根据国家机关依职权制作的公开的文书和实施的公开的职权行为所作的报道，其报道是客观准确的，不应当认定为侵害他人名誉权；其报道失实，或者前述文书和职权行为已公开纠正而拒绝更正报道，致使他人名誉受到损害的，应当认定为侵害他人名誉权。"

公安机关提供的新闻通讯稿、刑事案件立案报告书等算不算规定里的"公开文书"呢？有人认为加盖公安局公章的新闻通稿应该算是权威机关发布的公开信息，如果媒体的报道与这些通稿没有实质的差别，就应该认定媒体尽到了注意的义务，媒体应该可以免责，但是媒体必须给予读者完整、确定的信息。也有人认为按照新闻通稿报道，很难使媒体免责，因为新闻通稿毕竟只是新闻作品，不是文件，不能算作是依职权制作的文书，没有确定性效力。[1]

此例中，由于法律未明确"冰岛罂粟花"是否是毒品原植物，导致两个法院对"冰岛罂粟花"是否是毒品原植物产生了不同的理解，由于理解不同，作出了不同的认定，以致作出两份截然相反的判决。民警在讯问岳某的过程中，将"冰岛罂粟花"暗中偷换成"罂粟"，这是在偷换概念；宜昌市伍家岗区公安局认定岳某种植的冰岛罂粟花就是罂粟，这是混淆概念；法院经审理后认定，岳某明知罂粟是毒品原植物而非法种植，再次混淆"冰岛罂粟花""罂粟"这两个概念；岳某身为农妇，并不必然应该明知"冰岛罂粟花"是毒品原植物，从她的交代中也看不出她明知"冰岛罂粟花"是毒品原植物而非法种植，法院却断然认定岳某明知"冰岛罂粟花"是毒品原植物而非法种植，这是偷换概念，把想当然的"应该明知"偷换成了"明知"；宜昌市公安局伍家岗区分局曾用"有史以来宜昌城区查获的种植罂粟毒品原植物面积最大、数量最多的一次"来描述这起案件，也是混淆"冰岛罂粟花"和"罂粟"；而《楚天都市报》在报道时以"《农业百事通》竟推荐种罂粟'致富'"为题，故意把刊物广告上介绍的冰岛罂粟花中的"冰岛"和"花"字隐去，是偷换概念。《楚天都市报》记者辩称，是依靠警方的案件记录等资料进行的报道，然后不知不觉地将"《农业百事通》竟推荐种罂粟'致富'"转移成了"对这些资料，按照惯例，是不进行审查的"，以求免责，这是在转移论题。本案中，正是由于"警方的案件记录等资料是否属于公开文书"、"冰岛罂粟花是否属于毒品原植物"是不确定的，导致了司法实践的混乱，这是因为没有遵守同一律所要求的确定性和同一性。

根据矛盾律的要求，任何思维过程和科学理论都不应包含逻辑矛盾。在实践中，正确利用矛盾律，可以帮助人们发现、揭露逻辑错误，是辩论中取胜的重要方法；发现并解决逻辑矛盾，是促进思维和科学发展的重要途径，科学常常是在发现矛盾并且逐步排除矛盾的过程中发展的。例如：

---

〔1〕 马国颖："冰岛罂粟花是不是毒品 湖北江西法院认定结果相反"，载搜狐网，http：//news. sohu. com/42/02/news203572423. shtml，访问时间：2021 年 10 月 8 日。

[例4] 古代有一种理论认为：物体从空中下落时，下降速度与它的重量成正比，即物体越重，下落速度越快。

这种观点一直为公众所认可，并持续了1800多年。直到伽利略当众做出实验，才把这种观点推翻。当时，伽利略正是发现了人们传统中所认可的思想中存在着矛盾，即一重一轻的两物体，如果把它们捆在一起抛下，它们将以何种速度下降呢？一方面，这个速度肯定小于重物体下落的速度，因为轻物体会降低重物体的下降速度；但另一方面，这个速度又该大于重物体的速度，因为两物体重量的叠加一定超过重物体的重量。这样显然得出一个非常矛盾的答案，就是：捆在一起的两个物体下落速度同时既小于又大于单独一个物体的下落速度。因此他假定：轻重不同的物体从空中下落时应与它们的重量无关。即如果两物体受到空中阻力相同，或者消除空气阻力的影响（例如在真空中），两个重量不同的物体将以同样的速度降落，它们将同时到达地面。

根据这个设想，1589年，伽利略在著名的比萨斜塔上同时抛下了5000克与1000克的两个铁球，结果两球几乎同时落地，证实了自由落体在阻力相同的条件下，下落的速度是相同的。从而推翻了长期统治人们思想的旧的落体学说，促进了科学的进步。

[例5] 上海警方破获了一起刑事案，根据公安机关提供的户籍材料，犯罪嫌疑人作案时已年满19周岁，但犯罪嫌疑人对办案检察人员自称作案时只有17周岁。17岁和19岁，整整相差两岁，中间间隔的正是成年人与未成年人的界线，直接关系到量刑的轻重。犯罪嫌疑人年龄到底有多大？如果将犯罪嫌疑人作为成年人来起诉，即使他的真实年龄是17周岁，检方仍可免责，因为检方依据的是合法的户籍材料。但认真负责的检察人员却不这样想，对于犯罪嫌疑人，两岁之差，可能影响终生。检察人员从犯罪嫌疑人外婆家查到犯罪嫌疑人的出生证明和所报户口的原始凭证，证明犯罪嫌疑人作案时只有17岁。这两岁之差差点剥夺了犯罪嫌疑人应该享有的从轻处罚权利，由于家人不懂法，不敢向警方说明真相。该案提起公诉后，法院采纳了检察院的调查结果，在判决书中认定犯罪嫌疑人作案时系未成年人。

犯罪嫌疑人到底是成年人还是未成年人？正是检察人员的认真负责，才揭开了事实真相。

[例6] 诈骗犯徐某曾在某国家机关当打字员，后辞职开始自己做生意，只要能赚钱，徐某什么项目都敢涉足。慢慢地，徐某胆子变大了，编造了自己是某国家领导人私生女的谎言，短短两年，她在生意场上受到特别关注，赚取了大量钱财。她先购买了一辆奥迪A6轿车，又于2001年12月分期付款购买了面积为400多平方米的豪宅。但名车豪宅令她债台高筑，某企业家王某就在这时进入了她的视线。王某是一位成功的商界女强人，2002年年初，她瞄准了北京南苑乡天海市场开发项目。通过市场前期评估，该项目每年可以带来几千万元的利润。她通过朋友介绍认识了徐某。徐某头戴假发，自称身患癌症将不久于人世，诈称自己为"中央首长女儿"、中央军委办公室机要秘书、副军级现役军人，第一次见面，徐某就给王某留下了"好印象"。2002年5月13日，双方签定了合作开发南苑天海大厦合同。按照合同要求，王某很快将200万元项目前期启动资金交付徐某。2002年7月的一天，徐某主动找到王某，告诉她项目即将正式启动，还需资金1000万元，否则项目将搁浅。急于求成的王某四处找关系融资。在朋友的帮助下，王某与浙江某电子集团取得了联系，该集团答应为天海大厦开发项目注入资金1000万元，但资金注入前要审查项目开发合同。经过调查，王某十分震惊，天海大厦所属地域已被列为公交征用地，不可能与其他投资方签署项目开发合同。8月19日晚7时，王某来到北京市海淀公安分局报案，8月21日警方将徐某抓获。警方证实徐某已将王某交付的200万元资金全部用于支付购房款。在讯问中，徐某十分狡诈，一派胡言乱语，且前后多处自相矛盾。

问：你将870万元（徐某自称自己的670万元，王某的200万元）用于项目启动资金，这笔钱给谁了，有收据吗？

徐：870万元现金分两次给了××政府官员，一次一大包，没有要收据。

问：你没有要收据，那你能提供你自己那670万元从银行提现的证据吗？

徐：我的钱都放在家里，不存银行。你没发现我们家里都是大柜子吗？钱都直接装柜子里。

问：你能说出你那670万元资金的来源吗？

徐：我爸爸死时给我留了100多万元，我拿这笔钱投资挣了200多万元；

另外 300 万元存在银行吃利息。（与不向银行存钱前后矛盾。徐父是一位工人，1983 年去世，那时人均月工资不足百元。）

问：你怎么想着要当中央首长的女儿的？

徐：王某教我这样说的，她说这样讲管用。我不就随便说说嘛。我说是就是啦？

问：如果你不说你是首长女儿，王某凭什么找你谈投资项目？

徐：（难圆其说，无言以对，沉默片刻）王说我算账挺好，相信我。

问：你为什么教你儿子对别人讲某中央领导人是他姥爷？

徐：小孩一般不撒谎，这样别人更容易相信。[1]

这样，在徐某自相矛盾的供述中，其诈骗犯的本质暴露无遗。

根据排中律的要求，则要保持思维的明确性，不能模棱两不可。例如，在某校园里有一块空地需要绿化，甲、乙、丙在讨论这块空地该栽种什么花卉。甲一会儿提议应该栽种牡丹花，因为牡丹花大气漂亮，一会儿又说不应该栽种牡丹花，因为牡丹花容易生长病虫害。针对甲的说法，乙说："你的两种说法，都有道理。"丙说："你的两种意见，我都不同意。"在这里，乙违反了矛盾律的要求，犯了"自相矛盾"的错误；丙则违反了排中律的要求，因为排中律要求两个互相矛盾的思想不能同假，而丙恰好否定了甲的自相矛盾的两种说法，犯了"模棱两不可"的错误。

---

〔1〕 北京晨报："冒充'首长女儿'混迹商界 原机关打字员诈骗 200 万"，载搜狐网，http：//news. sohu. com/65/96/news203849665. shtml，访问时间：2021 年 10 月 24 日。

第五章　逻辑论证

论证有广义、狭义之分。广义的论证包括证明和反驳，狭义的论证就是指证明。论证作为思维的必要表达方式，有着举足轻重的作用。

第一节　逻辑证明

一、证明的特征

逻辑证明简称证明，是运用已知为真的命题证明另一个命题为真的思维过程。

逻辑证明是一种理性的推演过程，它需要通过推理的形式，从一些已知的真命题出发，推导出所要论证的命题为真。证明实质上是推理的运用，任何证明都需要通过推理来进行，这是逻辑证明的根本特征。

例如：2021 年 2 月底，文某的女儿从国外留学归来在上海某机场落地，根据入境要求，需要对其进行防疫隔离。在其女儿隔离满 7 天后，文某想将其接回家中继续隔离，但由于不满足当时上海市规定的"7 + 7"隔离政策的要求，其申请被所属街道驳回。文某曾在疫情期间出国探望其女儿，也有过被隔离的经历，对于防疫管控措施较为了解，但在 3 月 6 日，文某仍执意闯入隔离酒店，提出要接其女儿回家。在被拒绝后，文某不顾酒店大堂及安保人员的劝阻，在大堂内大声喧哗，期间还欲闯入隔离区域。文某的行为严重影响了酒店对其他返沪人员隔离手续的正常办理。在多方劝阻无效的情况下，酒店负责人决定向公安部门寻求帮助。民警到达现场后，再次耐心地为文某进行了政策解读，但文某依然不肯罢休。在劝离过程中，文某突然举起右拳攻击执法民警面部，致使民警嘴部当场受伤出血。然而，在与民警发生冲突后，文某没有离开隔离酒店，仍与酒店工作人员及驻点医生继续争吵。期间，文某用手机拍下执法民警的警号，并扬言要拨打投诉电话。最终，文某被警方带离隔离点。经鉴定，被打民警下唇粘膜破损，伤势构成轻微伤。到案后，文某先是否认后又如实供述了上述犯罪事实。后经检察机关以袭警罪对被告人文某提起公诉。2021 年 5 月 15 日，上海市静安区人民法院根据《刑法》第277 条第 5 款作出判决：被告人文某犯袭警罪，被判处有期徒刑 6 个月，缓刑1 年。[1]

上述实例就是证明。在这一论证过程中，法院援引《刑法》第277 条第 5 款："暴力袭击正在依法执行职务的人民警察的，处三年以下有期徒刑、拘役或者管制；使用枪支、管制刀具，或者以驾驶机动车撞击等手段，严重危及其人身安全的，处三年以上七年以下有期徒刑。"作为推理的大前提，以案件事实作为推理的小前提，得出"被告人文某犯袭警罪，判处有期徒刑 6 个月，缓刑 1 年"的结论。法院的论证过程可以分析如下：

如果暴力袭击正在依法执行职务的人民警察的，犯袭警罪；

文某暴力袭击正在依法执行职务的人民警察；

所以，文某犯袭警罪。

如果犯袭警罪的，处 3 年以下有期徒刑、拘役或者管制；

文某犯袭警罪；

所以，对文某处以有期徒刑 6 个月，缓刑 1 年。

二、证明结构

证明一般由下列三个部分组成：

（一）论题

论题就是真实性需要确定的命题。人们进行论证总是先把论题提出来，以明确要证明的是什么问题、议论的是什么话题。论题往往既是证明的开头，又是证明的结尾。

---

[1] "为接走归国隔离的女儿，女子拳打民警获刑 6 个月"，载腾讯网，https://xw.qq.com/amphtml/20210515A08Z8400，访问时间：2021 年 5 月 15 日。

论题一般有两类：

1. 已经证明为真的命题。例如科学知识、原理等。对这类论题进行证明，目的在于阐明真理、宣传真理。

2. 真实性尚待确定的命题。例如科学假说。对这类论题进行证明，目的在于探索真理、发现真理。

（二）论据

论据就是用来确定论题真实性的命题，即在证明中为支持论题所运用的根据、理由。

论据一般有这样几类：

1. 理论证据。例如已被证明为真的科学原理、公理、定理、定义等。用这类命题作为论据，能使证明深刻、说服力强。

2. 法律规范。用法律规范作为论据，能使证明具有不容置疑的威慑力。

3. 事实论据。例如已被确认为真的具体事例、概括的事实、统计数字、亲身经历感受等。用这类命题作为论据，能使证明具有不可辩驳的有力效果。

在实际证明过程中，人们往往把几类论据结合运用，这样，既有理论深度，又有事实依据，可以达到更好的证明效果。

（三）论证方式

论证方式就是论据和论题联系的方式，即在证明中所使用的推理形式。

根据论证的需要，在一个证明中可以只有一个推理形式，也可以采用一系列的推理形式。只包含一个推理形式的证明，其论证方式就是该推理形式，包含两个以上推理形式的证明，其论证方式是所用的各推理形式的总和。

在论证过程中，对于不同内容的论题，可以采用相同的论证方式；对于同一个论题，也可以有几种不同的论证方式。这就是说，从论据到论题的途径不是唯一的。在实际论证过程中，我们应当选择那些简明有力的论证方式，这就需要熟练掌握推理的方法与技巧。

严格的逻辑证明一般是指演绎论证，即论证方式采用演绎推理，证明过程的每一步推导都遵守演绎推理的规则，以保证必然能从论据推出论题。非演绎推理用于证明过程，常用的是归纳推理和类比推理，称为归纳论证、类比论证。由于非演绎推理是一种或然性推理，它由前提得出结论带有某种经验性、偶然性，而不能保证得出结论的必然性。

在论题、论据、论证方式这三者当中，论题回答"证明什么"的问题，论据回答"用何证明"的问题，论证方式回答"如何证明"的问题。它们从不同的方面，保证一个论证能够成立。

例如：被称为"中国福尔摩斯"的刑侦专家乌国庆初出茅庐时曾经历过一个这样的案子，给他上了生动的一课：某日，上海郊区发生一起死亡案件。到达现场后，乌国庆看到一名女性吊在树上当即判断她是自杀。但同去的老刑警却看出了端倪。原来，这名女性的家离她"上吊"的地方要经过两块田地，但她脚上的袜子却是崭新干净的，老刑警断定她不是自己走过来的，而是被人放上去的，因此不是自杀，而是他杀。这样的经历让乌国庆意识到，再丰富的理论知识，不与实践联系，都是无用的。[1]

此例中，证明的结构可以分析如下：

论题：死者是被他杀的。

论据：这名女性的家离她"上吊"的地方要经过两块田地，但她脚上的袜子却是崭新干净的，说明她不是自己走过来的，而是被人放上去的。

论证方式：本案中，既有演绎推理，又有非演绎推理：

1. 到达现场后，乌国庆看到一名女性吊在树上当即判断她是自杀。这是回溯推理，属于非演绎推理。事实也证明，初出茅庐的乌国庆判断错了。

2. 如果她是自己走过来的，那么她脚上的袜子不会是崭新干净的；

这名女性的家离她"上吊"的地方要经过两块田地，但她脚上的袜子却是崭新干净的；

说明她不是自己走过来的，而是被人放上去的。

这是假言推理否定后件式：

$$如果\ p，那么\ q$$

$$非\ q$$

$$所以，非\ p$$

---

〔1〕 王晓易："他曾靠一包咸菜侦破灭门惨案，马加爵、周克华都因他落网"，载网易新闻网，https://www.163.com/news/article/EU75CU0F00019K82.html，访问时间：2019 年 11 月 17 日。

3.　　　　　如果她是被人放上去的，她就不是自杀；

她是被人放上去的；

所以，她不是自杀。

这是假言推理肯定前件式：

如果 p，那么 q

p

所以，q

4.　　　　　她或者是自杀，或者是他杀；

她不是自杀；

所以，她是他杀。

这是选言推理否定肯定式：

P 或者 q

非 p

所以，q

此例中，使用了多种论证方式。

三、证明与推理

（一）证明与推理密切相关

1. 推理是证明的工具，证明是推理的应用。只有运用推理，才能由论据推出论题，没有推理也就谈不上逻辑证明。论证过程就是一个或多个推理的过程。一个简单的证明有时就是一个推理，而一个复杂的证明可能包含多个推理。

2. 证明的结构与推理的结构一致。证明中的论题相当于推理中的结论，论据相当于推理中的前提，论证方式相当于推理中的推理形式。其对应关系可用下图表示：

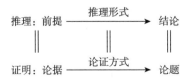

（二）证明与推理又是相互区别的

1. 二者目的与作用不同。证明的目的是确定某个命题为真，其作用在于确立已知、阐明真理。推理的目的是得出一个新的命题，其作用在于寻求未知、发现真理。

2. 二者真假要求不同。证明的有效性不仅要求论据与论题之间有必然的逻辑联系，而且还要求论据是真实的。推理的有效性是就其推理形式而言的，与推理内容无关，它仅要求前提与结论之间有逻辑联系，而并没有要求必须从真前提出发。

3. 二者思维进程不同。证明是运用已知为真的论据证明论题为真的思维过程。论题，在论证开始之前就已经形成，即使是对尚待证明的论题进行论证，这个论题也是先于论证过程存在的。所以，证明的过程，总是先有论题，然后为确立论题的真实性寻找理由。论题是已知的，论据也是已知的，由论据得出论题的过程是由已知到已知的过程。

推理是以前提为根据或理由，推出结论的思维过程。推理的结果，在推理完成之前是未知的。所以，推理的过程，总是先有前提，然后得出结论。前提是已知的，而结论却是未知的，由前提得出结论的过程是由已知到未知的过程。

4. 二者构成要素之间关系不同。证明中的论据是论题成立的条件，而推理中的前提可以是结论成立的条件，也可以是结论成立的原因。

［例1］ 只有年满18周岁，才有选举权；

　　　　她已满18周岁；

　　　　所以，她有选举权。

此例，既可以当作是一个推理，也可以当作是一个证明。不管是当作推理还是证明，年满18周岁都是有选举权的条件。

［例2］ 如果灯泡坏了，灯就会灭；

　　　　灯泡坏了；

　　　　所以，灯灭了。

此例是一个推理，灯泡坏了是灯灭的原因。

四、证明方法

根据证明过程中论题与论据联系方法的不同，证明分为直接证明和间接证明两种。

（一）直接证明

直接证明是指论题的真实性直接由论据的真实性推出。

直接证明的特点是：从正面入手，引出论据，由论据直接推出论题。

例如：2019 年 2 月 9 日，云南省丽江市永胜县三川镇发生唐某致李某死亡一案，这就是引起社会关注的"丽江反杀案"。永胜县公安局于案发当日立案侦查，经侦查终结，永胜县人民检察院于 2019 年 8 月 7 日以唐某涉嫌故意伤害罪向永胜县人民法院依法提起公诉。2019 年 12 月 30 日，云南省人民检察院就"丽江反杀案"作出通报。通报称，检察机关审查查明：唐某与李某系同村人。2019 年 2 月 8 日（大年初四）23 时许，唐某（时 25 岁，身高 170 厘米）乘坐朋友驾驶的轿车返家途中，路遇李某（时 26 岁，身高 190 厘米）酒后在村道内对过往车辆进行无故拦截。李某拍打唐某乘坐的车辆并对唐某言语挑衅，唐某未予理睬。唐某回到家门口，因未带钥匙电话联系其父亲唐某勇回家开门，并告知其父被李某拦车一事。唐某勇遂带唐某找到李某评理，李某与唐某勇父女发生争执，在此过程中李某踢了唐某勇胸部一脚，继而与唐某勇、唐某进行厮打，随后被李某的朋友拉开，唐某勇和唐某回家。李某仍留在唐某勇家附近巷道口，声称要喊人把唐某勇一家人砍死。随后，李某打电话邀约多个朋友到达唐某勇家附近巷道口。唐某勇回家后给李某父亲李某云打电话，李某云遂赶到巷道口，劝李某回家未果后让在场的众人强制将其带回家。回家后，李某提出要去唐某勇家道歉并要讨个说法。随后李某父母与其朋友一起到唐某勇家门口，李某对打架的事情进行道歉，并反复要求唐某勇就相互厮打给个说法，唐某勇一家人未给说法后，李某声称这事没完，众人见状合力将李某带回家。其父李某云担心李某再去闹事，要求朋友杨某、李某林等人留在其家陪同。2 月 9 日凌晨 1 时许，李某手持菜刀溜出家门，跑到唐某勇家大门外侧，用菜刀对唐某勇家大门进行砍砸，并用脚踢踹大门。后赶来劝阻的朋友罗某坤将其菜刀夺走并丢弃，其朋友杨某、张某亮、朱某、李某林劝李某回家。其间，唐某听到砸门声后起床，因感到害怕到厨房拿了一把红色削果皮刀和一把黑色手柄水果刀放在裤兜里用于防身，并打开小门出门查看，李某看见唐某出门后用力挣脱朋友拉拽，冲上前即朝唐某腹部踢了一脚，唐某拿出红色削果皮刀反抗，李某继续挥拳击中唐某左脸部，在被几位朋友拉开后再次挣脱冲向唐某，对其拳打脚踢。唐某招架中削果皮刀掉落地上，情急之下掏出黑色手柄水果刀用力反抗、挥刺，后双方被他人拉开，唐某回家，李某边往巷道外跑边大喊"拿刀来"，后在奔跑过程中倒地，其朋友上前发现李某受伤，遂将其送医院救治，经抢救无效死亡。经鉴定，李某系被他人用锐器致伤右胸部，致急性失血性休克死亡。永胜县人民检察院经补充侦查和依法重新审查后认定，唐某在春节期间，家人及住宅多次被李某侵犯，特别是在凌晨 1 时许，家门被砍砸，出门后被李某脚踢拳殴下，先持削果皮刀反抗，后持水果刀反抗，系为保护本人和家人的人身安全而采取的制止正在进行的不法侵害的自行防卫行为，符合《中华人民共和国刑法》第20 条第 1 款之规定，属于正当防卫，依法不负刑事责任。12 月 30 日，丽江市永胜县人民检察院对该案撤回起诉，同日对唐某作出不起诉决定。[1]

该案中，检察机关的证明过程如下：

《中华人民共和国刑法》第 20 条第 1 款：为了使国家、公共利益、本人或者他人的人身、财产和其他权利免受正在进行的不法侵害，而采取的制止不法侵害的行为，对不法侵害人造成损害的，属于正当防卫，不负刑事责任；

唐某在春节期间，家人及住宅多次被李某侵犯，特别是在凌晨 1 时许，家门被砍砸，出门后被李某脚踢拳殴下，先持削果皮刀反抗，后持水果刀反抗，系为保护本人和家人的人身安全而采取的制止正在进行的不法侵害的自行防卫行为；

唐某的行为属于正当防卫，依法不负刑事责任。

这份法律文书中认定"唐某的行为属于正当防卫"的过程就是一个逻辑证明，而且是直接证明。所援用的法律条款和查明的事实是论据，由于论据蕴涵论题，所以，由上述两条论据为真，可直接确定论题成立："唐某的行为

属于正当防卫，依法不负刑事责任。"

（二）间接证明

间接证明是指论题的真实性是借助于假设命题推出的。

假设命题中，有的是原论题的矛盾命题，有的是原论题的反对命题，有的是原论题的条件命题。

根据假设命题的不同，间接证明可分为反证法、排除法和条件证明。

1. 反证法。反证法是借助于假设一个与原论题相矛盾的反论题为中介，先独立证明反论题为假，再推出原论题为真。

反证法的过程是：

（1）提出论题。

（2）假设反论题：依据逻辑推理，证明反论题为假。这是反证法中的重要环节。证明反论题为假，常常使用假言推理否定后件式，由反论题推导出与常识不符的荒谬结论，或推导出与已知事实相违背的结论，或推导出与已知的公理、定理、定义相矛盾的结论，或推导出与已知条件相矛盾的结论；也常使用归谬法，由反论题推导出自相矛盾的结论。

（3）根据排中律，反论题为假，则原论题为真。

例如：某律师出庭为一起盗窃、故意伤害案辩护时，证明被告人开枪不是故意打中被害人。律师说，假如被告人开枪是故意打中被害人，那么像他这样经常用枪的人，虽然是晚上，但是只要转过身来稍停一步，在两丈多的距离内是完全可以命中被害人的要害部位的；同时，在被害人栽倒后，又完全可以把被害人打死或打成重伤。可是事实完全不是这样。被告人是一边逃跑，一边朝后开枪的。被告人说："我左手拿枪，右手拿着电筒照明，在被害人紧追时，为了威胁他，我把枪横扫过去，拨弄扳机，鸣了一枪，就径直地逃跑了。"由此可见，被告人开枪并非故意打中被害人。[1]

该案中，律师的辩护就使用了反证法。其过程如下：

辩护人论题：被告人开枪不是故意打中被害人。

反论题：如果被告人开枪是想故意打中被害人，那么被告人会把被害人

---

〔1〕　王洪主编：《逻辑学》，中国政法大学出版社 1999 年版，第 250 页。

打死或打成重伤；

而事实上被告人既没把被害人打死，也没把被害人打成重伤；

所以，被告人开枪不是故意打中被害人。

这个反证过程中，运用了假言推理否定后件式，即：

如果 p 则 q

非 q

所以，非 p

反证法是从反方向证明的证明方法，是一种简洁、有力的证明方法，特别是在进行正面的直接论证或反驳比较困难时，比如正面情况多而复杂，而反命题却比较浅显简单，用反证法就会把问题解决得十分干脆，会收到意想不到的效果。

2. 排除法。排除法又称选言证法，是借助于假设与原论题相反对的相关命题为中介，先分别独立证明相关命题为假，再推导出原论题为真。

排除法的过程是：

（1）提出论题；

（2）假设相关命题：依据逻辑推理，证明相关命题为假。假设的相关命题，是原论题的反对命题，要找出与原论题相关的所有可能性，构成一个选言命题；然后证明假设的相关命题均不成立；

（3）根据选言推理否定肯定式，相关命题为假，则原论题为真。

例如：毛泽东主席在《中国革命战争的战略问题》一文中，写道：

中国革命战争的主要敌人，是帝国主义和封建势力。中国资产阶级虽然在某种历史时机可以参加革命战争，然而由于它的自私自利性和政治上经济上的缺乏独立性，不愿意也不能领导中国革命战争走上彻底胜利的道路。中国农民群众和小资产阶级群众，是愿意积极地参加革命战争，并愿意使战争得到彻底胜利的。他们是革命战争的主力军；然而他们的小生产的特点，使他们的政治眼光受到限制（一部分失业群众则具有无政府思想），所以他们不能成为战争的正确的领导者。因此，在无产阶级已经走上政治舞台的时代，中国革命战争的领导责任，就不得不落到中国共产党的肩上。

该文中，毛泽东主席的论证就使用了排除法。毛泽东主席没有直接论证他的论题，而是先提出了中国革命战争由谁来领导的几种可能情况，然后他一一论证前两种可能均不能成立，最后得出结论。其过程如下：

论题：中国革命战争只能由中国共产党来领导。

相关命题：中国革命战争，或者由中国资产阶级来领导，或者由中国农民阶级和小资产阶级来领导，或者由中国共产党来领导；

而中国资产阶级、中国农民阶级和小资产阶级不能领导中国革命战争；

所以，中国革命战争只能由中国共产党来领导。

这个排除过程，运用了选言推理否定肯定式，即：

$$P \text{ 或者 } q \text{ 或者 } r$$
$$\text{非 } p，\text{非 } q$$
$$\text{所以，} r$$

运用排除法时应注意，论题与其相关命题所陈述的情况，必须穷尽事物的所有可能情况。只有这样，论题的真才具有充分的、无可辩驳的说服力。

反证法和排除法的相同点是：从反面或侧面入手，先提出假设命题，通过独立证明假设命题为假，再推出原论题为真。不同点是：在反证法中，原论题和反论题之间是矛盾关系，由反论题为假推出原论题为真依据的是排中律；在排除法中，原论题和相关命题之间是反对关系，由相关命题为假推出原论题为真依据的是选言推理规则。

3. 条件证明。条件证明适用于论题是一个假言命题（或假言命题的等值命题）的论证。条件证明是借助于假设一个与假言命题的前件相同的命题为补充前提而推出的。

条件证明的过程是：

（1）论题：待证论题是一个假言命题；或假言命题的等值命题；

（2）假设前提：把假言命题的前件假设为一个补充的前提；

（3）运用有效推理，推导出假言命题的后件。

如果以符号"T"代表已知为真的论据（或论据集），以 A→B 代表待证论题，那么条件证明只适用于如下形式的证明：

$$T$$
$$\text{所以，} A \rightarrow B \quad (1)$$

然而，从已知条件 T 不能推出 A→B，于是：

T

假设 A

所以，B　（2）

上述论证式（1）是：T→（A→B），论证式（2）是：（T∧A）→B。对论证式（2）的有效性的证明，也就是对论证式（1）的有效性的证明。因为根据条件移出移入推理：T→（A→B）↔（T∧A）→B，论证式（1）与（2）在逻辑上是等值的。这正是条件证明的逻辑根据所在。

例如：只有案件发生在晚六时以后，如果王某去了建筑工地，那么王某是作案人。因此，案件不是发生在晚六时以后，而王某是作案人，这是不可能的。

该例中，很明显前提不够，而且结论可以变形为假言命题，这时使用条件证明是最好的办法。其过程如下：

论题：案件不是发生在晚六时以后，而王某是作案人，这是不可能的。

假设前提：案件不是发生在晚六时以后

结论：王某不是作案人

这个条件证明的推演过程如下：

用 p 表示：案件发生在晚六时以后

用 q 表示：王某去了建筑工地

用 r 表示：王某是作案人

已知：¬p→¬（q→r）　　　　已知前提

求证：¬（¬p∧r）　　　　　论题

证明：（1）¬p→¬（q→r）　　已知前提

（2）¬p→¬r　　　　　　　从待证论题¬（¬p∧r）变形

（3）¬p　　　　　　　　　假设前提

（4）¬（q→r）　　　　　　（1）、（3）假言推理肯定前件式

（5）q∧¬r　　　　　　　（4）否定蕴涵推理

（6）¬r　　　　　　　　　（5）联言推理分解式

（7）¬p→¬r　　　　　　　（3）、（6）应用条件证明

（8）¬（¬p∧r）　　　　　（7）等值变形

在条件证明中，要求待证论题形如假言命题（或其等值命题），而直接证明又难以进行时，采用此方法就能使问题迎刃而解。条件证明实际上是一个虚拟的推理过程。

间接证明和直接证明相比，不是直截了当地从论据真推出论题真，而是要借助于假设命题为中介，推演过程比较迂回，不如直接证明简洁。但在论证过程中，如能灵活地运用间接证明，根据需要提出某种假设，针对这种假设进行证明，合乎逻辑地得出结论，将直接证明和间接证明联合使用，对同一论题，从正反两个方面加以证明，更能加强论证的说服力。

例如：在一起交通肇事案中，某律师出庭为某被告人辩护，就某被告人肇事后并未企图逃逸的行为论证如下：

被告人肇事后没有企图逃逸的动机和行为。理由是：被告人驾驶汽车超越马车时，汽车左侧与马车右侧相擦而过。这时，被告人因超车而减速，踩了一下刹车后，继续向前行驶。汽车行驶一段路程后，被告人心里不踏实，想到刚才超车时，离马车很近，是否撞了马车？立即停车检查。当发现汽车左侧确有擦车痕迹时，被告人马上掉转车头，返回到出事地点，所以被告人肇事后根本没有逃逸的动机和行为。（直接证明）

如果被告人肇事后企图逃逸，那么他就会加速汽车行驶，逃之夭夭。然而事实恰恰相反，被告人肇事后，汽车减速行驶。当发现擦车痕迹后，立即返回出事地点，并勇于承担肇事的后果和应负的责任。由此可见，被告人肇事后企图逃逸的论断是不能成立的。（反证法）[1]

五、证明规则

为了保证证明有效、有说服力，不仅要尊重客观事实，还要遵守证明规则。证明规则如下：

（一）论题必须清楚、明确

证明的目的就是为了确立论题的真实性。证明过程中，论据的取舍、论证方式的选择都是为论题服务的。因此，论题清楚、明确是证明有效的首要

---

〔1〕　王洪主编：《逻辑学》，中国政法大学出版社1999年版，第252页。

条件。这也是同一律的要求。只有论题清楚、明确,证明才能有的放矢、才有意义。否则,论证问题时没有中心,没有明白确定的观点,就不会达到想要的效果。

违反这条规则所犯的逻辑错误是"论题不清""论题含混"。

例如:黄某贪污公款一案,她的辩护律师在法庭上为她作了长时间的辩护。辩护律师从黄某小时候如何在家境贫困的情况下仍然勤奋好学、热爱集体,讲到黄某如何通过各种关系好不容易参加了工作,讲到黄某工作之初如何认真负责、勤恳踏实,得到单位领导和同事们的一致赞扬,并由勤杂工变成营业员。讲到这个单位的管理如何混乱,领导的官僚主义如何严重,又讲到这个单位的贪污、盗窃现象如何猖獗,讲到黄某如何从"看不惯"发展到"看得惯"、进而"跟着干",最后还讲到当司法机关去黄某家查没赃物时,这个单位的领导和群众还如何的不理解……

辩者可谓滔滔不绝、口若悬河,听者津津有味、乐此不疲,可是这位辩护律师在这里犯了一个"论题不清""论题含混"的逻辑错误。根据《刑事诉讼法》第 37 条:辩护人的责任是根据事实和法律,提出犯罪嫌疑人、被告人无罪、罪轻或者减轻、免除其刑事责任的材料和意见,维护犯罪嫌疑人、被告人的诉讼权利和其他合法权益。根据《律师法》第 31 条:律师担任辩护人的,应当根据事实和法律,提出犯罪嫌疑人、被告人无罪、罪轻或者减轻、免除其刑事责任的材料和意见,维护犯罪嫌疑人、被告人的诉讼权利和其他合法权益。这位辩护律师作为黄某的辩护人,他应当紧紧围绕本案,针对公诉人的起诉,提出事实和证据,证明黄某无罪或罪轻,这才是他的职责,而不是"讲故事"。这样的"故事"讲得再精彩,也不一定会达成黄某想要"无罪"或"罪轻"的愿望。

(二)论题必须保持同一

论题保持同一是指在同一证明过程中只能有一个论题,并且始终围绕它进行论证。这也是同一律的要求。

违反这条规则所犯的逻辑错误是"转移论题"或"偷换论题"。

"转移论题"或"偷换论题"就是在证明过程中将论题转换成其他相近似的论题,进行论证。这种改变往往是不易察觉的。我们所说的下笔千言、离题万里，答非所问，东拉西扯，都是这种错误的表现。

[例1] 在一次总结会议上，大家谈论到本单位职工黄某是否有贪污行为。一位员工发表了自己的看法：第一，黄某经常一个人在这个门市部做销售工作，贪污销货款有极为方便的条件；第二，黄某经常发牢骚，嫌自己的工资太低；第三，黄某的生活支出明显超出其收入，她自己也感到对此解释不清。可见黄某完全可能有贪污行为。

这段议论就犯了"转移论题"的逻辑错误，从"黄某是否有贪污行为"不知不觉地转换成"黄某完全可能有贪污行为"，而且这种谈话方式经常出现在人们的生活中，这种暗中改变交流主题的错误具有很大的隐蔽性。金岳霖曾说："论证者把原来提出的论题换成另一个完全不相干的论题，这种是比较少见的。常见的情形是，把原来的论题换成另一个近似的论题。"

所以，这一规则要求在论辩中，论辩双方应该就同一问题发表意见，就同一问题交锋，这样才能达到论辩的目的。

[例2] 由知名女星马某某代言的"茶芝兰"奶茶，在媒体上投入了大量广告。2020年5月，高女士在上海实地考察"茶芝兰"奶茶品牌，"茶芝兰"承诺提供"全方位配套服务"，高女士支付了10万元加盟费。然而加盟后，公司却突然"冷漠"。原本承诺的全方位配套服务并未兑现，没有给加盟商找店铺、没有培训，只给了一叠奶茶配方比例资料，让商家自行发挥。奶茶店开张3个月后，高女士店铺生意惨淡，不得不关门歇业。气愤的高女士找到公司讨要说法，公司却以高女士经营不善为由，对她置之不理。高女士报警。2020年12月，上海警方获悉了大量奶茶店铺加盟商户"异常关停"的信息，多方侦查后发现其中涉嫌经济犯罪，于2021年3月23日将以犯罪嫌疑人金某、王某为首的诈骗团伙抓获。警方捣毁多个虚假招商网站，抓获90余名犯罪嫌疑人，涉案金额7亿余元。经查，该团伙成立餐饮公司，搭建多个虚假知名品牌奶茶招商加盟网站。同时还伪造多个品牌的授权文书，甚至在加盟商实地考察时，还雇佣人员冒充消费者，在奶茶店铺前循环排队，营造生意火爆假象，骗取加盟费。2021年5月15日，"茶芝兰"奶茶代言女星马某某就此道歉："非常抱歉，作为该品牌之前的代言人，我再次向各位加盟商受害者道歉。目前我们正积极配合警方调查。我与工作人员也更要自省自纠，在

今后相关工作中必须更为严谨，合作前细致核查，合作中积极监督。"[1]

该道歉声明，乍一看，马某某深刻反省，态度诚恳，实则暗藏玄机。首先，马某某偷换概念，把本该接受警方调查偷换成配合警方调查，这样轻描淡写地避开了自己在此事件中的责任。然后，马某某转移论题，从代言虚假广告转变为"在今后相关工作中必须更为严谨，合作前细致核查，合作中积极监督"，不知不觉地转移了人们的注意力，避重就轻地不谈人们最关心的她是否有责任，是否承担责任。这样的逻辑错误由于隐蔽性强，很难被人们发觉。

（三）论据必须是已确认为真的命题

证明的过程就是引用已知为真的论据确定论题为真的过程。论据的作用就是用来确定论题的真实性，因此，引用的论据应该是已经确认为真的命题。如果论据虚假，或论据的真实性还有待证明，就不能确定从该论据推出的论题必然为真。

如果以虚假的命题作为论据进行论证，就会犯"虚假理由"的逻辑错误。

［例1］只有逆境才能出人才。因为自古至今，世界上没有哪一位杰出的科学家没有一段坎坷的经历。

这个证明就使用了"虚假理由"，它的论据"自古至今，世界上没有哪一位杰出的科学家没有一段坎坷的经历"就是一个虚假命题，不符合事实。因为，牛顿和莱布尼茨发明微积分时，分别是 22 岁和 28 岁；达尔文开始环球航行时是 22 岁，后来写出了著名的《物种起源》，这位 19 世纪自然科学的泰斗，其科学生涯都是一帆风顺的；爱迪生发明留声机时是 29 岁，发明电灯时是 31 岁；贝尔发明电话时是 29 岁；爱因斯坦提出狭义相对论时是 26 岁；李政道和杨振宁提出弱相互作用下宇称不守恒定律时分别是 30 岁和 34 岁……许多科学家都是"少年得志"，是在风华正茂的青年时代、在境遇顺利的情况下作出重要发现和发明的，在 80 多位获诺贝尔物理奖的科学家中，获得教授称谓时的平均年龄还不到 35 岁。从一些科学家经历坎坷就说"自古至今，世

---

［1］"马某某道歉！代言的奶茶品牌涉嫌违法犯罪，涉案 7 亿，受害者：因明星代言没起疑心"，载"新浪财经"百度百家号，https://baijiahao.baidu.com/s?id=1699834237363873728&wfr=spider&for=pc，访问时间：2021 年 5 月 15 日。

界上没有哪一位杰出的科学家没有一段坎坷的经历"，这个说法显然是错误的。

在论辩过程中，参与论辩的任何一方都可能使用虚假的论据为自己的论题作证，以期得到对自己有利的结论。这种以假取信于人的论证，就是犯了"虚假理由"的错误。这种错误有时隐蔽在论证过程中被省略的部分，这时需要还原推理过程才能发现。

[例2]　某律师为他的委托人辩护说："被告人伤害被害人不是故意的，因为被告人与被害人素不相识，彼此无仇。"[1]

该论证的论证方式是一个省略了大前提的假言推理，其推理过程可还原如下：

（如果被告人与被害人素不相识、彼此无仇，那么被告人伤害被害人就不是故意的；）

被告人与被害人素不相识、彼此无仇；

所以，被告人伤害被害人不是故意的。

这个推理中省略了的大前提就是一个虚假命题，这个证明犯了"虚假理由"的逻辑错误。

如果以真实性尚待证明的命题作论据，就会犯"预期理由"的逻辑错误。

[例3]　在明朝冯梦龙编写的《醒世恒言》一书中，有一篇名为《十五贯戏言巧成祸》：无锡青年刘贵携妻王氏去给岳父祝寿。席间，岳父见刘贵家境贫寒，遂资助刘贵十五贯钱去开一个粮店，并让刘贵带着十五贯钱一人先行回家，其妻王氏留住娘家。当晚，刘贵回家后，酒后戏称将其小妾陈氏卖于他人，得钱十五贯。陈氏伤心至极，连夜出走，欲回自己娘家。因天黑路远，遂于邻家借住一宿，欲于第二天清晨再回娘家。不料，当晚刘贵被贼人所杀，十五贯钱也被盗。而第二天清晨，陈氏在回娘家路上，偶遇同村青年崔宁，二人遂结伴同行。而崔宁恰巧卖蚕丝换得十五贯钱。邻居发现刘贵被杀，又发现陈氏和一青年崔宁同行，刘贵被杀后丢了十五贯钱，而崔宁身上正好带了十五贯钱，遂将二人扭送官府。无锡知县过于执想当然地认为是陈氏和崔

---

〔1〕　王洪主编：《逻辑学》，中国政法大学出版社 1999 年版，第 255 页。

宁通奸谋杀刘贵，他甚至不听二人的辩解，就严刑拷打。而陈氏和崔宁受刑不过，屈打成招。过于执就判了两个无辜的青年死刑。

其实，崔宁身上所带的十五贯钱乃是卖蚕丝所得，而陈氏和崔宁结伴同行纯属偶然，过于执只要认真查证，就会弄得水落石出，而他却想当然地认为二人就是凶手，草菅人命，犯了"预期理由"的逻辑错误。

（四）论据的真实性不能依靠论题来证明

论题的真实性是依靠论据为真来确定的。如果论据自身的真实性需要靠论题来证明，就等于用论题本身来证明论题，论题就没有得到证明。

违反这条规则所犯的逻辑错误是"循环论证"。

［例1］秦某被指控犯盗窃罪一案，在法庭辩论中，秦某的辩护人指出："秦某不构成盗窃罪。因为证据不足，现场留下的鞋印不能作为秦某作案的证据。"公诉人论证说："现场留下的鞋印是秦某的，这证明秦某是作案人；正因为秦某是作案人，所以，不容置疑现场留下的鞋印就是秦某作案的证据。"

这位公诉人用现场留下的鞋印证明秦某是作案人，用秦某是作案人证明现场留下的鞋印是作案证据，犯了"循环论证"的逻辑错误。

一个比较复杂的证明过程，有时论据本身是带证明的，从而形成多层论证。但不管论证多么长，只要有"循环论证"的错误，论证就是白费力气。

［例2］某公诉人在法庭辩论时说道："该被告人犯了盗窃罪。如果被告人没有犯罪，就不会将他逮捕了。为什么要将他逮捕呢？不正是因为他犯了罪的缘故吗？该被告人多次进行盗窃活动，屡教不改，已经构成累犯。为什么说他构成累犯呢？因为他进行盗窃活动不止一次，一犯再犯。"

这位公诉人也犯了"循环论证"的逻辑错误。

（五）从论据应能推出论题

在证明过程中，论据与论题之间要有必然的逻辑联系，论题能从论据推出。违反这条规则所犯的逻辑错误是"推不出"。"推不出"的错误常有以下几种表现形式：

1. 论据不充分。即论据虽然是真实存在的，但在论据和论题之间的逻辑联系上，论据还不足以确定论题的真实性，论据还不构成论题成立的充分理由。

　　[例1] 某人偷了一只羊，就说他破坏国家畜牧政策；偷了一件解放军制服，就说他危害国防利益，这都显然不能成立。

　　[例2] 赵先生家住大连。2018年9月，大连举办了一场高尔夫球比赛，赵先生也参加了比赛。9月20日，赵先生打完球之后，在13点24分55秒进入高尔夫球场附带的更衣室淋浴。大约在13：48，赵先生的朋友发现赵先生倒在浴室内，立即呼喊服务人员，随后服务人员叫了120急救电话、报警110，联系随队队医进行抢救。大连市甘井子分局红旗派出所出警后，经120急救医生确认赵先生已经死亡，法医排除现场他杀。

　　派出所出具的情况证明显示：现场勘察人员及法医到场勘察，未发现有他人加害的迹象，经核实查看，地面有红色防滑垫，更衣室现场泡池墙壁上有"温馨提示"。"温馨提示"为：①为了您的健康：饮酒、心脏病、高血压、低血糖、皮肤病者请勿进入泡池；②身体不适者请勿进入；③请保管好贵重物品。

　　死者家属对死亡无他人加害的结论无疑义，不要求进行尸检。赵先生死亡的原因，因未进行尸检，无法确定。

　　事发当天下午，家属就将遗体送往殡仪馆，并于第二日火化。之后家属在2019年将高尔夫比赛主办方、赞助单位、高尔夫球场一起告上法院，索赔各项损失85.7万余元。家属坚称，赵先生是在更衣室的浴池内溺水身亡。浴池有安全隐患，各相关方均有责任进行赔偿。[1]

　　此案中，死者家属就犯了"推不出"的错误。因为，家属主张的是死者为溺亡，浴池有安全隐患，各相关方均有责任进行赔偿。然而在死者死亡后，家属没有本着对死者负责任的态度对死者进行尸检以确定具体的死亡原因及死亡时间，从而也就无法证明死者为溺亡；浴室内墙壁上有"温馨提示"，地面上有防滑垫，发现异常后，各方积极采取救治措施，而且死者作为成年人有注意自身健康状况及周边安全情况的义务，故家属没有充分证据证明死者是因为各相关方的过错而导致其死亡。虽然死者确实是在高尔夫球场浴室内

---

　　[1] "事发大连：男子打完高尔夫球在浴室内离奇死亡！家属索赔八十万"，载腾讯网，https://new.qq.com/omn/20200617/20200617A0QQG100.html，访问时间：2020年6月18日。

死亡，但家属主张死者系溺亡以及各相关方对死者的死亡结果承担责任，无充分的事实及法律依据。家属的主张属于论据不充分。最终，法院也驳回了家属的索赔请求。

2. 论据与论题不相干。即论据虽然是真实存在的，但论据和论题无关，没有推出关系。

［例1］清朝时大兴文字狱，诗人徐骏因为写下了"清风不识字，何故乱翻书"，而被清政府以"思念明朝，无意本朝，出言诋毁，大逆不道"为由斩首示众。

［例2］某人说："王某的证词不能成立。因为，据我所知，王某曾因犯盗窃被判刑3年。现在虽刑满释放，但是，让一个犯过罪的人作证，这合适吗？他的证词有什么价值，能使人相信吗？"

这种"以人为据"，就犯了"推不出"的逻辑错误。"以人为据"就是以关于某人品质的评价作论据，来证明他作出的某个行为是真实可靠的还是虚假不可信的。司法工作中"以人为据"的逻辑错误突出地表现为用关于某人品质优劣的评价，来证明他是否实施了某种犯罪行为。这并非否认一个人的品质同他是否会实施犯罪行为有关，而是说不能根据对某人品质的评价，推出某人实施或没有实施某种犯罪行为。因为，即使"某人平时表现很好"，也并不必然推出"某人没有实施某种犯罪行为"；即使"某人一贯表现不好"，也并不必然推出"某人实施了某种犯罪行为"。

［例3］2017年5月2日，郑州医生杨某因在所居住楼房的电梯内劝阻老人段某吸烟，两人发生争执。十多分钟后，69岁的段某突发心脏病死亡。

监控视频显示，当日，段某在小区电梯间内吸烟，4秒钟后，杨某从14层进入电梯，按了负一楼电梯键。由于杨某劝阻段某在电梯内吸烟，两人发生言语争执。电梯到达一楼，杨某按了开门键，段某未走出电梯。电梯到达负一楼，二人继续对话。杨某走到电梯门外，段某在电梯门内，双方仍有争执。随后，杨某重新进入电梯，按了一楼的按钮。之后，两人走出电梯。两分钟后，他们走到单元门口。段某情绪相对较为激动，杨某比较冷静。随后，两人走向物业办公室，至此时为止，段某的香烟一直未熄灭。而物业办公室门口监控视频显示，段某比较激动，物业工作人员从办公室内出来后，其情绪更加激动，边说话边向杨某靠近。两分钟后，杨某被物业工作人员劝离，段某则被劝至物业办公室。没多久，段某突然倒地。急救中心出具的证明显示，急救人员到达时，段某意识丧失，经抢救病情无变化，宣布临床死亡。死者家属随后以侵权为由，要求杨某赔偿 40 余万元。[1]

这里，死者家属因为死者在与杨某发生言语争执后猝死，就认定杨某的劝阻行为与死者的死亡之间有必然的因果关系，就犯了推不出的错误。因为事后查明，监控视频显示事件发生过程中，死者情绪较为激动，杨某相对比较冷静、克制；二人只有语言交流，无拉扯行为，无肢体冲突。监控视频中显示出二人接触时长不足 5 分钟。杨某劝阻死者在电梯内吸烟的行为未超出必要限度，属于正当劝阻，没有侵害死者生命权的故意或过失，本身也不会造成死者死亡的结果。死者患有心脏疾病，在未能控制自身情绪的情况下，发作心脏疾病不幸死亡。死者家属因为杨某劝阻和死者死亡在时间上的先后关系就认为杨某侵害了死者的生命权，就属于推不出。

[例 4] 清朝时，抚署委员刚弼在审理一起投毒案件中，用引诱的办法使涉案的魏家父女向他行贿，然后以此为据，断定魏家父女就是凶手。魏家父女不服。刚弼在升堂会审时这样论证："倘若人命不是你谋害的，你家为什么肯拿几千两银子出来打点呢？"

在此，刚弼得到的证据只是行贿的证据，而不是投毒杀人的证据，这个证据与证明论题是不相干的。这也犯了"推不出"的错误。

3. 论证方式错误。即违反推理规则，在论证过程中使用了错误的论证方式。证明过程总要使用推理，这就要求由论据推出论题，必须遵守推理规则。只有论证方式正确，才能保证从论据为真推出论题为真。如果论证方式不正确，那么即使论据为真也不能必然推出论题为真。

[例 1] 凶手或者是甲或者是乙，经查凶手是甲，所以，凶手不是乙。

这个推理的推理形式是：

---

〔1〕 冀天福、薛永松："郑州'电梯劝阻吸烟猝死'案二审宣判"，载中国法院网，https://www.chinacourt.org/article/detail/2018/01/id/3182861.shtml，访问时间：2022 年 1 月 24 日。

$$p \text{ 或者 } q$$

$$p$$

$$\text{所以，非 } q$$

这是选言推理肯定否定式，是一个无效推理形式。因为一个选言命题为真，选言支可能不止一个为真，有可能全部为真，不能从其中一些选言支为真，就推知剩下的选言支为假。

［例2］法律专业的学生要学习逻辑学，我不是法律专业的学生，所以我不用学习逻辑学。

这个推理的推理形式是：

$$\text{所有 M 是 P}$$

$$\text{所有 S 不是 M}$$

$$\text{所以，所有 S 不是 P}$$

这个三段论推理是一个无效推理。它的大项在前提中不周延，在结论中周延，犯了大项不当周延的错误。

上述两例都犯了"推不出"的逻辑错误。

综上，关于论题、论据、论证方式，三者的关系总结如下：

论据真，论证方式正确，则论题真；

论据真，论证方式不正确，则论题可真可假；

论据假，论证方式正确，则论题可真可假；

论据假，论证方式不正确，则论题可真可假。

第二节　逻辑反驳

一、反驳的特征

逻辑反驳，也称反驳，就是引用确认为真的命题，从而得出某一命题为假或某一论证不能成立的思维过程。

例如：1932年10月15日，陈独秀被国民党政府逮捕。一时间，全国各地报纸纷纷发表消息，国内和国际的著名学者如蔡元培、杨杏佛、爱因斯坦、罗素、杜威等人都发电报给蒋介石，要求释放陈独秀。蒋介石在国内外的舆论压力下，被迫批示，由军法司移交法院审理，这样陈独秀就可以聘请律师为其辩护。1934 年 3 月，检察官以陈独秀犯"危害民国罪"，依《危害民国紧急治罪法》提出公诉。章士钊担任辩护律师。法庭审理中，章士钊为陈独秀辩护说："本法庭总理遗像高悬，国人奉为国父，所著三民主义，党人奉为宝典。总理有云：'三民主义即是社会主义，亦即共产主义。'为何总理宣传共产，奉为国父，而独秀宣传共产主义即为危害民国乎？若宣传共产即属有罪，本律师不得不曰龙头大有人在也。"

这里，章士钊一针见血地指出孙中山宣传共产主义被奉为国父，而陈独秀宣传共产主义却被指控"危害民国"在逻辑上是矛盾的，在法律上是没有根据的，从而反驳了检察官的指控。

反驳是一种特殊的证明，它通过证明对方论题为假，从而证明己方论题为真；或通过证明对方论证过程缺乏逻辑性，从而证明对方论题不能成立。反驳与证明在论证中的作用是截然不同的。证明是确认某一命题为真，是"立论"，反驳是确认某一命题为假，是"破论"。二者目的不同，但二者又是相互联系的。证明与反驳在具体的论证过程中经常交互使用，证明中有反驳，反驳中有证明，证明某一命题，就是反驳与之相否定的命题；而反驳某一命题，又是证明与之相矛盾的命题。二者相辅相成，有时以证明为主，反驳为辅；有时又以反驳为主，证明为辅，以达到确立真理，批驳谬误的目的。

二、反驳的结构

与证明的结构相同，反驳一般由下列三个部分组成：

1. 被反驳的论题，即将要被反驳的对方的论题。例如上例中的"陈独秀犯了危害民国罪"。

2. 反驳的论据，即用来作为反驳对方论题的根据或理由。例如上例中的"孙中山宣传共产主义被奉为国父，而陈独秀宣传共产主义却被指控危害民国"。

3. 反驳的方式，即在反驳过程中所运用的推理形式，也可以称为论证方式。

三、反驳的对象

反驳是确定对方论题为假或对方论证缺乏逻辑性的一种证明，其目的在于揭露诡辩，批驳谬误。为了达到反驳的目的，应从实际出发，或者反驳对方论题，或者反驳对方论据，或者反驳对方论证方式。

（一）反驳论题

反驳论题，就是直接证明对方的论题为假。

例如：据报道，最近脱糖电饭锅成了网红产品，有商家称其可有效降低米饭中70%的糖分。因此在各大电商平台，其销量轻松10万加。按商家宣传，其脱糖原理是：该锅内胆底部布满漏水孔，下面有盒子，在米饭半熟时采用"虹吸法""波浪蒸煮法"等方法将米汤滤掉，借此带走大部分淀粉，也就是糖分。但营养学专家指出，大米饭中有90%的碳水化合物，其中75%都是淀粉，就是这些淀粉会转化成糖分，引起血糖升高。然而经过脱糖电饭锅的水溶过程，有些淀粉可能会进入水里，但量很小，不足以对血糖产生影响。就是说，脱糖电饭锅根本不可能降低米饭中70%的糖分。随后，北京市营养源研究所参照2019年底发布的《食物血糖生成指数测定方法》，对此进行"双盲"测定，比较脱糖电饭锅与普通电饭锅蒸的米饭。结果显示，两种电饭锅蒸出来的米饭，进入人体后形成的血糖实际上没有差异。实验证明，商家声称"脱糖电饭锅可让米饭降糖70%"，无疑有违科学，涉嫌虚假宣传，甚至构成消费欺诈。

此例中，有关方面针对商家声称的"脱糖电饭锅可让米饭降糖70%"直接进行了反驳。针对论题直接进行反驳，只要论据充分，论证方式正确，就驳倒了对方的整个论证。

（二）反驳论据

反驳论据，就是证明对方的论据为假。因为证明的过程和目的就是引用已知为真的论据确认论题为真，如果确认对方的论据为假，其论题就失去了支持。

[例1] 在一起故意杀人案中，辩护人指出被告人系无预谋杀人，不构成故意杀人罪。公诉人则指出：①被告人选择了杀人地点；②被告人选择了杀人时间；③被告人事先准备了足以致人死亡的凶器；④被告人选择了致人死亡的要害部位；⑤被告人行为的凶残程度是足以致人死亡的。因此，被告人已构成故意杀人罪。

这位公诉人就是直接针对对方论据进行的反驳：

辩护人论题是：被告人不构成故意杀人罪。

辩护人论据是：被告人系无预谋杀人。

公诉人列举了被告人的种种行为，充分地证明了被告人是有预谋的，证明了被告人是故意杀人，从而驳倒了辩护人的论题。

但有时驳倒了对方论据，确认对方论据为假，只能说对方的论题没有得到论据的支持，而并不必然驳倒对方论题，只能说对方论题没有得到证明，真假尚未确定。

［例2］据北宋张耒撰《明道杂志》记载：范蜀公不信佛说。大苏公尝与公论佛法其所以不信之说，范公云："镇平生事，非目所见者未尝信。"苏公曰："公亦安能然哉？设公有疾，令医切脉，医曰寒则服热药，曰热则饵寒药，公何尝见脉，而信之如此？何独至于佛而必待见耶？"

根据这段记载：

范镇的论题：不信佛说。

范镇的论据：镇平生事，非目所见者未尝信。

北宋范镇和苏东坡有一场小辩论。范镇不信佛，苏东坡问他为什么不信，范镇说："只要不是我亲眼见到的事，我就不信。"苏东坡就立即抓住这句话的破绽，用医生看病的例子来反驳他。苏东坡说："设公有疾，令医切脉，医曰寒则服热药，曰热则饵寒药，公何尝见脉，而信之如此？"苏东坡的反驳是很机智有力的，范镇根本无法答复。因为人的知识不可能全靠视觉接触外界事物而获得，怎么能说不是亲眼见到就不能相信呢？所以，范镇的理由是不能成立的。这里，苏东坡的反驳运用的是归谬法，范镇说只要不是亲眼见到的事就不信，但他没见过自己的脉象，却相信了医生的话。苏东坡发现了范镇的自相矛盾。但是苏东坡也只是驳倒了范镇的论据，并没有驳倒范镇的论题。

（三）反驳论证方式

反驳论证方式，就是证明对方的论证方式错误，从论据不能必然推出论题。因为论证方式错误所犯的逻辑错误是"推不出"，表现为推理形式错误，或者论据与论题不相干，或者论据不充分。

[例1] 有一回，马克·吐温向邻居借阅一本书。邻居说："可以，可以。但我定了一条规则：从我的图书室借去的图书必须当场阅读。"一星期后，这位邻居向马克·吐温借用割草机，马克·吐温笑着说："当然可以，毫无问题。不过我定了一条规则：从我家里借去的割草机只能在我的草地上使用。"

马克·吐温采用和邻居同样的论证方式，由真前提推出谁也不会接受的、非常荒谬的结论，也就等于揭示了这种论证方式的荒谬。

[例2] 加拿大前任外交官朗宁，1893 年生于中国湖北，他父母是美籍传教士，他是喝中国奶妈的乳汁长大的。他回国后，在 30 岁竞选省议员时，反对派为了诋毁他，说："你是喝中国人的奶长大的，你身上一定有中国血统。"朗宁反驳说："按照这种说法，喝什么样的奶长大，就具有什么样的血统，那么，在座的人都是喝牛奶长大的，岂不是都具有牛的血统么？"

反对派被驳得无地自容。反对派犯了推不出的错误。朗宁正是抓住对方的逻辑错误，推出明显荒唐的结论，从而证明对方的说法站不住脚。

和驳倒对方论据一样，驳倒对方论证方式，确定从论据推不出论题，但不等于驳倒了论题，论题的真假尚未确定。

综上，在反驳对方论题、反驳对方论据、反驳对方论证方式这三种反驳方式中，反驳对方论题是最重要的、最根本的，而驳倒对方论据或驳倒对方论证方式却并不必然驳倒对方论题。驳倒了对方的论据或论证方式，虽然不等于驳倒了对方论题，但还是具有重要意义的。这说明对方的论题失去了支持，从论据不能必然推出论题，论题也就没有得到证明。

四、反驳方法

根据反驳过程中论据与论题的联系方式不同，反驳方法有三种：直接反驳、间接反驳、归谬法。反驳的这些方法都可用于反驳对方的论题、论据、论证方式。

（一）直接反驳

直接反驳就是引用真实性已经确定的命题，直接推出被反驳的论题或论据为假。

直接反驳的特点在于：不需要经过任何中间环节，反驳直接、有力。

例如：有人说："服装式样应该多样化，但也要反对奇装异服。"对此，有人反驳说："反对奇装异服的说法，乍一听似乎觉得也对，可是仔细一琢磨便会感到太'玄'。什么叫'奇装'？什么叫'异服'？恐怕谁也说不清楚。与众不同的式样就叫'奇装'吗？现在最常见的服装式样，最早也都经历了一个与众不同的时期；在此之前没见过的式样就叫'异服'吗？如果是这样，任何新的服装式样岂不都成了'异服'！"

这篇文章就是直接反驳了论题。

（二）间接反驳

间接反驳就是通过证明与被反驳的论题相否定的论题为真，从而推出被反驳的论题为假。

间接反驳的过程是：

1. 设定反论题：设定和被反驳的论题相否定的论题。

2. 运用有效的逻辑推理独立证明反论题为真。

3. 根据矛盾律，推出被反驳的论题为假。因为根据矛盾律，互相否定的两个命题中，必有一真一假，如果知道其中一个为真，就可以推知另一个为假。

例如：在法庭审理一起抢劫案中，辩护人提出，被告人未抢到钱物，因而没有抢劫的事实，不构成抢劫罪。

公诉人针锋相对地指出：被告人的行为已构成抢劫罪。关于抢劫罪，《刑法》第263条规定得很清楚："以暴力、胁迫或者其他方法抢劫公私财物的，处三年以上十年以下有期徒刑。"也就是说，抢劫罪是在主观上以非法占有为目的，在客观上实施了以暴力、胁迫或者其他方法强抢公私财物的行为。被告人看见对面来了一个妇女，并手提一只提包，估计装有钱物，因此产生了抢劫的念头。被告人在主观上是以非法占有为目的；在客观上，被告人手持匕首，威胁被害人交出提包，虽然由于提包中没有钱物而没有达到抢劫的目的，但是被告人已实施了抢劫的行为，因此，构成了抢劫罪。[1]

公诉人以不可辩驳的事实证明了"被告人的行为已构成抢劫罪"，从而驳倒了辩护人关于"被告人的行为不构成抢劫罪"的观点。

---

〔1〕　王洪主编：《逻辑学》，中国政法大学出版社1999年版，第264页。

这个反驳的推演过程如下：

（1）有待被反驳的论题：p

（2）设立反论题：非 p

（3）独立证明：非 p 是真的

所以，p 是假的

间接反驳的特点在于：需要通过中间环节，先设立反论题，通过证明反论题为真，然后根据矛盾律，确定被反驳的论题为假，从而达到反驳的目的。

（三）归谬法

归谬法就是直接从被反驳的论题推出错误的结论，由否定错误的结论，进而推出被反驳的论题为假。

归谬法的过程是：

1. 假设被反驳的论题为真，然后以它为前件推出后件，构成一个假言命题。

2. 而这一命题的后件或是错误的，或是明显荒谬的，或是自相矛盾，不能成立。

3. 根据假言推理否定后件式，否定其后件进而否定其前件，从而达到反驳的目的。

［例1］在张某春故意杀人一案中，被告人张某春与被害人张某贵是同胞兄弟，为分家产，被告人产生了杀兄恶念。但被告人在自行辩护时说：我没有杀人的故意，不想杀死他，只是想吓唬吓唬他，让他给我钱。

公诉人在答辩时说：既然你不想杀死你哥，为什么事先对别人讲你非得将你哥整死不可？既然你不想杀死你哥，为什么将你哥骗到大井旁，乘其不备用石头猛击你哥的头部？既然你不想杀死你哥，为什么将你哥打倒后往井里拽？既然你不想杀死你哥，为什么当你哥抓住井架呼救时，你又用石头向其头部猛击，并抱住其大腿再次往井里拽？既然你不想杀死你哥，为什么在你哥挣脱后又抓住其头猛往墙上撞击数下呢？这些行为充分说明了你是故意杀人，是想置你哥于死地的。

公诉人面对被告人"我没有杀人的故意，不想杀死他"的狡辩，没有直接进行反驳，而是顺势反问，公诉人一气呵成、一连串的反诘，将被告人驳得哑口无言，只好低头认罪。公诉人使用的正是归谬法。

这个归谬法的推演过程是：

（1）有待被反驳的论题：p

（2）假设：p 真

（3）反驳：如果 p 则 q

　　　　　q 假

　　　　　所以，p 假

　　〔例 2〕随着我国社会的不断发展，科研人员发明研究了许多利国利民的好东西。而我们熟悉的北斗卫星导航系统就是其中一个。我国一直对该导航系统认真维护，对已经老旧的卫星进行及时的更换维护，以保证其能够提供更准确的数据。但在一次回收过程当中，相关人员发现其中一颗卫星有明显的被撞击的痕迹，经过调查，发现是美国卫星占据了我国卫星的轨道才造成的。对此美国也是大方地承认了，但表示自己并不是故意的。虽然这样的解释令人无可奈何，但据悉我国再次发射卫星时，也让这颗"新星"占据了美国的卫星轨道，并对此作出了相同的解释，不得不说美国这次是搬起石头砸了自己的脚。[1]

　　归谬法的特点在于：这是一种以退为进的反驳方法。假定被反驳的命题为真，是为了引出荒谬，引出荒谬是为了反戈一击，然后根据假言推理否定后件式，从而驳倒被反驳的论题。由于这种方法具有很强的反驳力量，因此，在实践中被人们广泛运用。

　　综上，在实践中，将证明、反驳联合运用，会收到意想不到的效果。例如：

　　2021 年 5 月以来，安徽省六安市出现新冠疫情，让六安这座城市一夜成名，也让网友们就六安的读音该读 liù ān 还是 lù ān，吵翻了天。在央视新闻、财经频道播出的多档新闻节目中，多位主播将六安读作 liù ān。而在安徽卫视、六安广播电视台等本地新闻节目中，主播仍将六安读作 lù ān。[2]

---

〔1〕"中国卫星遭到'袭击'？美方：不是故意的，中国：我也不是故意的"，载网易网，https：//www. 163. com/dy/article/FK3CB2TM05372C2Q. html，访问时间：2020 年 8 月 15 日。

〔2〕杜玮："独家还原六安读音审定过程，应考虑语言是人民大众的"，载"中国新闻周刊"百度百家号，https：//baijiahao. baidu. com/s？id＝1700594625384972657&wfr＝spider&for＝pc，访问时间：2021 年 5 月 24 日。

对于这场六安之争，《中国新闻周刊网》发文《独家还原六安审定过程应考虑语言是人民大众的》，对此进行了详实论证：

文中写道，主张将六安读成 liù ān 的认为：

①央视主播们念 liù ān 的唯一依据，是最新版《新华字典》《现代汉语词典》中，"六"字只有 liù 的读音。早在 2016 年，央视新闻主播郭志坚就因在新闻播报中将"六安"读作 liù ān 引发讨论。当时，他在微博附图晒出了第 6 版《现代汉语词典》中的注解作为解释。郭志坚在回应网友质疑时解释说，对于媒体工作者来说，发音书写的唯一依据是经过国家权威部门审定的字典。实际上，早在 2005 年第 5 版《现代汉语词典》出版时，就删去了此前版本中保有的 lù 的读音。

②《现代汉语词典》和《新华字典》都由中国社会科学院语言研究所编纂。刘祥柏是该所研究员，也是安徽六安人，同时还是国家语委委托的新一轮普通话异读词审音表修订课题组成员。课题组修订的审音表将成为辞书字词读音的标准，课题组部分成员与词典编辑成员有重合。2016 年，六安地名读音引发热议后，并不负责编撰词典的刘祥柏受课题组委托，写下了《"六安"地名的读音》一文，对《现代汉语词典》《新华字典》为何删去 lù 的读音作了解释。

他的核心观点在于，liù 和 lù 是以北京话为基础的普通话词语中文白异读的两个读音，前者是白读音，后者是文读音，即口语和书面语的区别，好比"熟（shóu）透了"和"熟（shú）悉"。这两种读音在语音发展过程中此消彼长，使用 lù 这一读音的地方越来越少，因而在第 5 版《现代汉语词典》中删去了这一读音。

就网上所说 lù 这一读音来自方言古音的说法，刘祥柏对《中国新闻周刊》说，这一说法也并不确切。六安地名是由夏商时期"六安国""六安州"的历史延续而来，到汉武帝时，取"六地平安，永不反叛"之意，由此得名。而六安一词，在当地方言中读音只是听起来接近 lù，lù 这个读音和当地方言读音也并无直接联系。

③主持第 5 版《现代汉语词典》编纂的原中国社科院语言所副所长晁继周对《中国新闻周刊》说，《现代汉语词典》编写和修订是以学术研究为基础。读六（liù）安是依据古今字音演变规律，方言音和普通话音的折合规律

及"名从主人"的原则。在安徽当地方言中，无论是表示地名，还是数字，发音都接近于 lù 的音，对应折合成普通话即为 liù，而所谓的名从主人，是指人名、地名中多音字的取舍原则，并非刻意去迁就方言音。类似的，广西百色曾在一段时间内因受方言读音影响，在第一版《现代汉语词典》读成 bó se，到第三版改为 bǎi se。

晁继周说，第 5 版《现代汉语词典》修订时，共有 15 位编者参与，对于六 lù 这一读音的去除也是大家共同商讨决定的。当时，晁继周还询问了语言所两位家乡是六安的词典研究室人员，以及一位来自六安近邻安徽无为的家政服务员的意见，几人都认为该读 liù ān。

④一些语言学界业内人士进一步解释说，只有方言的特殊音才有折合成普通话的需要。像济（jǐ）南、丽（lí）水在当地方言中，济和丽两个字读音和其他使用场景中常用读音不同，是特殊读音，因此有收录的必要。如果 lù 的读音被收入，这意味着各地方言仅因为与普通话读音差别，都有被收入的可能性。方言特殊音的收录要于史有据。相比之下，如蚌字，自古以来，就有 bàng 和 bèng 两种读音，蚌埠一词中即沿用 bèng 的这一古音，因此，在《现代汉语词典》《新华字典》中得以保留。类似的，江西铅山读作 yán shān，也因有古音的支持。

⑤至于此前几版《现代汉语词典》为何收录 lù 这一读音，刘祥柏解释说，这是因为在 1957～1962 年间，在国家层面完成的第一次审音成果——《普通话异读词三次审音总表初稿》中，包含了 lù 的读音。最初几版《现代汉语词典》以此为依据，标注有这一读音，列出词汇除了六安，还有南京六合等。1985 年，国家语言文字工作委员会颁布了第二版审音表，这一版中对于地名的读音并没有进行审定，其中自然也没有囊括地名的读音。这使得词典编辑人员在修订第 5 版时，以为 lù 的读音已经被删去，读音修订会因此受影响。晁继周也承认这一因素。实际上，减少异读字是历次审音工作一个目的。刘祥柏参与 2011 年启动，2016 年形成初稿，目前仍在征求公众意见的第三次审音表，依然没有对地名读音审定。

主张将六安读成 lù ān 的则认为：

①安徽省政府 2006 年曾表示，地名应充分尊重当地政府和群众意见，六

安应该保留 lù 这一读音。

②2014 年 3 月，民政部、教育部、国家语言文字工作委员会联合发文，通过邀请相关专家审音论证，将一度引发讨论的甘肃省陇南市宕昌县名读音定为 tàn chāng，这是当地人们代代相传的口语交流以及官方语言中的读音。最新版两部辞书中，均收录了 tàn 的读音。而在此前几版《新华字典》《现代汉语词典》和《中华人民共和国行政区划简册 2013》中，都只有一个读音 dàng，因读音问题给当地群众的生产生活带来不便。

③2021 年 5 月 19 日，民政部区划地名司在官网回复网友称，根据《中华人民共和国行政区划简册 2020》，六安市拼音为 "Lu'an Shi"。

④关于地名究竟应该怎么读，国内一位不愿具名的语言学家对《中国新闻周刊》说，语言的规范使用是学术性问题，但学术性只是参考的一个标准，并非唯一标准。"语言归根结底是人民大众的语言，不是语言学家的语言，如果脱离了当下实际，规范也没有太大意义。"

⑤《咬文嚼字》杂志主编黄安靖对《中国新闻周刊》说，自己并不赞成 lù 从词典中抹去，辞书应反映语言客观实际，没有资格轻易取消一个音。"如果去六安调查，不排除有六安人会读 liù，但绝大多数当地人乃至全国很多其他地方民众都会读 lù。"如果大家对于一个音认知比较统一，才应该考虑调整。央视主播以《现代汉语词典》为依据，本身也是值得商榷的。

由此，新华社对此发文称，面对当前地名读音争议，民政部、国家语言文字工作委员会、词典编纂机构等有关方面应加强沟通和研究，回应关切，让每个地名都承载起历史和现实的内涵，读得明明白白。前述一位不愿具名的语言学家说，对于语言规范尺度、执行的标准，学术界不一定能达成高度共识，普通人也不清楚，这就更应该将词典的编撰标准及过程透明化，才能消除公众疑虑。

看来，六安是 liù ān 还是 lù ān 之争，还要持续一段时间。

这篇文章中，对于六安的读音，从正反两方面展开了充分的证明，每一条论据既是对正方的证明，又是对反方的反驳，都有理有据，既说明了事实，又摆明了道理。这是一篇将证明与反驳结合得很好的文章。

第六章　侦查假设

假说是一种探索性的思维方法，在人们的认识过程中起着重要的作用。侦查假设是假说在侦查工作中的应用。侦查假设的建立是以假说为指导的，侦查假设的检验是以逻辑论证为准则的。

第一节　假说

一、假说的特征和作用

（一）假说

人们在实际的生活和工作中，会观察到无数的事实和现象。例如，有风和日丽也有电闪雷鸣，有高山冰川也有地震海啸，有太平盛世也有动乱兴衰，有寒来暑往也有病毒瘟疫等。人们需要解释这些事实或现象。

假说是指人们根据已知的事实和相关的科学原理，对所研究的事物或现象作出的一种推测性解释、一种假定性说明。

假说是用以说明和解释事物情况的，而事物情况纷繁复杂，因此，假说的内容和形式广泛多样，是科学理论和一定事实的结合。假说可以是说明事物现象的，也可以是说明事物现象之间因果联系的；可以是说明某一特定事物的，也可以是说明一类事物的；可以是说明确实事物的，也可以是预见未知事物的；可以是一个假说命题，也可以是一个假说体系或假说理论。

假说普遍存在于自然科学研究中。例如，普朗克的量子论是关于黑体辐射谱的假说；牛顿的微粒说和惠更斯的波动说是关于光的本性的假说；地球板块构造学说是关于火山、地震成因的假说；康德和拉普拉斯的星云假说、施密特的俘获假说等是关于天体起源和演化的假说。

假说也存在于社会科学研究中。例如，达尔文的进化论是关于人类起源和进化的假说；民法中的"宣告死亡"是对失踪人较长时期不归的一种推测性假定，即如果公民失踪达到一定期限，人民法院根据利害关系人的申请，依法宣告该公民死亡。

（二）假说的特征

假说是对事物现象及其规律的推测性解释，但并非任意推测都是假说。假说具有以下特征：

1. 假说具有一定的想象力。假说是人们为了回答某一特定问题，根据已有的事实材料和科学理论，通过创造性的想象而作出的初步假定。所以，假说具有一定的想象力。科学家贝弗里奇在《科学研究的艺术》一书中说过："科学家必须具备想象力，这样才能想象出肉眼观察不到的事物如何发生，如何作用，并构思出假说。"由观察的现象到现象的本质及其因果联系的研究过程是非常富有创造性的，有时还会出现一种不可言状的思维飞跃的情形，因而有人认为这种创造性来源于顿悟或灵感。但这种情形实际上是存储于潜意识中的长期思考的信息，因某一因素的诱导而凸现出来。在科学史上，想象力创造奇迹的例子屡见不鲜，例如道尔顿原子论、门捷列夫元素周期律都是大胆想象的结果，而凯库勒发现苯环的故事更是科学史上想象力创造奇迹的例子。

例如：凯库勒早年受过建筑师的训练，具有一定的形象思维能力，他善于运用模型方法，把化合物的性能与结构联系起来。1861年起，凯库勒开始潜心钻研当时有机界的难题——苯分子的结构。1864年冬天，他的想象力让他获得了重大的突破。他是这样记载这一伟大的创造过程的："晚上，我坐下来写我的教科书，但工作没有进展，我一直无法集中精力。我把椅子转向炉火，打起瞌睡来了。原子又在我眼前跳跃起来，这时较小的基因谦逊地退到后面。我的思想因这类幻觉的不断出现变得更敏锐了，逐渐能分辨出多种形状的大结构，也能分辨出紧密地靠在一起的长行分子，它盘绕、旋转，像蛇一样动着。看！那是什么？有一条蛇咬住了自己的尾巴，这个形状虚幻地在我的眼前旋转不停，我触电般地猛然醒来。我花了这一夜的剩余时间，作出了这个关于苯环结构的假想！"凯库勒从梦中醒来时发现了答案：苯分子是一个环。于是，凯库勒满意地写出了苯环的结构式。

其实，凯库勒提出苯分子的环状结构，虽然产生于睡梦惊醒的那一刻，但实际上是他对苯分子结构做了长期研究之后在那一刻受到环状启发而突然想到的。在凯库勒的这一思维过程中，类比推理起了非常重要的作用。苯环结构的诞生，不仅是化学发展史上的一块里程碑，更是充分体现了基础理论研究对于技术和经济进步的巨大推动作用，还是想象创造历史的典型。对其所取得的成就，凯库勒说："让我们学会做梦、学会想象吧！那么，我们就可以发现真理。"

2. 假说具有一定的科学性。假说是针对事物现象的有根据的猜测，是在一定的科学理论的基础上建立起来的，是人类探究客观事物的能力和智慧的高度表现。因此，假说具有一定的科学性。假说与宗教迷信、主观臆想、凭空幻想是根本不同的。假说要以一定的相关事实作为支持它的证据前提，要以一定的科学理论作为论证它的理论前提。假说的提出要与已有的事实材料和科学理论没有矛盾。如果假说的内容不能完善或推翻某一科学理论，就不能违背这一科学理论。

[例1] 人们曾幻想移民月球。虽然人类成功登陆月球，却并不代表可以在那里长久生存。月球表面没有大气，没有足够的氧气来维持人的生命，而且满足不了人类对大气压强的需要；月球表面温度温差太大；也没有足够的水源和土壤；没有足够的磁场和电离层来阻挡外来的强射线；月球的引力和离心力也极弱。所以，人类移民月球只能是幻想。

最近火星移民计划炒得很热。火星是太阳系中与地球最相似的行星：火星和地球一样，绕着太阳公转；火星上有大气有水；已经发现了水冰，以及湖盆和河道的遗迹；火星的地壳板块运动不剧烈，所以这颗行星上面不会发生大地震。就目前来看，随着人类移民月球的幻想的破灭，移民火星是最好的一个幻想吧。

[例2] 在人们的想象中，永动机是一种不需要外界输入能量或者只需要一个初始能量就可以永远做功的机器。在历史上，永动机一直被人们讨论和研究。13世纪就有人试图制造这种机械装置，但是直到21世纪也没有人真正

制造出来，其中包括达·芬奇、焦耳这样的科学家。人们设想制造出永动机，让它可以不停地自动运动，而且还可以举起重物等。最终，能量守恒定律和热力学定律证明这种机械是不可能制造出来的。

歌德说过："幻想是诗人的翅膀，假说是科学的天梯。"幻想和假说是不同的，天方夜谭终究不是假说，幻想的翅膀也注定不能插在假说上。

3. 假说具有一定的解释力。假说的使命在于解释事物现象，假说要能够解释那些需要它解释的事物现象，要为所探究的问题提供答案或解释性说明。假说对于所要探究的事物现象，通常经过科学的分类与整理、归纳与分析，得到一个可以被人们接受的解释。如果一个假说在解释某个事物现象方面是充分的、足够的，那么这个假说通常就会被人们所接受。一般地，如果一个假说能解释各种情况，则可上升到理论范畴；如果深度够，则可上升到定律。

［例1］ 牛顿的微粒说成功地解释了光的直进、反射和折射现象；惠更斯的波动说成功地解释了干涉、衍射等现象；牛顿的万有引力定律成功地解释了整个太阳系的错综复杂的运动，并且和观察的结果相符合；因而这些假说都发展成为科学理论。

假说能对所要探究的事物现象作出合理解释，这既表明这个假说在理论上具有解释能力，同时也表明这个假说在事实上得到了大量证据的支持。有的假说还能在此基础上预测未知的新事实。

假说被提出后，如果无法解释相关的现象，或者用这样的理论进行解释会得出与事实相矛盾的结论，那么这个假说就要修改，甚至会被否定。

［例2］ 地理环境决定论是人地关系论的一种理论。地理环境决定论者认为，地理环境、自然条件对社会变化起决定作用，是决定社会变化的根本因素。认为人同其他生物一样都是地理环境的产物，人类的身心特征、民族特性、社会组织、文化发展等人文现象受自然环境直接或间接的深刻影响。代表人物如亚里士多德、孟德斯鸠、黑格尔。用地理环境来解释复杂的社会现象，这就是"地理环境决定论"假说。

但是，这个假说不仅在解释这一国家与那一国家地理环境相似但社会面貌为什么不同方面有困难，而且根本无法解释这样的事实：一个国家在相当长的时期内，自然地理环境并没有什么改变，为什么革命不断发生、社会制度不断变更?

地理环境决定论假说无法解释明显的客观事实,说明其理论还不够完善。

[例3] 形成于17世纪末、18世纪初的一个解释燃烧现象的学说——燃素说认为,燃素是一种气态的物质,存在于一切可燃物质中;燃素在燃烧过程中从可燃物中飞散出来,与空气结合,从而发光发热,这就是火;油脂、蜡、木炭等都是极富燃素的物质,所以它们燃烧起来非常猛烈;而石头、木灰、黄金等都不含燃素,所以不能燃烧;物质发生化学变化,也可以归结为物质释放燃素或吸收燃素的过程。

在当时,燃素说不能自圆其说并受到最大质疑的就是金属煅烧后增重的事实。随着人们对化学反应进行了更多的定量研究之后,更多与燃素说相矛盾的事实被揭示出来。到18世纪70年代,氧气被发现之后,燃烧的本质终于真相大白,燃素说退出了历史舞台。

假说的建立不是一蹴而就,但也不是一成不变的。随着客观事物和科学技术的发展变化,对假说的解释也是不断发展变化的。

[例4] 月球的起源与演化一直是人类十分关注的自然科学的基本问题之一,100多年来曾有过多种有关月球起源与演化的假说。这些月球成因争论的焦点在于:月球是与地球一样,在太阳星云中通过星云物质的凝聚、吸积而独立形成的,还是由地球分裂出来的一部分物质形成的?月球形成时就是地球的卫星,还是在后期的演化中被地球俘获而成为地球卫星的?

但由于假说的科学性和解释性,任何有关月球的起源的假说都必须符合以下一些基本事实:月球是地球的唯一卫星;月球围绕地球旋转;月球的公转平面与地球的赤道面并不一致;月球的质量约为地球的1/81;月球的平均密度只有地球平均密度的60%;月球与地球的平均成分差异很大;月球比地球缺水,比地球还原性强;月球内部也有核、幔、壳的圈层状结构;月球表面岩石的年龄一般均大于31亿年等。

①分裂说。这是最早解释月球起源的一种假说。这种假说认为,在太阳系形成的初期,月球本来是地球的一部分,后来由于地球转速太快,把地球赤道上一部分物质抛了出去,这些物质脱离地球后形成了月球,太平洋就是月球分裂出去时留下的遗迹。

分裂说看似非常合理，但由于不能合理解释一些现象，分裂说现在已经被大多数科学家所摈弃。例如通过对"阿波罗 12 号"飞船从月球上带回来的岩石样本进行化验分析，人们发现地月年龄相差非常大，月球要比地球古老得多，甚至可能与宇宙同龄；而且分裂说存在着动力学上的致命弱点，根据计算，以地球的自转速度是无法将月球那样大的一块东西抛出去的，而且月球的位置又不在地球赤道面上；如果月球是地球抛出去的，那么二者的物质成分就应该是一致的，但地月地质是不同的。

②同源说。这种假说认为，月球与地球在太阳星云凝聚过程中同时形成。地球和月球都是太阳系中浮动的星云，经过旋转和吸积，而形成星体。它们的平均密度和化学成分不同，是由于在吸积过程中，地球比月球相应要快一点，一开始便以铁为主要成分，而月球则是在地球形成后，由残余在地球周围的非金属物质聚集而成。

同源说合理地解释了地球与月球成分差异和月球的核、幔与壳的组成，但其模式与太阳星云的凝聚过程和地月系的运动特征不尽相符。因此，这一假说也受到了和分裂说同样的挑战。

③俘获说。这种假说认为，月球和地球的平均密度相差很大，化学成分也不相同，是由于地球和月球处在太阳星云的不同部位，由化学成分不同的星云物质凝聚而形成。而另一方面，月球的平均密度却与陨石、小行星十分接近，所以月球本来只是太阳系中的一颗小行星，很可能是在围绕太阳运行中，由于运行到地球轨道附近，被地球的引力所俘获使它脱离原来的轨道而成为地球的卫星。

俘获说虽然能解释月球和地球在成分上的明显差异，但使用电子计算机的模拟表明，由于月球与地球质量相比达到 1/81，远远超过太阳系中其他卫星与所绕转的行星的质量比，地球要俘获这样大的一颗星球作卫星几乎是不可能的；况且月球又在近圆的轨道上绕地球转动，质量相对巨大的月球被地球俘获后又要出现这样的一种运行状态，这种可能性几乎等于零。

这三种月球起源假说都只能解释部分事实，虽然对月球的化学成分、结构、运行轨道和地月关系的基本特征的解释均有不同程度的依据，但在地月成分与自转速度的差异、氧及其他同位素组成的相似性等方面，存在许多难以自圆其说的缺点。随着对月球研究的不断深入和认识的逐步深化，科学家又提出了新的假说。

④大碰撞分裂说。这是 20 世纪 80 年代关于月球成因的假说。这种假说认为，在太阳系演化早期，形成了一个原始地球和一个火星般大小的天体，这两个天体在各自演化过程中，分别形成了以铁为主的金属核和由硅酸盐构成的慢和壳。大约在 45 亿年前这两颗巨大行星发生了同方向擦撞，剧烈的碰撞不仅使火星大小的天体碎裂了，也改变了地球的运动状态，使地轴倾斜，使地球的地壳和地慢上一些物质汽化并以喷射状进入轨道。但这些气体和尘埃，并没有完全脱离地球的引力控制，它们通过相互吸积而结合起来，像滚雪球一样最终形成今天的月球。由于月球是由原始地球中低密度的地壳和地慢组成的，因此所形成的月球其密度必然比地球小得多，化学成分也不相同。

大碰撞分裂说在某种程度上兼容了前三种假说的优点，并得到了一些地质化学、地质物理学实验的支持，使得这一假说得到了改进和完善，引起了科学家们的极大关注。它能解释更多的观测事实，可以合理地解释地月系统的基本特征，例如地球自转轴的倾斜与自转加速、月球轨道与地球赤道面的不一致、月球是太阳系唯一的与主行星质量比为 1/81 的卫星、月球的密度比地球低等事实，因此大碰撞分裂说是当今较为合理、较为成熟的月球起源假说。2006 年，欧洲宇航局的绕月航天器 Smart - 1 完成对月球表面化学成分的测定，测定结果显示月球表面含有包括钙和镁在内的一些化学元素。一直以来人们关于月球是由地球一部分被撞击分裂而形成存在争议，这次发现为月球起源的"撞击分裂说"提供了有力证据。

⑤新俘获说。近年来，科学家们以现代行星演化理论为基础，用计算机计算了在太阳系形成的初期，作用于太阳、地球、月亮三者之间的力以后，得出了一种新的月球起源学说，即新俘获说。新俘获说与过去的旧俘获说不同。旧俘获说仅从地球引力来考虑月球起源，而新俘获说是从整个太阳系行星形成过程来研究月球起源的。新俘获说认为太阳系形成时期，无数的小行星围绕太阳旋转，互相碰撞，逐渐吸积成长，形成大小不同的行星。地球和月球也是这样成长的。地球在形成过程中，曾有许多小天体飞到引力圈内来，并被地球不断"吞掉"。月球被俘获时间比其他小天体都晚，月球进入地球引

力圈后，受到很多力的共同作用，既未掉到地球上来，也没跑到引力圈外去，始终在卫星轨道上运行。自从俘获月球后，地球再也没有俘获其他小天体，只有月球一个卫星。因为已有月球绕地球飞行，如果再有其他小天体飞来，依据天体力学原理，不会处于稳定状态，它不是掉到地球上来，就是飞出去，再不就是落到月球上去。行星俘获小天体是行星演化进程中的一种普遍现象，整个太阳系行星都是如此，只有金星是个例外。金星的自转速度太慢，不可能俘获行星。

新俘获说从行星演化的整体上阐明了月球的起源以及被俘经过，是目前解释月球起源问题最有权威的学说。但这一新学说还有一些尚待研究的问题，使得人们对这一假说的发展和完善充满了期待。

4. 假说具有一定的可检验性。假说是对某些事物情况的假定说明。假说具有推测性，含有想象和猜测的成分。假说是否把握了客观真理，是否确实可靠，是否正确，还有待于检验和证实。因此，假说要具有可检验性。假说只有能经受住客观事实和实践检验，并且在实践检验过程中，随着人类认识的进步和实践工具的发展，不断得到修正和完善，才能最终发展成为严密的科学理论。

［例1］哥白尼的太阳中心说，有力地打击了宗教神学的地球中心说，动摇了当时占统治地位的宗教神学观念，在长时期里被认为是异端邪说。但以当时所掌握的天文观测资料为依据，哥白尼的太阳中心说中有合乎实际的内容，具有可检验性，例如地球是转动的，地球和其他行星是绕太阳运行的，以及行星的"顺行"和"逆行"等。在实践检验的基础上，开普勒又修正了哥白尼假说的部分观点，即地球绕太阳运行的轨道不是圆形的，而是椭圆形的，使哥白尼假说得到发展和完善。正是这些合理的因素才使得太阳中心说占据相当长的时间。

［例2］麦克斯韦的电磁波假说认为，电磁波是一种波动。由此推断：电磁波应有反射、折射、衍射等现象。后来赫兹的实验证实了这些推断，有力地支持了电磁波假说。

如前所述，像哥白尼的太阳中心说一般，虽然在当时看来是异乎寻常的结论，但它们都具有可在实践中检验的特点，所以它们是科学的假说，而非天方夜谭式的空想。如果不具有可检验性，经不起实践检验，这样的假说就不是科学的假说。例如，有的神学家用风神发怒来解释刮风现象。可是"风神发怒"是一个不可检验的命题。谁见到过风神？怎么检验风神发怒呢？神学家们提不出任何检验的方法和证据，而只能指着呼啸的风说：风神正在发怒。

不过由于人类认识活动的历史局限性，有些理论虽是可检验的，但当时却难以实现。它们的检验将在后来的发展过程中完成。所以，如果一个假说是不可检验的，那它就是不合理的，例如风神发怒就无法检验；但如果一个假说是可检验的，只是当时还不具备检验的条件，我们就要用发展的眼光看待问题，把是否可检验的问题与检验条件是否具备的问题区别开。

［例3］关于月球的起源，有人提出了核爆炸说。2010年初，南非和荷兰的两位科学家提出了一种新的理论和解释。他们认为，月球并非是由于太空撞击或太空爆炸所造成的，而是由于地球自身的一次核爆炸而从地球分离出去的。他们是根据一种核裂变理论提出这种观点的，这种核裂变理论早在19世纪初就有科学家描述过。该理论认为，地球和月球都来自宇宙中同一滴旋转的熔岩，后来一部分分离出去形成了如今的月球。然而，除了撞击原因以外，当时的科学家无法用其他理由来解释形成月球的那一部分熔岩是如何分离出去的。两位科学家认为，形成月球的那部分熔岩是在地球的一次核爆炸中脱离出去的。

在他们的研究论文——《月球起源的另一种假设》中，两位科学家解释说，如果月球是由于一次撞击性的外部力量而从地球分离出去的话，那么它应该由撞击天体和地球的某些物质组成。他们说，"太阳系进化的模型显示，地球的化学组成和撞击天体的化学组成不可能是同样的。"然而，根据探测到的月球标本显示，月球在化学组成上几乎与地球是相同的。这一发现表明，月球的分离过程没有撞击天体的介入。两位科学家在研究论文中解释说，"月球的化学组成与地球越相似，说明月球越有可能是直接形成于地球物质。"因此，他们相信，造成月球直接从地球分离出去并进入轨道的能量是由地球地幔边界的一种超临界反应堆所产生。这种反应堆产生足够的热量使得地球上的硅酸盐等物质被蒸发并喷射出去。

美国《科技新时代》杂志也支持两位科学家的观点，认为根据他们的解释，地心引力在地球的赤道平面附近的地表浓缩了大量的重金属，如铀和钍等。当这些重金属积聚到足够多，浓度足够大，就会产生一种失控的核链式反应，这和核电站的某些原理有些相似。通过这种方式，一种自然形成的地球核反应堆被推到了超临界水平，然后就会爆炸。月球从地球分离出去后，被巨大的核爆炸力量推动进入公转轨道。当然，这种理论很难检验。但是，人们确实知道地球核反应堆的存在，它所产生的遗留物就是如今开采的铀矿。

而两位科学家表示，要想证明他们的理论，需要依靠未来的月球探测任务带回月球更深内部的物质样本。

（三）假说的作用

假说在人们的认识过程中起着重要的作用。正如恩格斯所说："只要自然科学在思维着，它的发展形式就是假说。"任何一种科学理论在未得到实验确证之前都表现为假说。没有假说就没有科学。假说是人类的认识接近客观真理的方式。虽然事物现象的本质及其内在联系不是人们的感官能直接认识的，并且人们的认识又总是受到占有材料、思维能力和实践水平等的限制，但是人们的认识具有自觉能动性，在实践活动和科学研究中，人们能够借助假说方法不断深入地探索自然界和社会的奥秘。

假说是一种探索性的思维方法，是科学发现和科学发展的先导。具有科学意义的假说不但能够正确地说明和解释已存在的事实或现象，完善已有的科学理论，而且能够科学地预见未知的事物或现象，促进并指导科学上的新观察、新实验，从而产生科学上的新发现和新理论。很多重大的科学理论的形成和发展过程都经过假说这个阶段，而一些重要的假说的证实，往往成为科学理论发展的重大突破口。例如，牛顿的万有引力定律不仅揭示了天体运动的规律，而且在天文学和宇宙航行计算方面有着广泛的应用。它为实际的天文观测提供了一套计算方法，可以只凭少数观测资料，就能算出长周期运行的天体运行轨道。科学史上哈雷彗星、天王星、海王星、冥王星的发现，都是应用万有引力定律取得的重大成就。

[例1] 1682年8月，天空中出现了一颗用肉眼可见的彗星，它的后面拖着一条清晰可见、弯弯的尾巴。当时，年仅26岁的英国天文学家哈雷对这颗

彗星进行了仔细观测，记录了彗星的位置和它在星空中的逐日变化。经过一段时期的观察，他惊讶地发现，这颗彗星好像不是初次光临地球，而是似曾相识的老朋友。哈雷猜想到彗星会定期回到太阳附近。在通过大量的观测、研究和计算后，他大胆地预言，1682 年 8 月出现的那颗彗星，将于 1758 年底或 1759 年初再次回归。哈雷作出这个预言时已近 50 岁了，而他的预言是否正确，还需等待 50 年的时间。他意识到自己无法亲眼看见这颗彗星的再次回归，于是他幽默地说道：如果彗星根据我的预言确实在 1758 年回来了，公平的后人大概不会拒绝承认这是由一位英国人首先发现的。

1758 年底，这颗第一个被预言回归的彗星准时地回到了太阳附近。哈雷的预言得到了证实。后人为了纪念他，把这颗彗星命名为“哈雷彗星”。

［例 2］1781 年 3 月 31 日晚，德裔英国天文学家威廉·赫歇耳用自制天文望远镜观测夜空时，发现了一个新的天体，他以为可能是一颗彗星。但随后其他天文学家的观测证明了这是一颗大行星，被命名为天王星。1821 年，巴黎天文台台长布瓦尔把天文学家历年对天王星的观测记录编辑成天王星星表，并根据万有引力定律推算天王星的运行轨道，惊讶地发现天王星的实际位置偏离了推算出的轨道。是万有引力定律有误，还是有一颗未知的大行星在干扰天王星的运行呢？后来人们推测在天王星轨道外还有一个未发现的行星，是它对天王星的引力引起天王星轨道偏离。人们根据天王星观测资料，运用万有引力定律计算出这颗新行星的轨道，并于 1846 年 9 月 23 日晚，在预测位置发现了这颗行星，后来命名为海王星。用同样的方法，在 1930 年 3 月 14 日，人们又发现了冥王星。

逻辑学不研究假说的具体内容，不研究某一假说是否正确，这是其他学科所要研究和解决的问题。逻辑学是从逻辑的角度研究假说，主要是研究形成假说和检验假说的逻辑方法。

二、假说的提出

对事物现象的本质、事物现象之间的因果联系作出假定性说明，这就是提出假说。有理有据地提出假说的过程，实际上也是假说的形成过程。在提出假说、形成假说的过程中，要以掌握的事实材料和已有的科学理论为前提，还要运用逻辑推理，特别是要用到非演绎推理。非演绎推理具有或然性，但非演绎推理具有探索性和创造性，因而在形成假说过程中具有重要作用。

［例1］1742年，哥德巴赫写信给欧拉，提出所有偶数都能分解为两个素数之和。例如：

$$6 = 3+3, \ 8 = 3+5, \ 10 = 3+7 \cdots\cdots$$

这就是著名的哥德巴赫猜想，是根据不完全归纳推理获得的一个假说。

［例2］高斯被誉为历史上伟大的数学家之一，他在10岁时就在数学上显露出了常人难以比较的天赋。有一天，高斯的数学教师布置了一道很繁杂的计算题，要求学生把1到100的所有整数加起来：$1+2+3+\cdots\cdots+97+98+99+100=?$ 教师刚叙述完题目，高斯就把写着答案的小石板交了上去。数学教师起初并不在意这一举动，但当他发现全班唯一正确的答案属于高斯时，才大吃一惊。而更使人吃惊的是高斯的算法，他发现：第一个数加最后一个数是101，第二个数加倒数第二个数的和也是101……共有50对这样的数，用101乘以50得到5050。高斯用等差数列快速求和。这种算法是教师未曾教过的计算等级数的方法，高斯的才华使数学教师十分激动，下课后特地向校长汇报，并声称自己已经没有什么可教高斯的了。

高斯在这里使用的是完全归纳推理。

虽然假说的提出具有高度的创造性、顿悟性，不存在普遍适用的固定模式，但具有科学意义的假说的提出原则上要求人们以科学原理为指导，以已知事实为根据，一般情况下不能与已获得确证的科学原理相矛盾。当然，这并不是说已有的科学原理就都是完美无缺、一成不变的真理，当它与新事实发生一系列矛盾时，不能解释新现象时，也就暴露出原有理论的缺陷。这就需要科学家们有极大的勇气和智慧，敢于向"经典理论"挑战，许多革命性的新假说就是这样诞生的。

［例3］门捷列夫是19世纪俄国著名的化学家，他发现了化学元素周期律，并根据元素周期律编制了第一个元素周期表。门捷列夫元素周期表指导化学家们有计划、有目的地寻找新的化学元素，也被后来一个个发现新元素的实验所证实。

门捷列夫生活在化学界探索元素规律的卓越时期。当时，各国化学家正在探索已知的几十种元素的内在联系规律。1865年，英国化学家纽兰兹把当时已知的元素按原子量大小的顺序进行排列，发现无论从哪一个元素算起，每到第八个元素就和第一个元素的性质相近。这很像音乐上的八度音循环，因此，他干脆把元素的这种周期性叫作"八音律"，并据此画出了标示元素关系的"八音律"表。不过，当时的条件限制了他作进一步的探索，因为当时原子量的测定值有错误，而且他也没有考虑到还有尚未发现的元素，只是机械地按当时的原子量大小将元素排列起来，所以他没能揭示出元素之间的内在规律。当时，纽兰兹的"八音律"在英国化学学会上受到了嘲弄，主持人以不无讥讽的口吻问道："你为什么不按元素的字母顺序排列？"

　　之后，门捷列夫在编写《化学原理》时，也遇到一个难题，就是怎样用一种合乎逻辑的方式来组织当时已知的 63 种元素。门捷列夫仔细研究了 63 种元素的物理性质和化学性质，他准备了许多扑克牌一样的卡片，将 63 种化学元素的名称及其原子量、氧化物、物理性质、化学性质等分别写在卡片上面。他用不同的方法去摆那些卡片，用以进行元素分类的试验。他先把常见的一些元素按照原子量递增的顺序拼在一起，之后是那些不常见的元素，最后总有几种元素没有全部入座，门捷列夫无奈地将它放在边上。再后来，连续的熬夜工作和过度用脑让门捷列夫有些吃不消了。1869 年 3 月 1 日这一天，门捷列夫仍然在对着这些卡片苦苦思索。这天晚上，他终于支持不住迷迷糊糊地进入梦乡了。他好像做了一个梦，在梦里他还在玩扑克牌找化学元素的规律。突然，他好像看到一个更完整、圆满的周期表。他兴奋得顾不得睡觉了，赶紧睁开眼，把梦里的元素周期表在扑克牌上画了出来，并重新摆好了。门捷列夫惊喜地发现，元素们都已经按照原子递增的顺序排列起来，并且相似元素依一定的间隔出现。当连接不上时，他判断该位置的元素应该是还未被发现，就在相应位置预留一张空牌，他一共预言了 11 种未发现元素，加上已经发现的 63 个元素，这样整副牌就达到了 74 张，这也是元素周期表的雏形，在这张表里所有化学元素都一目了然。门捷列夫又把元素周期表再进行了整理，更加完善成熟后，他向外界宣告了他的研究成果：把元素按原子量的大小排列起来，在物质上会出现明显的周期性；原子量的大小决定元素的性质；可根据元素周期律修正已知元素的原子量；按着原子量由小到大的顺序排列各种元素，在原子量跳跃过大的地方会有新元素被发现，因此周期律可以预言尚待发现的元素。

但是在当时，包括门捷列夫的老师在内的一些欧洲科学家都不认可他的发现并嘲笑他。但是门捷列夫相信自己是对的。门捷列夫认为某几种元素的原子量之所以不能适应他的周期表，其原因在于测定有误差，而且周期表中各空白的地方，将来也一定会有新发现的元素补入把空白填满。他又预测了一些未知元素的特性，在这些新元素发现以前，门捷列夫就已清楚地预测到它们所具有的种种特性，而且其中有 3 种新的元素当他在世时就已经被发现了。后来，他预留位置的 11 种元素陆续被发现，科学事实证明他的研究是正确的。元素周期表的发现成了一项划时代的成就，而因为门捷列夫在梦中得到灵感，所以被人们称为"天才的发现，实现在梦中。"但门捷列夫不这么认为，把这个累积 15 年的成就归功于"梦中的偶然"让他忿忿不平。他说："在做那个梦以前，我一直盯着目标，不断努力、不断研究，梦中的景象只不过是我 15 年努力的结果。"

可见，科学真理的发现，有时不会是一帆风顺的，会受到各种各样的阻力。纽兰兹在提出"八音律"时，已经很接近元素周期规律了，可惜他没有像门捷列夫那样相信自己，没敢怀疑当时有些化学元素的测定有误差，没有向传统理论发起挑战，他止步于元素周期规律的大门前。

由此可见，科学意义上的假说既不同于"想当然"的主观想象，也不同于富有浪漫气息的科学幻想，而是对某个问题有理有据的解答。提出一个假说，只有对相关的事实作出圆满的解释，才能为假说的基本理论作出强有力的辩护。但这并不是说，一定要拘泥于圆满解释所有的相关事实。更不是说，如果存在着个别反例，有某些事实未能得到解释，那就必须放弃自己的设想。正像门捷列夫提出元素周期律假说，既要以事实为依据，又要不受原有事实材料的限制。当他最初发现有些元素不能进入他的元素周期表，他没有因此怀疑、放弃自己的设想，他提出事实材料也可能有谬误。正是他的勇气、自信和努力，才使其最终成为了一位伟大的科学家。

假说的使命在于解释事实或现象。对某事物现象作出解释，就是要说明事物现象何以发生，何以如此。假说的提出不是无缘无故的，它是用来回答特定的问题、解释一定的事实的。每当人们发现原有的理论无法给予解释的事实时，特别是发现与原有理论相违背的事实时，就需要提出新的理论给予解答。这时，人们提出新的解释性理论，以新的方式和新的理论来解释说明相关的事实，甚至还可以预测某些未知的事实。在提出假说时，要把假说命题和相关的科学理论结合在一起，才能合乎逻辑地推导出要解释的事实。即通常把这个假说和已有的科学理论结合在一起，作为根据或理由，即作为推理的前提，然后从这些前提出发，合乎逻辑地推导出待解释的事实。一般地，提出假说的过程可以概括为：

1. 已确定某个事实 F 为真。但该事实还没有得到合理解释或者需要重新进行解释；

2. 为解释 F 寻找根据或理由。我们已有相关的科学理论 S，S 可作为解释 F 的根据，但仅靠 S 还不能推导出 F；

3. 提出假说命题 P，将 S 和 P 结合在一起就能推导出 F。

于是我们就得到这样一个推理过程：

$$S \land P \rightarrow F$$

S∧P 是推理的前提，F 是推理的结论。在这里，尽管 P 是有待检验证实的，但演绎推理的有效性能保证前提蕴涵结论，因此，S∧P 能圆满解释所要研究的事实或现象；如果 S∧P 仍然不能充分解释所要研究的事实或现象，根据反三段论推理就需要对假说 P 进行修正完善，或提出新假说。

反三段论推理是：

$$(S \land P \rightarrow F) \rightarrow (S \land \neg F \rightarrow \neg P)$$

[例4] 1928 年秋天的一个早晨，英国细菌学家亚历山大·弗莱明像平常一样准时来到实验室。他偶然发现，有一只细菌培养皿中的培养基发霉了，长出一团青绿色的霉花。他的助手见了，毫不在意地准备把它倒掉，但细心的弗莱明来说："不能倒掉，这里似乎有文章，我要仔细地研究一下。"当他将这只培养皿放在显微镜下观察时，奇迹出现了：在霉花的四周致病的葡萄球菌死光了。弗莱明猜想，是这种绿色霉菌杀死了顽固的葡萄球菌。弗莱明决定通过实验来验证自己的推测。于是，他和助手一起小心翼翼地培养繁殖这种霉菌，然后滴到葡萄球菌中。几小时后，葡萄球菌果然死光了。后来，弗莱明又把霉菌培养滤液稀释 10 倍甚至 100 倍，杀菌效果仍然很好。接着他

又着手在动物身上做实验，把霉菌滤液注射进兔子血管里，结果兔子安然无恙，充分证明它不仅杀菌能力强而且无毒性。弗莱明把这种具有强大杀菌能力的物质，叫作"青霉素"。

在这里，假说的提出过程为：

事实命题是：在霉花的四周致病的葡萄球菌死光了。

一般性知识命题是：如果一种霉菌能杀菌，那么在其四周致病的菌就会死亡。

假说命题是：这种绿色霉菌杀死了顽固的葡萄球菌。

针对同一问题，人们有时会提出相互不同、相互竞争的假说，甚至有时还提出相互对立的假说。因此可以说，任何新理论的最初提出都具有假定性，假说在最初提出时是假定为真的命题，它们的真理性如何有待进一步检验。只有经过检验被证实为真时，假说对于解释事实或现象才具有真正的意义。

[例5] 曾经人们认为青藏高原的形成是由于地槽堆积而构成山脉。1960年以来，我国科学家几次考察了青藏高原，观察到许多事实与原先关于青藏高原形成原因不符合。于是人们提出新的假说：由于印度大陆分裂，一部分留在非洲，一部分向北漂移与欧亚大陆挤压，几个大陆板块相互挤压引起地面升高，从而形成了青藏高原。如果真是这样，应当能找到印度大陆分裂的证据。人们发现在非洲和我国青藏南部地区都存在一种缺翅虫，而这种缺翅虫扩散力很弱，它们只分布在很窄小的地区。非洲与我国藏南相距遥远，两地都存在这种缺翅虫，绝非是由于扩散造成的。于是人们认为，这是印度大陆分裂的结果。

这个假说中，

事实命题是：在非洲和我国青藏南部地区都存在一种缺翅虫。

一般性知识是：缺翅虫扩散力很弱，它们只分布在很窄小的地区。非洲与我国藏南相距遥远，两地都存在这种缺翅虫，绝非是由于扩散造成的。

假说命题是：青藏高原是由于大陆板块挤压而形成的。

从观察到的现象到推测该现象的原因，就这个过程而言，提出假说的过程实际上就是运用了回溯推理，但在形成假说的过程中往往运用多种逻辑推理方法，尤其如归纳推理、类比推理、求因果联系推理等。正因为形成假说的过程中往往是借助于非演绎推理，非演绎推理能促进创新，但也由于非演绎推理结论的或然性，我们要对提出的假说进行科学的检验，进而验证、接受假说，或者修正、放弃假说，提出新的假说。

三、假说的检验

检验假说，是为了检验假说的真理性，而检验真理的唯一标准是实践。在假说的验证阶段，有的假说可以直接通过有关的科学观察和科学实验来检验其是否正确，而对于那些概括性的、具有普遍性的以及关于不可重复的事物情况的假说，是无法直接检验的。要检验这些假说是否成立，常用的方法是：先从假说引申出具体推断或推论；然后检验这些具体推断或推论是否与客观事实相符。这些具体推断或推论称为检验命题。这些检验命题是具体的，是可以直接加以检验的，既可以用已知事实来检验，也可以用相关科学原理来检验。检验命题一般都是从假说中推导出来的。但也有这种情况，有些事实是在某一假说形成之后才出现的，而有些事实是在假说形成之前就有的，它们的出现和某一假说并没有关系。但在这个假说形成之后，人们发现它们可以作为这个假说的检验命题。这类检验命题更能给予这个假说强有力的支持。

如果从假说引申出来的检验命题经检验与事实不符，又没有理由确认其他前提为假，则假说就不成立或不完善，这时假说就被否定了，就要修正假说或建立新的假说。如果从假说引申出来的检验命题经检验符合客观事实，则假说得到一些证据的支持，这时假说就被证明了。

假说被否证的过程可表示如下：

1. 提出假说 P_1

①$P_1 \wedge S \rightarrow C_1$　　　　引申出检验命题 C_1

②$\neg C_1$　　　　　　　经查检验命题为假

③$\neg (P_1 \wedge S)$　　　　①②根据假言推理否定后件式

④$\neg P_1 \vee \neg S$　　　　③根据否定合取推理

⑤S　　　　　　　　已知相关科学原理 S 为真

⑥$\neg P_1$　　　　　　④⑤根据选言推理否定肯定式

2. $P_2 \wedge S \rightarrow C_2$　　　　提出新假说、新检验命题

……

如果检验命题 C 和事实不相容，又没有理由确认前提 S 为假，则假说 P 被否证。

[例 1] 根据星云假说，地球是从太阳分离出来的，它从炽热状态逐渐冷却和收缩，现在地球表面已经冷却并凝固，由此自然地引申出这一推断：地球日趋衰老，原始热量即将耗尽，地表在不断皱褶，生物将因地球本身热量的耗尽而灭绝。但是，这些推断与现代的地质学、古地理学所查明的大量事实是不相容的。现代科学材料证明：地球形成之初是"冷"的，只是由于放射性元素在地壳里的裂变分解，地壳才开始逐渐变热起来，而且地球发育的总趋势还在向体积增大和能量不断得到补给的方向发展。

根据星云假说，太阳本身不断地放射出能量，现在的太阳应该小于几十亿年前的太阳；但是，现代天体物理学的研究表明，几十亿年前的太阳和现在所见的并没有太大的变化……

总之，越来越多的材料动摇了星云假说。在今天，就天体的起源和进化已经提出了许多新的假说。

假说被证明的过程可表示如下：

（1）提出假说 P

（2）$P \wedge S \rightarrow C_1$　　　提出检验命题 C_1

（3）$P \wedge S \rightarrow C_2$　　　提出检验命题 C_2

　　……　　　　　　提出更多的检验命题

（4）$P \wedge S \rightarrow C_1 \wedge C_2$　　根据假说的特征

（5）C_1　　　　　　经检验 C_1 为真

（6）C_2　　　　　　经检验 C_2 为真

（7）$C_1 \wedge C_2$　　　（5）（6）根据联言推理合成式

（8）$P \wedge S$　　　　（2）（7）根据假言推理肯定后件式

（9）P　　　　　　（8）根据联言推理分解式

这一证实过程中，检验命题被证实的越多，表明支持假说成立的事实或证据就越多，假说成立的可能性就越大。要尽可能多地从假说引申出更多的更具关键性的检验命题。如果关键性检验命题被证实，则假说就得到关键性或决定性证据的支持，假说成立的可能性就越大。

不过，在这里我们要区分逻辑证实和事实证实。因为根据假言推理规则，不能从肯定后件进而肯定前件，即检验命题被证实为真，不能进而肯定假说被证实为真，就是说从逻辑上讲，检验命题被证实并不等于假说就被证实。证实一个假说和推翻一个假说在逻辑上是不对称的，证伪的证明力远远大于证实。因为证实一个假说运用的是假言推理肯定后件式，在逻辑上是无效式；而证伪一个假说运用的是假言推理否定后件式，在逻辑上是有效式。如果按照逻辑要求，因为假言推理肯定后件式是无效的，采用这一方式证实假说，那假说在逻辑上是得不到证明的。但这并不是说采用这一方式证实的假说在事实上不能为真。一个假说，如果从它推出的检验命题都得到证实，没有出现反例，我们就有理由相信这个假说在事实上是成立的，这样的假说一般就被视为真而加以接受，并称之为科学原理或科学理论。

　　[例2] 达尔文进化论认为，人类是由类人猿进化而来的。由此推断：地层里存在着类人猿的遗骸。到了1881年，荷兰医生杜步亚果然在爪哇岛的地层中，发现了类人猿的一副头盖骨、大腿骨和几枚牙齿的化石。这个事实有力地支持了进化论。

　　达尔文的进化论假说中，

　　假说命题是：人类是由类人猿进化而来的；

　　检验命题是：地层里应当存在着类人猿的遗骸。

　　这一检验过程如下：

　　如果人类是由类人猿进化而来的，那么地层里存在着类人猿的遗骸；

　　经检验，地层里果然存在着类人猿的遗骸；

　　所以，人类是由类人猿进化而来的。

　　这一证实过程使用的就是假言推理肯定后件式，在逻辑上是无效式，但事实上达尔文进化论假说已经被人们普遍接受。

　　在科学研究中，为了对某现象给予解释，有时会提出多个彼此不同的假说，有时还会提出相互对立的假说。此时检验活动就要在多个假说中进行，要在多个假说中筛选，淘汰错误的假说，保留正确概率较高的假说。

　　[例3] 1893年英国物理学家瑞利在测定气体重量的时候，发现从空气中得到的氮比从氨及其他氮化物中制得的氮要重一些，每升气体大约相差6毫

克。为了解释这一现象，瑞利设想了五种可能情况，提出了五个假说：

①由空气中得到的氮可能含有微量的氧；

②由氨中得到的氮可能混杂了氢；

③由空气中得到的氮可能含有密度较大的 N_3 分子；

④由氨中得到的氮可能有一部分已经分散，所以密度减小了；

⑤由空气中得到的氮中可能含有一种较重的未知气体。

通过实验，排除了前四种可能情况，剩下最后一个假说。为了证实这个假说，瑞利和另一位科学家拉塞姆一起查找资料，发现 100 年前卡文迪什对于这种未知气体已有预示。瑞利重复了卡文迪什的实验：使氧和氮在电火花作用下生成氧化氮，再用苛性钠吸收，剩下未被吸收的就是所要寻找的未知气体。后来，拉塞姆又用光谱分析法，找到了未知气体的谱线。这种气体不与其他物质化合，所以被命名为"氩"，是希腊文"懒惰"的意思。

在这一过程中，瑞利先是使用选言推理排除了前四种假说，又使用剩余法推理找到了预言的未知气体。因此，我们应该有意识地去冒假说被推翻的危险，应设法使我们提出的假说经受尽可能多的检验。

［例4］人们发现，蝙蝠在黑夜里能快速而准确地飞行而不会撞在任何东西上。为了解释这个现象，科学家们根据常识提出了这样一个假说：蝙蝠能在黑夜中避开障碍物飞行是由于它有特别强的视力。那么，由这个假说可知，如果把蝙蝠的眼睛蒙上，它在飞行中就会由于看不见东西而撞在障碍物上。为了检验这个假说，科学家们设计了一个小实验：在一暗室中系上许多纵横交错的钢丝，在每条钢丝上系上一个灵敏的铃铛，让一些蝙蝠蒙上眼睛在这个暗室里飞行。蝙蝠如果撞上钢丝，铃铛便会发出响声。可实验结果铃铛不响，蝙蝠没有撞在钢丝上。从而推翻了原假说。科学家们想，蝙蝠是否有别的特异功能呢？是否无需眼睛就能辨别障碍物呢？于是，他们又提出了一个新的假说：蝙蝠能发出一种超声波，超声波遇到障碍物以后会发生反射，反射波被蝙蝠接收，便可知前方有障碍物。由此假说可推知：蝙蝠在飞行中会不断发生超声波。后来，科学家们用仪器把这种超声波探测出来了，从而证实了这一假说。

假说经过检验以后，大致有如下情形：

1. 证明假说正确。例如门捷列夫提出的元素周期表。

2. 假说的基本思想正确，但某些细节错误。例如，板块构造说为大陆漂移说提供了合理的动力学解释，但同时摒弃了魏格纳的"天体引力""离心力"，说明了魏格纳的大陆漂移说基本思想是正确的，但引起大陆漂移的原因不对。

3. 假说的基本思想错误，但某些细节正确。例如，亚里士多德与托勒密根据日月星辰东升西落的直观印象，提出了"地心说"的假说，同时认为地球是球形的并且观测天文要用"视差动"的方法。后来的事实证明"地心说"的观点是错误的，而地球为"球形的"及"视差动"的方法则是正确的。

4. 证明假说不正确。例如燃素说、星云假说。

可见，假说经检验后，或上升为科学理论，或被否证，或需要进行修正与完善。在假说的提出与检验过程中，应当以科学理论作指导，但不受传统观点的束缚；应当以科学事实为依据，但不受原有材料的限制；应当使假说的内容完善、严谨，但不求立即上升成为科学原理；应当具有可检验性，但不局限于当代的科技水平。

科学发现的历史告诉我们，检验假说是一个很复杂的过程，要注意以下几点：

1. 要注意假说是否符合已知事实，也要注意假说能否预测未知事实。如果假说既能圆满地解释已知事实，又能成功地预测未知事实，并能对其进行检验，这样的假说就得到高度的支持。

2. 要客观地看待检验结果。检验命题被检验后的结果，或被证实，或被证伪。前面我们说过从逻辑上讲，检验命题被证实并不等于假说被证实，而检验命题被证伪，假说就要被推翻或要被修正。但事实上并不必然如此。事实上，检验命题都被证实，我们就会认为假说被证实，而某一检验命题被否定并不等于假说被否定。事实上有时检验命题被否定了，人们就会为假说寻找新的检验命题，对未知事实不断地作出新的预测，同时，也会修正和发展原有假说的内容，经常是确证这个假说的一部分内容而否定它的另一部分内容，并进行新的检验。如果新的检验越来越多地被证实，那就表明假说内容的修正和发展越来越接近客观实际。反之，如果新的检验不能被证实，那么这个假说将面临被淘汰的可能性。人们的认识具有能动作用，不会停步或僵化，在假说的检验过程中，人们会得到更多新的事实材料，也会提出更多新的检验命题。例如，亚里士多德力学被牛顿力学所更替，而牛顿力学又被爱因斯坦的相对论力学所更替，可见，科学发展的过程就是假说的形成、检验以及更替的过程，科学的进步就是不断地提出更好的假说的过程。

3. 有的假说的检验是个历史的过程，会受到当时条件的制约。恩格斯指出："我们只能在我们时代的条件下进行认识，而且这些条件达到什么程度，我们便认识到什么程度。"假说具有的可检验性特征有时并不等同于现实的检验性，有的假说尽管提出了检验命题，具备了逻辑上的可检验性，但是不一定具备技术上的可检验性，这样的假说还需要我们耐心地等待。事实证明有的假说还没有完全被科学方法所证明，也没有被任何一种科学方法所否定，但依然能够产生深远的影响，例如哥德巴赫猜想。有时由于人类的认识水平和客观条件的限制，及检验手段的不完备，科学史上常有这种情形，一个假说虽包含有后来被证实的内容，可是，由于那个时代的局限性，对这个假说在当时未能给予确证；相反的，还可能被人们"判定"为谬误、邪说。例如，关于一种化学元素可以转变为另一种化学元素的观点，先前的化学家鉴于中世纪炼金术士长期的失败经验，就认为这是个既谬误又可笑的想法。然而，当代的核物理实验却高度地确证了一种化学元素可以转变为另一种化学元素的观点。

4. 要注意假说的检验活动是个发展的过程。有的假说内容复杂，结构庞大，在检验过程中有时还会受到各种干扰，这就需要人们不断地整理、分析，去伪存真，取长补短，纠正错误，使假说的内容更加充实，系统更加严谨，结构更加完善。一般情况下，假说是在其形成之后，提出检验命题，才正式开始检验，例如达尔文进化论假说；而实际上，有的假说在其提出、形成过程中，就同时进行着初步的检验。在假说形成的初始阶段，人们有时会提出不同的假说来解答相同的问题，这样也就形成了不同假说之间的竞争。人们不仅要对自己的假说作出证明，而且还要反驳与它竞争的假说。如果能反驳与它竞争的假说，也就能间接地证明自己的假说。反之，如果没有能力面对与之竞争的假说，那就说明研究者自己的假说将面临严重的危机。有时研究者自己也会提出多个假说，经过研究而从中择优，选定一个能对较多事实作出较为合理解释的假说。这就是初步检验的过程，例如瑞利发现化学元素氩的过程。

[例5] 17世纪的化学家波义耳，曾以这样的实验去"证实"燃素说。他把容器里的金属加热，经过测定，金属加热后的重量加重了。似乎这就是表明金属加热时，有"燃素"穿过容器到金属里面去了，因而金属的重量增加了。波义耳当时没有想到容器里的一部分气体和炽热的金属化合，而在打开瓶塞时，外界的空气又补充进去了，显得重量增加了。一直到了18世纪，拉瓦锡、罗蒙诺索夫等化学家又校验了波义耳的这个实验，他们把放进金属的容器密封，经加热后不打开瓶塞就加以称量。结果发现重量没有变化，并没有什么"燃素"钻进容器中和金属结合。

由此可见，人们的认识活动是一个不断进步的发展的过程。

[例6] 1910年，因病卧床休息的魏格纳聚精会神地望着墙上的一张世界地图。他突然发现，大西洋两岸的地形之间具有交错的关系，特别是南美的东海岸和非洲的西海岸之间，相互对应，简直就可以拼合在一起，此后他通过大量研究，于1912年正式提出大陆漂移说。在此之前有人提出过类似的设想，但魏格纳使这一假说受到广泛重视。他说：任何人观察南大西洋的两对岸，一定会被巴西与非洲间海岸线轮廓的相似性所吸引住。不仅圣罗克角附近巴西海岸的大直角突出和喀麦隆附近非洲海岸线的凹进完全吻合，而且自此以南一带，巴西海岸的每一个突出部分都和非洲海岸的每一个同样形状的海湾相呼应。反之，巴西海岸有一个海湾，非洲方面就有一个相应的突出部分。如果用罗盘仪在地球仪上测量一下，就可以看到双方的大小都是准确一致的。

对该事实如何解释呢？两块陆地边缘的海岸线为什么会如此吻合一致呢？魏格纳设想：在古生代，地球上只有一块陆地，称为泛大陆，其周围是广阔的海洋。他联想到冰山漂移的情景，并由此受到启发，运用类比推理设想出较轻的刚性的大陆板块是漂浮在地壳内较重的粘性流体——岩浆之上的。中生代开始由于天体引力和地球自转所产生的离心力，泛大陆分裂成若干块，这一块块陆地像浮冰一样在水面上漂移，逐渐分开。他设想巴西与非洲这两块陆地早先是合在一起的，后来才漂移开来。按照魏格纳自己的说法，把原来纯粹是"幻想的和非实际的"、"没有任何地球科学意义的、只是一种拼图游戏似的奇思异想"，上升为有效的科学概念。有了大陆漂移这个假说，就能合乎逻辑地解释上述事实。这个解释过程如下：

①如果地球上的各大陆块都是原始泛大陆的整体破裂后漂移而成的，那么相对应的各大陆块边缘的海岸线轮廓就会相吻合（一般性知识命题S）；

②设想南美洲和非洲这两块大陆早先是合在一起的，后来才漂移开来（假说命题P）；

③结论：南美洲东部的海岸线与非洲西部的海岸线彼此正相吻合（事实命题F）。

根据当时的条件，魏格纳将自己的假说建立在地质学、古生物学和古气象学的基础上，他着重强调大西洋两岸地质学的相似性，而不仅仅是海岸的高度吻合。魏格纳认为，大陆漂移对现代由海洋分隔的各大陆上动物群和植物群的显著相似性提供了最好的解释。魏格纳为了证明自己的"大陆漂移说"，提出了许多检验命题：

①大西洋两岸及印度洋两岸地区彼此相对的地层结构相同。例如，北美纽芬兰一带的褶皱山系与西北欧斯堪的纳维亚半岛的褶皱山系相对应，都属早古生代造山带；非洲南端和南美阿根廷南部晚古生代构造方向、岩石层序和所含化石相一致。这是大陆漂移的地质学证据。

②大西洋两岸的古生物种（植物化石和动物化石）几乎是完全相同的。例如，巴西和南非同一地质时期的地层中均含一种生活在淡水或微咸水中的爬行类——中龙化石，它不可能游过大洋，而迄今为止世界上其他地区都未曾发现；主要生长于寒冷气候条件下的舌羊齿植物化石广泛分布于非洲、南美、印度、澳大利亚、南极洲等诸大陆中，而这些大陆所在的气候带却不相同。这是大陆漂移的古生物证据。

③某一地质时期形成的岩石类型出现在现代气候条件下不该出现的地区。留在岩层中的痕迹表明，今天的北极地区分布有古珊瑚礁和热带植物化石，在3.5亿年前到2.5亿年前之间，北极曾经一度是炎热的沙漠；而今天的赤

道地区发现有古代的冰层，曾经为冰川所覆盖。这些陆地古时所处的气候带与今天所处的气候带正好相反。这是大陆漂移的古气候证据。

有趣的是魏格纳还对他的"大陆漂移说"提出了评价。他在《海陆的起源》一书中写道："大西洋两岸的对应，即并普山脉与布宜诺斯艾利斯山地的对应，巴西与非洲大片麻岩高原上喷出的沉积岩与走向线的对应，阿摩利坎、加里东与元古代褶皱的对应以及第四纪冰川终碛的对应等，虽然在某些个别问题上还未能得出肯定的结论，但总的来说，为我们所主张的大西洋是一个扩大了的裂隙这一见解，则提供了不可动摇的证据。虽然陆块的接合还要根据其他现象特别是它们的轮廓等来证实，但在接合之际，一方的构造处处和另一方相对应的构造确切衔接这一点，是具有决定性的重要意义的。就像我们把一张撕碎的报纸按其参差不齐的断边拼凑拢来，如果看到其间印刷文字行列恰好齐合，就不能不承认这两片碎纸原来是连接在一起的。假如其间只有一列印刷文字是连接的，我们已经可以推测有合并的可能性，今却有 n 行连接，则其可能性将增至 n 次乘方。弄清楚这里面的含义，绝不是浪费时间。仅仅根据我们的第一行，即开普山脉与布宜诺斯艾利斯山地的褶皱，大陆漂移说的正确性的机会为 1：10，既然现在至少有六个不同的行列可资检验，那么大陆漂移说的正确性当然为 10^6：1，即 1 000 000：1。这个数字可能是夸大了些，但我们在判断时应当记住：独立的检验项数增多，该是具有多大的意义。"

魏格纳首次提出大陆和海底是地表上的两个特殊的层壳，它们在岩石构成和海拔高度上彼此不同。他还预测地球的极地始终是在迁移的。但由于历史条件的限制，魏格纳的假说缺乏令人满意的产生漂移的力学机制。魏格纳本人在提出大陆漂移的同时却认为大洋底是稳定的，大陆在海洋地壳上运动，而海洋地壳密度更大的壳层则固定不动。在魏格纳时代，人类对地球的了解还只限于大陆的浅层，对其深部（包括深海底）基本是一无所知的。魏格纳说道："漂移力这一难题的完整答案，可能需要很长时间才能找到"。由于假说本身的缺陷，尤其是强大的传统势力的抵制，以及海陆固定论的影响由来已久，大陆漂移说一开始就受到能否生存下去的考验。有人竟因魏格纳原是气象学家和天文学家，就把他提出的漂移说，看成外行的"左道旁门"而嗤之以鼻。而支持的人则认为大陆漂移说是一个极好的科学假说，将大大激发进一步的探究。正是因为魏格纳大胆地向"正统派"的固定论地球观发起挑战，由此在地质学上引起一场革命，使这门原来是比较保守的科学也得到迅速的发展。根据大陆漂流的假设，能推断出未知矿床的所在地。例如，在西非发现了金刚石矿床，那么在被设想为原先与西非拼合在一起的那个地区，即在南美洲的东南部也能找到同样的金刚石矿床。事实上果真如此。人们说道："没有反对魏格纳的充分理由，但是，在理论被毫无保留地接受以前，还必须找到更加坚实可靠的证据。"

1930年11月，魏格纳在格陵兰考察冰原时遇难，大陆漂移说也随之衰落了，从此沉寂30余载无人问津。20世纪50年代，古地磁学的研究积累了大量新的、令人信服的证据，表明大陆和海底确实存在着相对运动，许多大陆块现在所处的位置并不代表它的初始位置，而是经过了或长或短的漂移，而且至今大陆仍在缓慢地持续水平运动。例如，地球的北极正在以每100年6厘米的速度缓慢地向日本方向移动。这些证据比海岸线的吻合，甚至比大洋两岸地质学和生态学的符合，以及植物和动物化石的相似要优越许多，有力地说明了大陆漂移的事实。而且科学家又成功地完成了大西洋两岸大陆轮廓的电子计算机拼合，为验证漂移说提供了形象的证据。到了20世纪60年代，随着板块构造说、海底扩张说的出现，又为大陆漂移的机制，找到了进一步的合乎逻辑的解释，地球结构的最外一层为固体的地壳，往下是液态的地幔，中央是炎热的地核。地幔的对流造成了地壳的运动，其中有的板块会带动大陆或部分大陆和海底一道运动。大陆漂移说得以完善，人们终于承认了大陆漂移说的正确性。这也充分说明了假说所具有的科学性和解释、预测特征，也说明了假说的证实是一个历史发展的过程。

第二节　侦查假设

一、侦查假设的特征和作用

（一）侦查假设

假说在侦查工作中的体现就是侦查假设。侦查假设的提出、检验和假说一样有严谨的程序和严格的检验，它对侦查工作的开展影响深远，具有极大的推动作用。在侦查工作初期，由于掌握事实材料不多，侦查人员对整个案情或某一情节不能作出确定的判断，而只能进行猜想或推测，需要对与案情有关的很多方面作出侦查假设。侦查假设可以是关于案件性质的假设，可以是关于作案过程的假设，可以是关于作案人数的假设，可以是关于作案时间、作案地点的假设，可以是关于作案目的、动机的假设，可以是关于作案工具、作案手段的假设等。

侦查假设就是在已掌握的事实材料和有关知识的基础上，结合实践经验，针对侦查工作中需要弄清的事物情况作出的推测性的或假定性的说明。侦查工作的全过程，可以说就是侦查假设的提出、检验、修正和证实的过程。

例如：某年，昆明百货大楼发生爆炸，现场十分惨烈，死伤96人，震惊了全国。办案人员们到达现场后，迅速寻找炸弹零部件，试图从中提取证据。被称为"中国福尔摩斯"的刑侦专家乌国庆却被距离爆炸地点不远的一把锤子吸引了目光。这是因为，它不是商店销售的，而是由两根铁管自制焊接而成。乌国庆由此推断，这把锤子很可能属于凶手，凶手有可能懂焊接。由于锤子制作得十分粗陋，说明使用的工具不够专业，因此凶手有可能在一个小工厂工作。这家工厂还要有切割机，生产同等尺寸的钢管。[1]

这就是一个侦查假设。警方带着这些目标去排查，罪犯很快落网。

（二）侦查假设的特征

1. 侦查假设具有一定的不确定性。侦查假设往往是先从案件的个别环节开始的，是一个逐步由片面到全面、由现象到本质的不断深化、不断丰富的动态过程。对某一具体案件进行侦查的时候，往往是先从某些线索或对象开始的，整个案件事实是逐步整合并进入侦查人员的认识范围的。对于刚刚被纳入侦查范围的客观事实，在未把握其本质和内在联系之前，往往是表面的、肤浅的，带有较大的不确定性和模糊性。侦查假设的不确定性，主要体现在以下几个方面：

---

〔1〕 王晓易："他曾靠一包咸菜侦破灭门惨案，马加爵、周克华都因他落网"，载网易新闻网，https://www.163.com/news/article/EU75CU0F00019K82.html，访问时间：2019年11月17日。

（1）案件性质和案件情节的不确定性。确定案件性质是侦查假设开始的首要环节。侦查人员接到报案后，首先要通过初步审查，认定有无犯罪事实存在，确定是犯罪行为引起的刑事案件，还是非犯罪行为引起的其他事件，这是确定是否立案侦查的前提条件。例如，对于死亡事件的认识，应当首先查明是自杀、他杀，还是意外致死；对于失窃案件，需要查明是外盗、内盗，还是内外勾结。对于这些问题，在侦查的开始阶段，往往是不确定的，随着对案件侦查的不断深入，获取了足以认定案件性质的信息之后，侦查假设的不确定性才逐步被消除，使案件性质不断由模糊变清晰。案件性质确定之后，对犯罪情节的认识也是由不知到知，由知之甚少，到逐步增多。例如，侦查初始，对犯罪时间、犯罪动机、目的、作案过程、作案人的个性特点等，往往都处于不确定状态，尤其是有伪装的高智商犯罪，其情节的不确定性更大，往往是真相与假象交织在一起，错综复杂，这就使得侦查活动短时间内处于不确定状态。

（2）侦查方向和侦查范围的不确定性。侦查假设的过程，是一个不断地解决问题，又不断遇到新问题，不断深化的过程。对案件性质、犯罪情节有了一定的了解，但犯罪行为究竟是何人实施的，到何处寻找犯罪嫌疑人，或者先发现了犯罪嫌疑人，如何查清其犯罪事实，需要从何处入手等，这些都是摆在侦查人员面前的新问题。侦查实践中，对侦查方向的确定，往往是从侦查假设开始，侦查假设也不是一成不变的，常常随着侦查过程的不断深化而不断调整，甚至完全改变侦查假设的情况也是常有的。这说明确定侦查方向、侦查范围的时候都有一定的不确定性，这种不确定会随着侦查活动的发展，逐渐变得清晰起来。

（3）认定犯罪嫌疑人与犯罪事实关系的不确定性。侦查活动就是要确定犯罪嫌疑人、犯罪事实以及二者之间的关系。侦查活动中，经常将案件分为"由事到人"和"由人到事"的案件。

所谓"由事到人"的案件，是指作案人实施犯罪行为之后逃逸，侦查人员先接触由犯罪行为造成的案件结果，像"猜谜语"一样，对案件进行回溯推理。对"由事到人"的案件，通常是在确定了案件性质的前提下，根据犯罪事实，发现犯罪线索，进一步寻找犯罪嫌疑人，逐步揭示出犯罪嫌疑人与犯罪事实之间的内在联系。在此之前，犯罪嫌疑人究竟是不是本案的作案人，是不确定的状态。

所谓"由人到事"的案件，是先从发现犯罪嫌疑人开始，进一步查明其犯罪事实，最后揭示出犯罪事实与犯罪嫌疑人之间的关系。对"由人到事"的案件，至于该犯罪嫌疑人是否有犯罪事实或者已经存在的犯罪事实是否为该犯罪嫌疑人所为，在未查明之前都是不确定的、模糊的。

例如：2019年1月4日暗夜时分，四川省会理县云店镇某建筑工地上，守夜人陈某被人发现惨遭殴打，处于昏迷状态，具体情况不明。民警将其送医后伤重不治身亡，行凶者逃匿无踪。行凶者究竟是谁？为何对被害人痛下狠手？行凶者是为盗窃还是寻仇？民警从该工地负责人处了解到，现该工地停工，只留被害人一人驻守。至于被害人是被什么人殴打，该负责人也不清楚。民警一边在工地附近展开搜索，一边通知被害人的亲属。

在案情分析会上，大多数办案民警倾向于认为犯罪嫌疑人是到工地上实施盗窃，被守夜人陈某发现之后杀人灭口。然而侦查工作需要证据来支撑，对案发现场的勘查工作随即展开。民警勘查到案发现场有1.5米×1.2米范围的血迹。这些血迹有擦拭状的、有滴落状的、有飞行状态的，通过血迹的情况，民警断定这里就是案发的第一现场。民警在一处雪坡的边缘提取到了一份重要物证，一枚带血的鞋印，推定应该是当时被害人受伤以后，犯罪嫌疑人离开现场时留下的血脚印。民警还在工地的一个角落里发现了一把镰刀，镰刀的手柄上沾有血迹，民警推断在案发现场有人使用镰刀，而且也进行了搏斗。民警还发现了两片木质碎屑，然而不知是什么物体，这也说明了当时有人用木质工具进行过搏斗。

勘察发现，被害人居住的房间里只有一些生活用品，没有什么值钱的财物，房间内没有翻动过的痕迹，而且据工地负责人反映，工地上也没有物资被盗，犯罪嫌疑人似乎并非为财而来，是不是被害人跟其他人有仇？选准了机会来对他进行报复。然而民警调查发现，被害人不是本地人，平日里和旁人基本没有接触，应该不会和什么人发生矛盾。现场勘查没有发现更多有价值的线索，办案民警一时无法确定侦查方向。

2. 侦查假设具有一定的科学性。侦查假设的科学性表现为，侦查假设要以经验事实为根据，以科学知识为指导。在提出、检验侦查假设的过程中，还要运用逻辑推理。演绎推理具有必然性，非演绎推理具有或然性。侦查假设的或然性可能源自其前提事实，也可能源自其所运用的推理形式。正是这种或然性使得侦查假设带有想象力和创造性的特点。

例如：某年11月13日早8时，北京市通州区公安分局接到报案：一家食品厂财务室的保险柜被盗，里面有10余万元的现金。通州警方经过勘查现场，将财务室里的物品进行痕迹提取，得到了犯罪嫌疑人作案时留下的足迹，犯罪嫌疑人作案时穿的是一双胶鞋。侦查员获知该食品厂统一穿劳保服，员工在工作时间统一穿胶鞋。警方首先确定：

①本案是一个犯罪嫌疑人作案；

②本案是内部熟人作案；

③作案时间在凌晨1时到3时之间。

而该厂每位员工都有2到4双解放胶鞋。侦查员对食品厂所有员工进行指纹和足迹提取，从117双足迹中提出5双可疑足迹，和犯罪嫌疑人作案时留下的足迹进行比对。经鉴定，员工李某的足迹与犯罪嫌疑人作案时留下的足迹很相似，但李某拒不承认盗窃保险柜的事实。12月3日，经公安部和北京市公安局的多名足迹专家认定，员工李某双脚足迹的大小、动力程度和步行特征与作案现场留下的足迹特征完全吻合，从而确定了11月13日盗窃食品厂保险柜内10余万元现金的犯罪嫌疑人就是李某。[1]

在这个侦查假设中，虽然犯罪嫌疑人李某拒不承认盗窃保险柜的事实，但结合各方面的证据，运用逻辑推理和侦查实验，根据在犯罪现场提取的脚印为犯罪嫌疑人所留，而李某的脚印和犯罪现场提取的脚印一致，足以认定犯罪嫌疑人李某就是作案人。它的科学性体现在使用科学原理和逻辑推理指导侦查实验：首先，运用科学原理勘查现场，进行痕迹提取，得到了犯罪嫌疑人作案时留下的足迹，并认定犯罪嫌疑人作案时穿的是一双胶鞋；之后，侦查员对食品厂所有员工进行指纹和足迹提取，找出可疑足迹，并和犯罪嫌

---

〔1〕 徐海燕：《刑事法律与诉讼中的逻辑问题与运用》，中国人民公安大学出版社2003年版，第250页。

疑人作案时留下的足迹进行比对、鉴定；最后，运用逻辑推理确定嫌疑人：

如果某人足迹特征和现场作案人留下的足迹一样，那么他就是作案人；

员工李某双脚足迹的大小、动力程度和步行特征与作案现场留下的足迹特征完全吻合；

所以，李某是作案人。

这是假言推理肯定前件式，推理的有效性决定了侦查假设结论的正确性。

3. 侦查假设具有一定的预测性。侦查假设的预测性表现为，侦查假设可以根据已经掌握的事实材料作出推论和预测，预测犯罪嫌疑人下一次作案时间、作案地点、作案手段、侵害对象等，为下一步侦查工作指引方向。

例如：1999 年 8 月以来，北京警方不断接到群众报案，称发生打闷棍事件，行人被歹徒从后面敲击头部，歹徒趁行人猝不及防倒地之时抢走财物。歹徒先后在本市西城、东城、朝阳、海淀、丰台等地区，疯狂作案 149 起，杀死 12 名事主，抢劫现金 20 余万以及手机、呼机等财物，一时造成了极恶劣的社会影响。

警方发现：歹徒作案地点是北京二环路和三环路的地下通道和过街天桥；作案时间基本上选择在上午 9 时到下午 4 时之间；作案手段是待有人通过，便从背后用"钢筋棍"猛击头部，遇反抗者他们下手更狠，不见血不罢休；抢劫财物后打出租尽快离开；嫌疑人可能是两名东北男子，作案时，拎着一个纸袋，纸袋内放有作案用的铁棍。这些细节民警们都熟记于心。经过警方认真分析，精密部署，西城区警方根据辖区特点，对全区重点部位加强防范，对全区 40 多处地下通道、过街天桥全天候控制。

2000 年 8 月 29 日上午，西城警方刑警支队两名侦查员和新街口派出所两名民警带领两名社区保安员在西城区二环路旧鼓楼大街北口地下通道南、北两个出口蹲守。大约在 11 时左右，两名携带手提纸袋的男青年一前一后由通道南侧进入该地下通道，左顾右盼，形迹十分可疑，而两名男青年的外表特征，与市局刑侦处通报"打闷棍"嫌疑人情况相似。当便衣民警亮明身份、出示证件后，按规定的程序进行盘查时，发现那名手提纸袋的男青年焦某身份证显示为辽宁籍，民警立即呼叫其他民警过来支援。另一名男青年马某感觉不妙，扭头企图逃跑，被民警当即制服。与此同时，焦某趁机把盘查他的民警摔倒在地，民警不顾伤痛奋力将其扑倒，与冲上来的其他民警将焦某按住。焦某凭着自己身强力壮，几次被按倒又几次翻身站了起来。民警和保安员都拼红了眼，最后终于将其死死按住，就是这时被按在下面的焦某仍在负隅顽抗，他照准一名民警的大腿咬了两口，民警忍住了钻心的疼痛，抽出手铐将焦某牢牢铐住，两案犯终于束手就擒。民警当场从焦某携带的纸袋中查获作案凶器，一根直径 3 厘米、长 50 厘米、重约 10 公斤、用报纸包着、外层用透明胶条缠绕的螺纹钢筋棍，并从马某身上搜出了一把 10 厘米长的折叠刀。

二人被抓后，经过审讯，最终交代了所犯罪行。两个专打闷棍的恶魔就此落入法网。[1]

在这个案件中，警方就是根据侦查假设，确定了两名嫌疑人的特征，这使得侦查员在看见两名嫌疑人时，能第一时间辨认出来，及时进行了抓捕；警方还根据侦查假设，预测了嫌疑人再次作案的地点，守株待兔，终于成功抓获了这两名专打闷棍的恶魔。

(三) 侦查假设的作用

在科学研究中，发现问题之后提出假说，就为解决问题指明了方向。在侦查工作中，案件发生之后，提出侦查假设，就为案件的侦查提供了思路，侦查假设对于侦查工作起着导向作用。

侦查假设为侦查工作确定方向。侦查工作中，有时面临的情况是，案件发生了，只知道犯罪的结果，不知道犯罪的原因；只知道案件的某些情况，不知道它的全部真相。侦查实践迫切需要建立侦查假设以明确侦查任务，拟定侦查计划，实现侦查目标。侦查假设为侦查工作提出侦查方向、侦查重点。如果离开侦查假设，侦查工作就会失去目标，就会陷入茫然无策的境地。

侦查假设为侦查工作确定步骤。在侦查工作中，先侦查什么，后侦查什么，侦查部署应围绕什么中心，如何使侦查范围愈来愈小，侦查目标愈来愈集中，侦查内容愈来愈深入，这些都要靠侦查假设来引导，都要由侦查假设

---

〔1〕 北京晚报："北京'打闷棍'系列抢劫杀人案两名凶手落网"，载新浪网，https：//news. si-na. com. cn/society/2000 - 09 - 13/126754. html，访问时间：2021 年 9 月 13 日。

来确定。

二、侦查假设的提出

任何案件总是在一定的时间、空间和条件下发生的，现场总会留下这样或那样的痕迹。深入勘查现场，掌握有关案件的种种事实材料，并结合有关经验和知识，是建立侦查假设的重要依据。事实材料越可靠，经验越充实，知识面越丰富，思路就越宽广，对侦查工作就越有帮助，就越能提出有价值的侦查假设。例如，我们具备有关医学方面的知识，根据死者的生理特征，就可以推测死者的年龄；如果具备化学、药物等方面的知识，就可以对毒物的种类作出推测；如果具备关于足迹的知识，就可以推算出身高、体重以及作案人数；根据足迹状态以及沾附的水迹、附着物等，就可以判断作案时间；根据足迹的分布情况，可以推测行走路线及活动情况等。

侦查假设的提出有如下特点：

（一）侦查假设具有针对性

在刑事侦查中，建立什么样的侦查假设，是由案件事实和所要解决的问题来决定的。发现问题和提出问题是提出假说的起点，侦查假设和假说一样，都是从发现问题开始的。但侦查假设与假说又有不同，假说一般是在原有理论与实践之间的矛盾中产生的，而侦查假设则是源于案件事实和所要解决的问题。侦查假设经常围绕以下几个方面的问题而提出，它是关于案件性质、作案时间、作案地点、作案人数、作案手段、作案动机目的以及作案人在现场的活动状态等几个方面的情况的假设。

例如：2019 年 1 月 4 日暗夜时分，四川省会理县云店镇某建筑工地上，守夜人陈某遇害。是财杀还是仇杀？由于未发现有价值的线索，办案民警一时无法确定侦查方向。

然而就在警方紧锣密鼓地侦查破案时，工地负责人给民警打来了电话，说被害人的亲属其女婿张某要求把被害人尸体拉回老家安葬。同时工地负责人也指出，他觉得张某的一些反应有些不同寻常。张某曾问该负责人这件事能赔多少钱？并说现在不管多少钱，给多少算多少。同时张某表示，被害人的后事由他全权处理。他还特别交代工地负责人，千万不要把这个消息告诉自己的妻子。因为他妻子头上有个肿瘤已经到晚期了，害怕如果他妻子知道以后，发生意外情况，所以他想把被害人尸体带回去自己处理。

案件真相尚未查明，警方自然不能让亲属带走被害人尸体。为了做通被害人亲属的思想工作，民警找到张某进行面谈。细心的民警观察到一个细节，张某在和民警谈话的时候，脚和手都不自觉地微微地有一点颤动，民警还注意到张某的右手有残疾，而且虎口处有一个小小的伤口，而且是一个新鲜的痕迹，新鲜的伤口，民警就问他这个创口是怎么形成？张某说是不小心擦伤的。

然而张某的种种不同寻常的表现让经验丰富的民警产生了一丝疑惑，一般来说死者死在工地上，家属会找工地的负责人，提一些丧葬费、赔偿之类的问题。但是死者家属没有找过。而对于死者死亡的原因，家属会找公安机关了解情况，问清楚死者为什么死的，但是死者家属也没有这个意图。

综合张某的反常表现，警方认为他一定有难言之隐，而且应该与案件有关，于是警方有目的地针对张某展开了侦查。民警将张某带到了派出所，要求张某详细说明，案发当天他去了哪里，都做了些什么？张某显得更加紧张。之后的三四个小时，张某一直在编造他的当天的行动轨迹。据张某说，案发当天他没有去过事发地云店镇，然而警方调查结果表明他在说谎。警方了解到张某有一辆轿车。案发当天从张某平时居住地到事发地云店镇的一条公路上，有监控探头清晰地拍到了张某的轿车。他在驾车通过监控探头的地方，有意用右手遮挡面部。民警看到其右手是残疾，没有手指，手掌也是变形的。他用右手遮挡面部的时候，右手的特征就显示出来了。

就在讯问张某的时候，另一路民警驱车来到张某的家里，见到张某的妻子。民警旁敲侧击地问她平时有什么病没有？他妻子就说只是有点感冒，其他没有什么病。在张某家里，民警发现了一双被清洗干净的皮鞋，经过比对，这双鞋的鞋底花纹和案发现场发现的血脚印完全吻合。通过他妻子的辨认，这双鞋就是平时张某喜欢穿的一双皮鞋，这样张某的作案嫌疑更大了。

在这些证据面前，最终张某交代了作案的经过。2019 年 1 月 4 日下午，张某因为家里有事来工地找岳父陈某商议，晚饭时分陈某拿出自己泡的药酒和张某一起喝了起来。不曾想二人话不投机，吵了起来。被害人陈某生气地拿起一把镰刀向张某挥舞，张某转身出了工棚后，抄起一根木材边角料向被害人陈某砸了过去，最终酿成无法挽回的悲剧。

这个案件中，警方根据张某的反常表现，作出了张某就是本案嫌疑人的假设，并围绕这个假设有针对性地展开调查，提出了一个个非常具体的侦查重点，从作案时间、嫌疑人所驾驶车辆、其右手特征、其所穿皮鞋特征、其妻证言等方面进行了详实的查证，最终证明了警方的假设是正确的。这也表明，提出的侦查假设越具体，对于如何开展侦破工作就具有越强的指导意义，就越有助于破案。

（二）侦查假设要尽可能穷尽一切可能性

侦查工作开始的阶段，有时由于掌握的事实材料有限，侦查重点一时难以确定。这时，应把侦查视野尽量放宽些，对案情的假设，不要局限于一、两种可能性，而要力求穷尽所有的可能性，不要遗漏，同时可以把各种假设加以比较，以便找出其中可能性较大的假设作侦查重点。例如，关于溺死案件，有多种可能：自杀，或他杀，或意外事故。而对于他杀，可能是将被害人打昏后扔入水中；给被害人服用安眠药或烈酒等，使其失去抵抗能力，然后投入水中溺死；与被害人同行，突然将被害人推入水中溺死。而对于意外事故，可能是死者失足落水；可能是见义勇为不幸溺亡；可能是水域周围设施毁损导致死者落水等。

［例1］英国侦探小说家柯南·道尔的《四个签名》讲述的是一起为争夺阿格兰宝物而引发的惨案。英国人斯莫曾是英军驻印度部队的士兵，他和三个印度人在战乱中杀死了一位印度商人，并获得了一箱价值50万英镑的宝物，他们藏好宝物后共同发誓保密。但是，他们却因谋杀罪而被判入狱。英国人舒尔托少校和摩斯坦上尉当时是驻监狱的军官。斯莫与他们两人达成协议，如果能帮助斯莫等四人逃脱，将告诉他们藏宝物的地点。但是舒尔托少校欺骗了斯莫、摩斯坦和其他人，他拿到宝物后就立即返回了英国。

在狱中，斯莫的工作是帮助监狱的医生干活，所以他也学会了一些医学知识。有一次，他发现一个叫童格的当地土人因重病而濒临死亡，在他精心照顾之下童格慢慢地恢复了健康。就这样，他们成了莫逆之交。童格有一艘船，斯莫利用它从监狱逃脱。斯莫和童格用了好几年才返回伦敦。舒尔托少校住在一座别墅中，由于舒尔托少校雇人严密防卫，斯莫一直到他去世也没有机会接近舒尔托少校。斯莫后来设法谋杀了舒尔托之子，追回了宝物，为维护誓言，斯莫在谋杀现场留下了一张签有他和三个印度人名字的纸条——这就是所谓的"四个签名"。

而侦探福尔摩斯所面临的难题是别墅防范严密，凶手是怎么进入到别墅中的？侦探福尔摩斯首先断定，这个案子中是有内应的。斯莫来到伦敦的时间相对较短，并且是靠那个土人童格卖艺勉强度日，所以他并不具有花钱买通别墅中的人的能力，所以内应必定是因为与他熟识才帮他的。斯莫在印度待的时间相当长，而没在英国待太长时间，所以内应应该是印度人。舒尔托少校曾从印度带回了一些印度仆人，所以内应必定在这些人当中，而这些人中到案发时还活着的只有男管家拉尔·拉奥，更何况女管家提到过他品行不端。此外别墅中其他人不可能为内应：因为杀人本不在斯莫计划之中，他们是仓皇逃窜的，所以内应不可能是尖叫引起大家恐慌的女管家；也不可能是知道福尔摩斯侦探身份并放他们进来的仆人麦克默多；也不可能是当地警员威廉斯，威廉斯是地道的英国人，还成为过轻量拳王冠军，是不可能受每天只赚一帽子铜币的斯莫拉拢的，更何况案发当时他在接福尔摩斯的路上。所以，这个案子中的内应就是男管家拉尔·拉奥。

在这一谋杀案件中，福尔摩斯通过缜密的逻辑推理，首先确定此案必有内应，而别墅中的每个人都有作为内应的嫌疑。福尔摩斯运用选言推理，逐一排除不可能的人，最后剩下的人就必然是内应。

[例2]《四个签名》中还有这样一段情节：房间的主人惨死在一张木椅上。侦探福尔摩斯已经确定是谋杀，和他同行的医生华生却弄不明白："罪犯究竟是怎么进来的呢？门是锁着的，窗户又够不着。烟囱太窄，不能通过。"福尔摩斯说："当你考虑一切可能的因素，并且把绝对不可能的因素都除去以后，不管剩下的是什么，不管是多么难以相信的事，那不就是实情吗？我们知道，他不是从门进来的，不是从窗户进来的，也不是从烟囱进来的。我们也知道，他不会预先藏在屋里边，因为屋里没有藏身的地方。那么，他是从哪里进来的呢？"医生嚷道："他从屋顶那个洞进来的。"

经检查，果然这一假设是真的。

上例中关于作案人是从何处进来的问题，在那间屋子的具体情况下，只有上述几种可能。如果能够做到除一种可能之外，其余几种可能都被推翻，那么剩下的一个假设，就是唯一的可能了。

（三）侦查假设要在多个假设中择优筛选

在侦查过程中，需要弄清与案情有关的每一个方面，诸如犯罪活动的时间、地点、犯罪方法、目的以及犯罪活动的下一步动向等。所以，对案件中每一个尚未弄清的问题，都要根据已有的线索提出合理的假设，以指导侦查工作的有效开展。有时要对同一案情提出多个假设，甚至提出相互对立的假设，并从中择优，淘汰筛选。

三、侦查假设的检验

提高侦查假设的可靠性，首先要认真分析事实材料，其次要广泛地进行检验。由于侦查假设是针对特定的人和事提出的，因此具有一定的可检验性。例如，在尚未掌握确实证据的时候，假定某人是一起盗窃案的作案人，接下来的侦查工作总是有可能证明这一假设是对还是错。假定作案人会将赃物藏于何处，通过搜查也总能证明这一假设的真伪。如果不能必然地验证一个侦查假设的真伪，那便说明侦查还未终结，侦查工作还要继续进行下去。每一个案件的侦查终结，意味着在该案侦查过程中提出的侦查假设都已得到了验证。

在侦查假设检验的过程中，涉及多方面的问题，例如侦查技术、具体科学知识等。下面仅介绍这方面的逻辑问题。

提出侦查假设是侦查工作的第一步，接下来就要对侦查假设进行检验。

侦查假设必须是可检验的。侦查假设的检验，就是先从案件事实中引申出具体推断或推论；然后检验这些推断或推论是否与客观事实相符。这些具体推断或推论称为检验命题。这些检验命题是具体的，是可以验证的。

如果从侦查假设引申出来的检验命题经验证与客观事实相一致，则侦查假设得到证据的支持，并认为这个假设在事实上是真的；并且检验命题被证实的越多，则侦查假设成立的可能性越大。一般地，要确认假设的真实性，要提高假设的可信程度或概率，就要推出尽可能多的检验命题并加以验证。推出的检验命题越多，假设被推翻的可能性就越小；另一方面，被证实的检验命题越多，假设成立的概率也就相应提高。

如果从侦查假设引申出来的检验命题经验证与事实不符，又没有理由确认其他事实证据为假，则这个侦查假设就不成立。此时，就要抛弃旧侦查假设，建立新侦查假设。侦查假设具有很强的连续性，总是在不断提出假设，淘汰一些假设，验证一些假设，再提出新的假设，再验证、淘汰。

侦查假设的检验过程如下：

以 p 代表一个侦查假设，以 q、r、s 代表检验命题，则侦查假设的证实过程为：

1. 如果 p，则 q

q 真

所以，p 真

2. 如果 p，则 r

r 真

所以，p 真

3. 如果 p，则 s

s 真

所以，p 真

……

而侦查假设的证伪过程为：

如果 p，则 q

q 假

所以，p 假

从上可以看出，证实假设和推翻假设这两者在逻辑上是不对称的。证实侦查假设的过程是假言推理肯定后件式，即使检验命题都为真，在逻辑上侦查假设也不必然为真，但这并不影响侦查假设在事实上为真。逻辑真不同于事实真，逻辑真高于事实真。侦查假设是假说在侦查工作中的应用，但又与假说不同。由于假说是关于事物普遍规律的解释，表述这样的科学原理的命题一般是全称命题，因此，我们有时难以用有限次检验或实例来证实全称命题。即使某个科学原理已经多次被实践检验，也无法保证它永远不被实践所推翻。而侦查工作要弄清的事实不是某个类的事实，不是普遍的事实，而是特定的、具体的事实；所要证实的命题不是全称命题，而是单称命题。所以，侦查假设是可以被证实的。

而推翻侦查假设的过程是假言推理否定后件式，只要检验命题为假，在逻辑上侦查假设就为假。证实一个侦查假设要严密，推翻一个侦查假设也要严密；同样，证实一个侦查假设要依靠事实材料，推翻一个侦查假设也要依靠事实材料。一般来说，推翻一个侦查假设有两种情况：

1. 在侦查过程中发现的事实与从假设中推出的检验命题相矛盾。例如，侦查人员根据掌握的事实材料提出某人为作案人的假设，由这一假设可推出的检验命题是，某人有作案时间。但在侦查过程中有充分的证据证明，案发当时某人没有作案时间，这样关于他是作案人的假设自然就被否定了。这一证伪的逻辑过程为：

如果 P，则 q

q 不可能成立或 q 与已知事实相矛盾

所以，P 不成立

2. 检验命题无法进行检验，即在现实中不存在与从假设中推出的结论相应的事实。例如，侦查人员根据掌握的情况，推测某处为作案人窝藏赃物的地点，由此推出的检验命题是，该处有赃物。但经过仔细搜查，在该处没有找到赃物，这样该处为窝赃地点的假设即被否定。因为如果该处确为窝赃地点，那必然能找到赃物。在此找不到赃物，那至少说明了现在该处没有窝藏赃物。这一证伪的逻辑过程为：

如果 P，则 q

q 在事实上不存在

所以，P 不成立

两种证伪情况相比较而言，第一种情况显然是更有力的。因为它提供了一个证明侦查假设不成立的证据，而这一证据又是无法推翻的。第二种情况中，侦查过程表明不存在与 q 相应的事实，可能是现实中不存在这一事实，也可能这一事实曾经存在过，但现在情况发生了变化，也可能这一事实果真存在却没有被发现。例如，侦查人员推断某处为窝赃地点，经过搜查没有找到赃物，可能是因为赃物已被转移了，也可能是因为赃物藏得十分隐蔽未被侦查人员发现。

综上，侦查假设的归宿在于案件的终结。侦查假设的建立、检验、修正，始终围绕一个目标，即查明作案人及其犯罪行为。这一过程，也是一个不断运用逻辑推理的过程。

第三节　侦查中的必然性与偶然性

在侦查中，经常应用模态命题表达事物情况的必然性或可能性。虽然案件是既成事实，但要了解全部情况有时却不是容易的事情。侦查初期，有时由于案情复杂、现场遗留线索不多，或者对一些细节尚未发现，因而对案件的性质、作案时间、作案手段、作案人的特征等有关情况，只能作出一些猜测。例如，"该案可能是内盗"或"该案可能不是内盗"。第一个可能命题倾向于是内盗，第二个可能命题倾向于不是内盗。究竟是内盗还是外盗，这本来是已发生了的事实，但是由于人们还没有明确了解这些事实，只能作出猜测。又如，"死者可能死于他杀"或"死者必然死于他杀"，"他不可能是凶手"或"他不必然是凶手"等，这都是模态命题在侦查中的应用。

在侦查中，必须注意模态命题的逻辑性质。必然命题表述的是必然性，可能命题表述的是可能性、偶然性，不能把可能当成事实，更不能把可能作为定案的依据。在侦查中，还要掌握模态命题之间的逻辑关系，正确地进行推理。例如，从必然命题可以推出可能命题，但从可能命题不能推出必然命题。例如，从"凶手必然有作案时间"，可以得出"凶手可能有作案时间"；但从"某甲可能有作案时间"不能得出"某甲必然有作案时间"。

一、正确认识必然性和偶然性

必然性和偶然性是客观事物发展过程中两种不同的趋势。必然性是事物发展过程中一定要发生的、确定不移的趋势，对事物发展起着支配和决定的作用；偶然性是事物发展过程中的不确定趋势，对事物发展起着加速或延缓的作用。

必然性和偶然性是相互区别又相互联系的，是对立统一的辩证关系。要正确认识和理解必然性和偶然性的辩证关系，既不混淆二者的界限，又不使二者割裂开。必然性和偶然性有区别，但又不是相互截然分开的，而是相互依存、紧密联系、相互渗透的，在一定的条件下还可以相互转化。必然性存在于偶然性之中，必然性要通过大量的偶然性表现出来。通过研究大量的偶然性，才能揭示出必然性的规律。规律是隐藏在大量偶然现象背后的必然性。

然而，在事物的发展过程中，必然性毕竟是必然要发生的，偶然性毕竟是偶然才发生的，二者之间不是哪个为主、哪个为次的关系。偶然性是否发生带有不确定性，一旦发生，就会改变必然性的进程，或者加速或者延缓，使得必然性也带上了不确定性。所以，偶然性是否发生和对必然性的影响都是无法预测的。

[例1] 2019年7月28日，郑州市市民林某带着妻子罗某、侄子林某伟、侄媳妇王某（已有七个月的身孕）等亲人来到信阳旅游。当晚九时许，林某带着家人走到某超市门口时，发现门口聚集了一堆人，并且听到了辱骂声及小孩子的哭声，林某等上前围观，发现两名男子及两名女子正在用手机拍视频，一名60岁的老年妇女怀里抱着一个两岁的孩童蹲在地上。

经过十几分钟的静观，林某知晓了事情发展的来龙去脉。原来老太太晚上带三个小孩到超市购买东西，在购买产品时发现她两个孙子找不到了，老太太便着急着去找她的两个孙子。当时老太太怀里抱着一个两岁的孩童，在出门时被超市保安拦下，说这个老太太在超市里偷东西，超市保安随即通知了店主，便要把老太太带到超市里去处理。超市店主一口咬定老太太偷了店里的两个鸡腿，总共价值是12元。这时，老太太掏出十块钱要给店主，但店主不收，要将老太太带到店里去处置。他们便扯着老太太，将她拖在地上，老太太怀里的孩童见此情景，便大声哭叫起来。

此时，旁边围观的人越来越多，林某的侄子林某伟便说了一声："老太太给你钱你不要，要不然你们就报警解决此事，要不然你们就放老太太走。"刚说完，旁边一名黑衣男子便对着林某伟破口大骂，内容极其不堪，并称林某一行人与"小偷"是一伙的。说着，这名黑衣男子便从花坛中抽出一根木棍冲着林某伟抢过来。当时林某伟怀中抱着其一岁半的女儿，林某见势，怕伤及儿童，便护在侄子林某伟前。当时，几名保安一起冲上来对着林某就是一阵撕扯、拳打脚踢，将林某与侄子林某伟拉开后，其中一名男子大声说："立刻打电话叫人来，弄死他们这几个人。"店主的妻子也开始拿起手机拍视频，并对着人群大喊："他们是小偷，他们是小偷！"随即，从超市内冲出数人，对着林某及其家人围攻、辱骂。其中一男子对着林某的右肩猛击一拳，见此情景，林某妻子罗某便上去与该男子理论，该男子便又对着罗某的脸上打了一拳。该男子还从花坛中抽出木棍、啤酒瓶，对着林某抢了过去，并声称林某他们是小偷、是黑社会，不仅偷东西、还打人。超市店主对着其他保安说："给我打，打死他们，往死里打！"怀有7个月身孕的王某看到自己的家人被围攻，拿起手机开始拍摄证据，其余保安开始围攻踢打王某，两次将她的手机使劲摔在地上，一名保安指着王某说："你信不信我扇你，别以为你是孕妇我就不敢打你，打的就是你大肚子！"据王某回忆，事情发生当时，围观的群众见保安要对她大打出手，便赶紧冲上来挡在王某前面。

这时，警察出现，但超市保安依然当着警察的面对林某他们进行拳打脚踢。警察见状，赶紧将他们劝离，带着林某一家人去派出所做笔录，老太太也向警察证明了林某他们只是劝架却遭遇超市保安的攻打。孕妇王某也被紧急送医，诊断为先兆性流产，并住院接受治疗。通过调查取证，警方判定老太太并未实施盗窃。

至此，本次事故已造成林某等人经济损失近4万元，其中包括林某身上佩戴的手表、一部最新款手机以及其家人在医院的医疗费。[1]

这次事件，本来是一起因老太太引起的疑似"盗窃行为"，却因林某等人的偶然介入，演变成了一起故意伤害案件。林某等人散步之时偶遇他人争执，好意出言劝架，却因超市人员的恶劣态度、恐吓和殴打行为造成人身、财产损失，这都是意料之外的。这个偶然性改变了案件性质。

一个犯罪行为所构成的案件中，存在着必然性和偶然性。侦查行为的主要对象是与犯罪行为相关的人、物、事。它们都是客观存在的。就犯罪活动发展的过程来看，只要存在着犯罪的条件，就必然产生犯罪行为，这是不依

〔1〕"一家5口散步被信阳华联超市保安围攻殴打，致孕妇先兆性流产"，载搜狐网，https://www.sohu.com/a/330774125_100178656，访问时间：2019年8月1日。

人们的主观意志为转移的。但至于何时、何地出现犯罪，什么性质的犯罪，何人实施犯罪行为，危害的具体对象是哪个，却具有很大的偶然性。就某一具体案件而言，只要行为人实施了犯罪行为，必然在一定的时间、空间内引起一定物质环境的变化，引起一定的危害结果，在犯罪地点及其他场所，会留有各种痕迹、物品和其他物证；在实施犯罪前后必然与有关的人、物和场所发生某种联系，在相关人等的头脑中会留下这样或那样的印象。这些都是必然的，不依行为人的主观愿望为转移。至于留下什么样的痕迹、物品、印象，留在什么位置，具体形态如何，明显的还是隐蔽的，质量如何，能保留多久，会不会被破坏等，则带有偶然性。

[例2]某年1月14日早上7时45分，章丘巨野河派出所接到群众报警：大正路一超市的防盗门被人撬坏，值班民警迅速赶到现场。民警发现，该超市通往二楼的防盗门被撬开，向上拉开了约半米高，二楼超市内没有灯光。但是，民警隐约听到里面有动静，立即上二楼搜寻。在搜寻到仓库二层隔板时，民警发现，隔板上躺着的一名青年男子正站起身来。看到民警后，这名满身酒气的男子摇摇晃晃地就要向外逃窜，被民警上前将其按倒在地。经审查，该男子蒋某如实供述了自己的违法事实。蒋某平日里无所事事，四处游荡，喜欢喝酒和上网。1月13日晚，在网吧里待了一天的蒋某已经身无分文，饥肠辘辘。晚上9时许，他来到位于大正路的这家超市门前，看到超市已经关门，便趁无人撬开防盗门，进入超市行窃。可当他看到超市货架上摆放的白酒后，突然酒瘾大发，拿起就喝。在喝掉一瓶半白酒后，蒋某不胜酒力，踉踉跄跄地走到仓库隔板处，一头倒在地上呼呼大睡起来，直到民警赶到才被惊醒。[1]

此案中，对于这个作案人来说，既然作案，必然就要受法律追究，但这个蟊贼却由于贪吃贪喝，结果"自投罗网"，这是偶然性原因在起作用。反过来说，即使该人这次不喝醉，不被抓获，只要其恶习不改，最终还是难逃法律制裁的，这也是必然的结果。

---

〔1〕杜洪雷："小偷超市行窃酒瘾大发 就地喝醉沉睡后被逮正着"，载搜狐网，http://news. so-hu. com/20120117/n332449198. shtml，访问时间：2022年1月17日。

二、有效把握必然性和偶然性

必然性在事物发展过程中是居支配地位的趋势，它决定着事物发展的前途和方向；偶然性在事物发展过程中不是居于支配地位的趋势，但它对整个事物的发展，起着加速或者延缓的作用。

侦查人员在对案件进行侦查的过程中，也存在着必然性和偶然性。犯罪活动造成的案件是客观存在的事物，它必然与其他事物有各种联系。客观存在的事物是能够认识的，案件最终能够侦查终结，这是事物发展的必然性规律，但多长时间终结，由哪个侦查员突破，先在哪个具体环节上突破，犯罪嫌疑人如何被抓获等，却有偶然性的问题。

在侦查中要重视必然性，立足于必然性，确立坚定不移的破案决心与信心，要科学地分析案情；在把握必然性的同时，也不能忽视偶然性，要注意和充分利用偶然因素。因为必然性寓于偶然性之中，并通过偶然性表现出来。侦查要立足于必然性，是说犯罪活动是一种物质运动，它和周围客观事物存在着广泛联系，必然要通过各种现象和各种方式表现出来，坚持锲而不舍的精神，排除各种干扰，克服各种困难，案件最终是能够终结的，这是侦查假设发展的必然趋势。但侦查过程中又常出现某些偶然性因素，给破案带来好的机遇，促进侦查假设的发展，提高工作效率，使侦查工作走了捷径，节省了人力、物力。所以，侦查中要立足必然性，也要高度重视偶然性，但同时也要尽量减少和避免偶然因素的干扰，做好准备以应付各种突然事件的发生。侦查过程中，机会或机遇的出现既是客观的，又带有偶然性，因此，机遇只青睐有准备的人，只有那些具有强烈的侦查意识、高度责任心的人，才能及时发现和利用偶然信息，抓住破案的良机。

侦查中的偶然性因素很多，既有对侦查破案有利的偶然性因素，也有对侦查破案不利的偶然性因素。柯南道尔在《福尔摩斯侦探案》中说："在破案艺术中，头等重要的是善于从大量事实中去掉偶然性的东西，抓住实质性的东西。"这里所说的"偶然性"的东西，实际上就是指影响侦查顺利进行的、对侦查不利的偶然性因素。侦查过程可以看作是双方的对抗活动。对抗双方在意志、智慧的角逐过程中，往往会出现一些漏洞，这些漏洞对另一方来说就是机会。其实，"机会"对双方来讲都是平等的，只是看谁能及时正确地把握住它。对于有利的机会，若能及时加以利用，就变成了"天赐良机"；对于不利的机会，能自觉排除它，就可以避免失误。常言道"智者千虑，必有一失"，无论多么狡猾的作案人，想要做到既要犯罪又不露出一点痕迹是很难的，侦查人员如果能把对方的"一失"变为自己的"一得"，对方的"一失"就成了破案的"良机"。侦查中，机会、机遇是普遍的、大量存在的。机会、机遇的出现，既是偶然的，又不纯粹是偶然的。如果侦查人员能及时捕捉到这些偶然机遇，就能发现犯罪线索和证据，就为破案创造了机会。反之，如果侦查人员不能及时发现，就失去了良机，而对于作案人来讲，他就有可能逃避惩罚，逍遥法外。在充满高科技、高智商犯罪的今天，若失去良机，就可能变成千古之恨。所以，把握住偶然性机遇经常可以改变对抗的结果。

例如：2000年12月9日下午4时40分许，在郑州市火车站附近繁华地段的银基商贸城内，4名蒙面歹徒持猎枪迅速闯入广东发展银行银基营业大厅，值班人员未及反应，便被一个歹徒用两尺长的猎枪抵住胸口。歹徒大喊："趴下！"一名歹徒用爆炸装置将营业柜台上方的防弹玻璃炸开一个洞后，另一歹徒持铁锤将防弹玻璃砸掉，跳进营业柜台，将当天营业部的208万元人民币装入两个蓝白相间、红色镶边的编织袋。得手后，歹徒迅速拐入商场，扯下帽子及面罩，从商场另一侧的零号门携款逃离现场。

正在商场值班的保卫处副处长常某某闻讯迅速赶来拦截。常某某拿着对讲机，边跑边叫，歹徒迎面就是一枪，常某某应声倒地，不幸被歹徒枪杀致死。另一保卫人员的棉大衣被子弹从侧面击穿。歹徒在逃跑过程中，又与闻讯赶到现场的巡警展开对射，将巡警击伤后混入人群潜逃。混乱中，一名4岁男童被踩成重伤，10余人被送往医院救治。

歹徒从闯入到作案得手前后不到5分钟。

事后，从银行的监控系统得知，这伙劫匪身上捆绑了7种不同的自制炸弹，手里还拿着一瓶汽油。

这就是震惊全国的"12·9"特大持枪抢劫银行案，被公安部确定为2000年全国第二号大案。

侦查人员了解到，从1994年起至2000年"12·9"案发，郑州市区共发生20起银行抢劫案，抢劫储蓄网点案18起，抢劫运钞车、金库各1起。

其中：

1997 年 11 月 19 日，郑州市淮河路电信分局营业厅发生持枪抢劫案，3 名歹徒戴头盔、持猎枪，抢走电信分局正在往银行押款车上运送的现金 37 万元人民币。

1999 年 3 月 3 日，郑州市交通路建设银行铁路支行储蓄所发生抢劫案，有两名以上的歹徒手持铁锤等作案工具将柜台玻璃砸坏，抢走现金 5 万元，并在逃离现场时引爆了携带的一爆炸装置。

1999 年 12 月 5 日，郑州城市合作银行储蓄所发生抢劫案，被抢走现金 200 多万元。

这些抢劫银行案发生后，警方虽然投入大量的人力、物力、财力进行侦破，但长时间以来，上述案件久侦未破。

由于银行劫匪每次作案时均蒙头戴手套，郑州发生的几次抢劫银行现场很少留下指纹。"12·9"案发后，侦查人员全力勘查现场，终于在中弹身亡的常某某身边发现一枚弹壳，并从该弹壳上提取了一枚指纹，同时刑侦人员也从其他爆炸装置上提取了两枚指纹，这些指纹成了侦查人员破案的珍贵材料。

据郑州警方侦查，4 名劫匪均为河南口音，其中最高的一人身高 1.76 米左右，其他同伙均中等身材。警方推断：这个犯罪团伙中至少有 1 人当过兵，精通爆破技术；1 人在郑州有住址；犯罪分子的年龄在 30 至 48 岁之间；原籍在平顶山、许昌一带。犯罪分子对抢劫目标的活动规律、收款时间、经由路线有一定的窥视了解，并熟悉现场地形、地物和来去路线。从现场提取的拉火管、导火索等爆炸装置物证分析，犯罪分子作案过程简捷敏快，整个过程约 5 分钟，环环紧扣，是事先踩点、精心策划有预谋的犯罪。

"12·9"特大持枪抢劫银行案件发生后，在前期排查的基础上，警方对近几年来郑州市发生的多起抢劫银行案件的作案手段、人数、工具进行比对，并根据刑侦专家的反复研究分析，很快认定 2000 年"12·9"案件与 1997 年"11·19"、1999 年"3·3"案件系同一伙犯罪分子所为，可以并案侦查；与1999 年"12·5"案件可以串案侦查。

警方将"12·9"银行抢劫案犯罪分子留下的物证进行了重新整理，根据现场留下的女式鞋盒，推断犯罪分子身边肯定有女人，又根据现场留下的其他物证和几起银行抢劫案发生的距离都很近的情况，断定犯罪分子很可能就在郑州市二七区居住。于是，郑州警方调集精兵强将，对二七区、中原区进行更细致、更大规模的排查。

2001年6月12日21时，警方在嵩山路南段的绿城花园内进行重点排查。当查到该花园24号楼1单元7楼14号时，第一次敲门，没人开，便下楼。但刚走下楼梯，感觉屋里有人，便返回再次敲门。打开了，里面是个女人。

首先引起民警怀疑的是，4个房间有3个房门都镶有"灵贵牌"榉木球形门锁。房门是旧的，锁却是新的，这锁显然是专门安上去的，而且一下子就安上了3把。民警们立即联想到1999年3月3日在交通路建设银行储蓄所抢劫现场，作案歹徒曾留下一只"灵贵牌"榉木球形门锁锁盒，歹徒当时用锁盒装作案用的工具。这是当时该起银行抢劫案留下的唯一证据。警方把此锁盒作为重要破案线索让侦查员作为破案依据。因此，这几位民警一见这么多榉木锁，立即条件反射，顿生怀疑。为了不打草惊蛇，民警避开这把可疑的锁，只问这门是从哪儿买的。这名女子说，是航海路旧货市场。旧货市场怎么可能卖这种装个新锁的门？这显然是谎话，民警的疑心更重了。民警接着问道："这里住了几个人？"这女人说就她一个人。民警接惯例让其拿出户口本或身份证，只见那女子在几个卧室之间来回走了几趟，找不到证件。

此时，民警发现，有一个房间每当她进出时总把房门关得很严，民警感到里面有动静，便推门进去，在卧室的阳台上发现一个男的，问他为什么不出来，那男的说，他只穿个大裤衩，见有女民警不敢出来，民警感觉他的身材高大，符合"12·9"银行案调查的范围，便要求他穿戴整齐，到暂住某招待所的专案组处接受调查。该男子为某村农民张某，那个女人是他的妻子。

在专案组对张某做指纹登记时，由于印下的指纹质量不高，民警带他到中原公安分局作进一步调查，此时已是凌晨2时40分。民警找来技术人员提取了张某的指纹。由于指纹比对需要时间，而又没有证据证明张某作了案，就让他回了家。随后，技术人员对张某的指纹进行比对，结果很快出来了：与"12·9"银行抢劫案现场犯罪嫌疑人遗留的指纹一模一样！当技术人员将结果迅速上报后，警方立即展开了对张某的搜捕。然而，张某已经逃跑了。

警方将张某的妻子抓获，从她携带的包裹中发现了猎枪一支。技术检验认定该枪正是"12·9"案件犯罪分子使用的枪支。经审讯，她交代了"12·9"案件正是张某伙同他人作案，并供述 1997 年"11·19"和 1999 年"3·3"两起银行抢劫案也是张某伙同他人作案。

这时，警方得到可靠消息，张某已逃到平顶山市，警方迅速在平顶山市部署了 4 道防线。2001 年 6 月 14 日凌晨，张某逃到平顶山市后，躲在一宾馆内，因此，警方排查多时均无所获。8 时许，张某出门，见满大街全是武警战士、公安人员，他知道大事不妙，准备继续外逃。当他逃到平顶山市园丁路时，正巧与从郑州市赶到的郑州市公安局民警撞个正着，被迅速按倒制伏。

在审讯中，张某交代抢银行的事是他干的。随后，警方根据张某的供述，将其他同案犯抓获。

正如警方最初分析的那样，2000 年"12·9"案件和 1997 年"11·19"案件、1999 年"3·3"案件都是张某伙同他人作案。而且，张某当过兵，枪法很准。警方的其他推断也都被证实。[1]

"12·9"案件的侦破过程，体现了必然性和偶然性共存的特点。郑州警方根据各种事实材料，调集精兵强将，对二七区、中原区进行更细致、更大规模的排查，张某等人就居住在二七区，他们被抓获是早晚的事。但警方排查时，发现 3 个房门都镶有"灵贵牌"榉木球形门锁。这一偶然因素的发现就成了最终成功抓获张某的契机，民警们也正是凭借着高度的职业敏感抓住了这个破案良机。而张某潜逃之后，警方得到可靠消息，张某已逃到平顶山市，警方迅速在平顶山市部署了 4 道防线，所以张某被抓获也是早晚的事。而当张某逃到平顶山市园丁路时，正巧与从郑州市赶到的郑州市公安局民警撞个正着，最终被抓获。这正是必然之中的偶然。

此案侦破过程中，运用逻辑推理，从提出侦查假设，到修正，到最终证实，每一步都体现了侦查假设的特点：

首先提出侦查假设：这个犯罪团伙中至少有 1 人当过兵，精通爆破技术；1 人在郑州有住址；年龄在 30 至 48 岁之间；原籍在平顶山、许昌一带。

---

[1] 张向荣、牧笛："12·9 抢银行大案破了"，载《北京青年报》2001 年 6 月 22 日，第 17 版。

修正侦查假设：2000 年"12·9"案件与 1997 年"11·19"案件、1999 年"3·3"案件系同一伙犯罪分子所为，决定并案侦查。

再次修正侦查假设：根据现场留下的女式鞋盒，推断犯罪分子身边肯定有女人，又根据现场留下的其他物证和几起银行抢劫案发生的距离都很近的情况，断定犯罪分子很可能就在郑州市二七区居住。

最终警方的推断都得到证实，说明警方的侦查假设是完全正确的。

第四节　侦查中的本质与现象

本质与现象是揭示事物内在联系和外部表现相互关系的一对辩证法的基本范畴。本质是事物自身组成要素之间相对稳定的内在联系，是事物的根本特征，是决定事物性质和发展趋向的东西。现象是事物的表面特征，是本质在各方面的外部表现。

本质和现象是对立统一关系。本质和现象是统一的，任何事物都有本质和现象两个方面。本质和现象互为事物的里表，它们是互相依存的。世界上既没有离开现象单独存在的本质，也没有脱离本质的纯粹的现象。本质和现象又是对立的，二者存在着明显的差别和矛盾，本质从整体上规定事物的性质及其基本发展方向，现象从各个不同侧面表现本质，它的存在和变化归根结底是从属于本质的；本质由事物内部矛盾构成，是同类现象中一般的或共同的东西，本质和必然性、规律是同等程度的概念，本质比现象单一、稳定、深刻，由于它的抽象性，要靠理性思维才能把握；而现象是事物本质的外部表现，是局部的、个别的，现象比本质丰富、多变、生动，用感官即能直接感知。

人们认识事物，把握事物的发展规律，就是要透过现象认识本质，离开事物的现象就无法认识事物的本质。这是一个艰苦、反复的过程。客观事物的发生、发展和灭亡有一个过程，把握了事物的现象，并不等于认识了事物的本质，本质隐在其中，它的暴露有一个过程，因此，人们对事物本质的认识必然要经历由片面到全面的逐步深入的过程。只有在实践中通过对多方面现象的分析研究，去粗取精、去伪存真、由此及彼、由表及里，才能实现从现象到本质、由不甚深刻的本质到更深刻的本质的无限深化的过程。

事物现象和本质的统一提供了科学认识的可能性；现象和本质的矛盾决定了认识过程的曲折性和复杂性。犯罪活动和其他客观事物一样，都存在着现象和本质两个方面。我们正确理解了现象与本质关系，掌握了案件中的大量现象，经过研究分析，就可以把握住案件的本质。侦查过程也正是通过探求现象与本质之间的内在联系，从而达到探明案件真相的目的。

一、侦查中现象与本质既有区别，又有联系

现象是事物的外部表现，是外露的，它可以被人们的感官所感知。本质则是隐藏在事物内部的，人们靠感官不能感知它，只有通过理性思维才能把握它。例如，在凶杀现场，侦查人员首先看到的是现场的状况，尸体的位置、姿势，有无血迹、凶器，现场遗留痕迹等。但案件的性质，即究竟为什么要行凶，是什么人所为，行为人与死者是什么关系等本质问题，难以直接看出来。

现象在侦查中的表现是个别的、具体的、片面的和表面的，单独、孤立地表现某种具体状况，本质则是对各种现象的抽象和概括，是这些同类现象中的共同性的东西，本质比现象更普遍、更深刻。例如，凶杀现场有尸体，又发现血迹和凶器，现场有财物翻动痕迹，外围墙上有攀登痕迹，这些只是一些表面现象，而通过这些表面现象，则可以分析出案件的性质是仇杀、财杀、情杀或其他性质杀人，甚至还可以分析出作案人与被害人的关系及作案人的个性特征等，所以，可以通过现象看到本质。

案件中的现象是多变的、易逝的，本质则是相对稳定的。列宁曾用湍急的河流来比喻现象与本质的关系，指出非本质的东西、表面的东西常常消失，不像本质那样稳定，这就像河水的流动，泡沫在上面，深流在下面。[1]以凶杀现场为例，是情杀还是仇杀、财杀，案件的本质问题是不变的，而凶杀现场遗留的痕迹、物品及其他物证，以及现场的温度、湿度、周围环境等现象，则是可能发生变化的，甚至可能因遭到自然或人为的破坏而消失。

客观事物是复杂的，不同的现象可以具有共同的本质，同一本质可以表

---

[1] 常绍舜主编：《马克思主义哲学原理》，中国政法大学出版社1996年版，第107页。

现为千差万别的现象。例如，虽然故意杀人、抢劫、绑架、爆炸、强奸等犯罪行为形式不同，但它们都有着相同的本质，即暴力型犯罪；而同样是死亡案件，可能是自杀死亡，也可能是他杀死亡，也可能是意外致死。

二、侦查中真相、假象并存

犯罪是一种破坏法律、危害社会的行为，是法律追究和惩罚的对象，作案人为逃避法律的惩罚，往往制造许多假象，以假乱真，以掩盖犯罪行为的真相。近年来，随着犯罪的智能化、技巧化，作案人的反侦查意识愈来愈强，犯罪手段不断变化，制造的假象越来越多。很多高智商的作案人清楚知道自己的所作所为和行为能力，甚至也了解警方的侦查能力。所以，作案人敢于施展各种反侦查伎俩，敢于有目的地制造出来各种假象，歪曲事实真相，有些可能超出人们的想象之外。侦查过程中，经常存在着现象与本质并存、假象与真相交织并互相渗透的情形，甚至有时现象掩盖了本质，假象迷惑了真相。例如，故意把他杀伪装成自杀；把情杀伪装成仇杀；把内盗伪装成外盗；有的把留有他人指纹的物品故意放在案发现场，故布疑阵；有的实施犯罪时倒穿鞋，犯罪过程中更换衣物；有的将部分赃款捐献给社会公益事业，为犯罪行为披上一层美丽的外衣，以掩人耳目；有的诈骗犯罪，更是制造离奇假象，作案人冒充身份、虚构事实、施展花招之多，简直令人难以想象。侦查对抗既是力量和意志的抗衡，又是比勇和斗智的拼搏。侦查人员与作案人都是能思维并具有自觉能动性的，且双方处于对抗状态，对抗双方都可能制造假象，利用假象迷惑对方，战胜对方。

［例1］苏联某城市曾连续发生几起住宅楼被盗的案件，其作案手法完全相同。一个年轻美貌、穿着优雅的女人，作案前先进行"踩点"，详细探听某套房住的什么人，叫什么名字，生活习惯怎样，家中可能有哪些值钱的东西等，当她选中了目标后，用仿配的钥匙打开门，把值钱的东西装进一个手提箱里，进行盗窃。在她被捕前盗窃伊万·诺维奇和玛丽娅·伊万诺夫娜夫妇家时，当她正把屋里所有最珍贵的东西都装进两只手提箱里准备离开的时候，她听到有人开门的声音。就在这一瞬间，她根据时间来判断，来人只可能是女主人玛丽娅·伊万诺夫娜。这个女贼立刻纵身跳到卧室的穿衣镜前，摘掉帽子，一下子把自己浓密的头发弄散，然后开始梳理。门开了，门口出现了

玛丽娅·伊万诺夫娜。当她看到这个陌生的女人时，不知所措地问："你在这儿干什么？"这女贼毫不在意地回头看了她一眼，反问她："难道伊万·诺维奇没跟你说过？难道他没有告诉你他要跟你离婚？我们已经说好了，今天我搬到他这儿来。你看，我搬来了。"她用手指着那两个手提箱。玛丽娅·伊万诺夫娜是个急脾气，她跟这个"破坏家庭者"二话没说，一下子把她推出门外，并接着把那两只手提箱也扔了出去。等女主人后来换衣服时，打开衣柜才发现被盗。

这个女盗贼之所以能在女主人面前溜掉，是她制造了离奇的假象，简直达到了以假乱真的程度。这个女盗贼成功地制造了"她是破坏家庭者"的假象，使得女主人产生错觉，误以为是男主人带她进入家门的，在盛怒之下一时不辨是非，反而为女盗贼逃离创造了良机。这说明女盗贼具有一定的反侦查能力、应变能力和狡诈程度，她利用假象制造错觉，成功地为自己争取到了逃脱的机会。

假象与错觉不同，错觉是人的主观认识与客观事物的现象不一致，是人们对外界事物的错误、歪曲的认识。假象虽然不是错觉，但它可以诱使人们在认识事物时发生错觉。如果人们不能及时识破假象，就可能被假象迷惑，使侦查发生错觉，导致侦查误入歧途。但假象毕竟是假象，假象虽然可一时有效，但是因为假象也是一种客观存在的现象，它不是孤立存在的，它存在于各种现象的相互制约之中，作案人制造的各种假象终究不能改变假象与其他现象之间的关系，这就为侦查中识破假象、揭露本质提供了科学依据。

[例2] 某年4月2日上午7时左右，湖北省枣阳市公安局接到报案，在该市境内的车河农场，发生了一起车毁人亡的事故。现场勘察发现，车靠在路的右边，车头朝北，车身除了铁制部件，全部烧毁了，一具尸体倒在驾驶座的副座上。

案发地点地处枣阳市西南大洪山脉，交通不便，人烟稀少。公安人员对现场进行勘察发现，被烧毁的汽车车牌号是 F - 22723。那具被烧得无法辨认的焦尸是死于自杀？他杀？还是交通事故？警方一时难以定论。但警方根据现场情况和车主姓名，以及死者的鞋子、钥匙，初步确定了死者的身份为枣阳市车河李集信用站的信贷员赵某某。

于是警方一边让赵某某的家属领回尸体，尽快安葬，一边就该起车毁人亡的事故进行分析。法医鉴定赵某某系生前被烧后死亡，现场勘察车身并无机械性损伤，且车门紧锁，警方根据这些侦查结果，排除了交通肇事和他杀的可能性，推测赵某某属于自杀。

但就在这时，警方得到当地群众举报，在案发当天早晨 6 点多钟，有人曾在案发现场附近看见一个身上有烧伤的男子，向随州的洪山方向步行。这条意外的线索引起警方的怀疑，警方把侦查的视线投向了沿路的诊所和医院，并很快在随州市双河镇医院发现了此人的踪迹。随州市双河镇医院医生回忆到："我看见一个大约有 40 岁左右的男子，手上、面部都有烧伤，他说医生快点给我弄点药，他要到信阳去，我们给他上了药，又在外面喊了一辆人力三轮车送他走。"

根据医生提供的情况，警方找到了搭载受伤者的三轮车车夫，并从他那里掌握了受伤者离开的路线。案发当天下午 4 点左右，警方又得到消息，被烧伤的人在远离事发地点 300 里之外的钟祥市张集卫生院出现了。于是警方追踪而至，对这个身上有烧伤的人进行监控，并与车河派出所取得了联系。然而让前来辨认受伤者的民警大吃一惊的是，躺在病床上输液的人，竟然就是早晨才被大火烧死的"死者"赵某某！

随后，警方对赵某某进行了讯问，赵某某交代了事情的经过。原来赵某某利用自己是信贷员的身份，侵吞公款 300 万元，直到上级要来查账时他才着了急。眼看账的问题就要暴露，他开车出去借钱。但奔波了一天，才借到一万元，比起 300 万的大窟窿来说，简直就是杯水车薪。他正焦头烂额时，发现路边有一个无家可归的老乞丐，于是他动起了让人替死、逃脱罪责的念头。他将乞丐弄上车后，将其打昏，然后浇上汽油，连人带车一起焚烧。但他没有想到，熊熊大火也让他躲闪不及，身体多处被烧伤。而更让他意想不到的是，自己机关算尽布下的骗局不到 10 个小时就被警方彻底揭穿了，他最终没能逃脱法律的严惩。

这起案件中，作案人也是成功地制造了以假乱真的假象，误导侦查人员认为这是一起自杀案件。但令作案人没有想到的是，他的可疑行迹被目击群众看到并报告给警方，目击群众的高度警惕性是这个案件中的偶然因素，也正是这个偶然因素揭开了假象，还原了事实真相。

第五节　侦查中的因果关系

我们常说的因果关系，一般是指一个事件和第二个事件之间的作用关系，是两个现象或事件之间引起和被引起的关系，其中前一事件被认为是后一事件的原因，后一事件被认为是前一事件的结果。

一、因果关系的特征

（一）因果关系具有时序性和必然性

客观事物的因果关系在时间上具有先后相继的顺序性，即前因后果，先有原因，后有结果。原因必定在先，结果只能在后，二者的时间顺序不能颠倒。原因和结果之间还必须是一种必然的内在联系，即前因必然引起后果。如果没有必然的内在联系，虽然有时间上的先后性，也不存在因果关系。只有同时具有时间上的先后相继性，且有必然的内在联系的两个事物或两个现象之间才构成因果关系。所以，客观事物之间的因果关系既要注意时间的先后顺序性，又要有必然的内在联系，二者必须同时具备，缺一不可。原因和结果之间的这个特点在侦查假设中尤为重要，稍有疏忽，就可能导致错案。

逻辑学上的求因果联系和法律上的因果关系不完全是同一个问题。逻辑学上的求因果联系多是考察多次场合才得出结论，而法律上的因果关系多是针对一个场合的单一关系。法律上的因果关系不能简单理解为我们日常生活中认为的时间顺序上的先后关系，或事物现象之间的表面上的联系。法律工作中，要求法律事实与法律结果之间具有必然因果关系，不能因为表面上相同就认为实质上相同，不能因为表面上不同就认为实质上不同。侦查中分析案件的因果关系时，最重要的是揭示先行现象与后行现象之间的必然内在联系，防止只从时间先后顺序来确定事物的因果关系，这种表面性看问题，很容易被假象迷惑，误把时间上的巧合，认定为必然的因果关系，把侦查假设引向错误的方向。例如在刑事案件中，要从危害结果发生以前的危害行为中去查找原因。例如，盗窃分子行窃，必须先到盗窃现场，然后才能有盗窃行为发生。但有时仅有时间上的先后相继还不能构成真正的因果关系，因为可能还有其他人也到过案发现场，与该案有时间上的先后关系，但这些人并没有作案。

[例1]《新唐书·刘政会传》中记载：唐朝名将刘崇龟镇守南海的时候，有一个富商子弟年轻而且长得白皙，不同于一般贱买贵卖的商人。一天，他的船停泊在江边，看到岸上有一门户很高大的人家，里边有一位年轻貌美的女子，她见了生人也不避开，和富商子弟相望着。这个富商子弟就调戏她说："我今晚就到你家来啦！"那女子听了以后，面无难色，只是点头微笑。到了晚上，谁知这一多情女子还真的打开门等待着富商子弟到来。谁知没等富商子弟前来赴约，有个小偷摸进来，女子以为是富商子弟，就立即高兴地迎上前去。不料那个小偷却以为来捉他，吓慌了，便用随身携带的杀猪刀刺了女子一刀，然后扔下刀跑了。女子的家人一点儿都没有发觉。紧接着，富商子弟随后来到，踩着地上的血水，滑倒了，一开始他以为是水，用手一摸，闻到了一股血腥味，接着又摸到地上躺了一个人，知道有人被杀倒在地上，吓得爬起来就跑，一到船上就解缆逃走了。船开了一夜，到天亮，已经驶出一百多里。女子家人循着血迹找到江岸，然后便向官府报了案。官府派人将富商子弟追捕到案。经过严刑拷问，他都如实交代了，但始终不承认那个女子是他杀的。女子家人把捡到的杀猪刀交到官府。郡守刘崇龟检验凶器后，下令说："某日召开盛大宴会，全境的屠夫，都要集中到市场上，等着屠宰牲口。"屠夫们聚集以后，他又传令说："今天已经晚了，明天再来，各自把杀猪刀留到厨房里，空手回去。"然后他又叫人把屠夫们的刀取来，用女子家人交来的那口杀人刀换下其中一口。第二天早晨，郡守命令屠夫们到衙门去取刀，众人都认领了自己的刀走了，只有一个屠夫留在最后，不肯拿刀。郡守问他为什么不取刀，他说："这不是我的刀。"郡守又问他这是谁的刀。屠夫说应该是某人的刀。郡守立刻派人去抓，结果杀人者已经逃走了。于是郡守又命令将牢狱里一个应处死的犯人，假装成富商子弟，傍晚时公开处死在市场上。逃跑的杀人犯的家属，每天早晚都探听官府的消息，既然"杀人犯"已经被处死了，没过一两天，杀人者就放心地回家了。结果杀人者马上就被官府抓来，并全部招认了杀人的经过，按法律被处以死刑。而富商子弟，夜入民宅，以通奸罪论处，被打了一顿板子就释放了。

从这个古代案例中可以看出，富商子弟与女子因其事先有调戏的行为；晚上又到了女子房中，而此时女子刚被他人杀害；他身上又沾有死者血迹，随后又开船逃跑。死者家属控告富商子弟为杀人凶手，似乎顺理成章，官府将其捉拿问罪，好像既有前因后果，又有证据在握，事实俱在。但刘崇龟却没有被这些假象迷惑，从凶器上发现了疑点，即长得年轻而白皙的富商子弟怎会随身携带一把杀猪刀呢？刘崇龟另谋破案的良策，缉获了真凶，了断了这宗杀人奇案，从而避免了冤案。

[例2] 2020年10月17日厦门中院微信公众号发布消息：男子停车未拉手刹被自己的车撞死，家属起诉路边违停车主。

2017年某日，叶某驾驶轻型普通货车从厦门某商城停车场倒车，至停车场道闸处停车下车欲升道闸时，由于未拉起手刹，未按操作规范停车，车辆便往后倒溜。叶某跑到车后欲阻止该车倒溜，不料被车尾左侧挤压至一辆违章停放在路边的轿车左侧，造成叶某受伤，经送医院抢救无效于当日死亡。

事后，交警出具《道路交通事故认定书》，载明事故形成原因：叶某驾车停车时，未按照操作规范停车，致车辆倒溜，造成本事故，其过错行为对交通事故的发生起根本作用；并认定叶某应承担本事故全部责任，路边违停车辆车主袁某不承担本事故责任。事故发生后，袁某车辆投保的A保险公司已于交强险无责项下赔付11 000元。2018年，叶某家属将袁某、A保险公司起诉至厦门海沧法院，要求二者赔偿各项损失共计107万余元。

法院审理后认为：公民的人身权、财产权等合法权益受法律保护，在受到侵害时，被侵害人有权请求侵权人承担相应的侵权责任。本案系机动车交通事故责任纠纷。本案交通事故经交警认定，叶某负全部责任，袁某无责任，该事故认定事实清楚，程序合法，责任划分明确，应予采信。

法院厘清了本案的三个争议焦点：

争议一：本案交通事故是否属于机动车与行人之间发生交通事故的情形。

家属主张：叶某对于违停车辆而言系行人，即使违停车辆没有任何过错，叶某作为行人与轿车发生碰撞造成死亡，轿车方亦应承担部分责任。

法院认为：本案交通事故的发生具有整体性、连贯性，系两辆机动车相撞造成第三人死亡及车辆损坏的一起交通事故，而非两辆机动车分别与第三人相撞造成的两起交通事故。本案交通事故属于机动车之间发生交通事故的情形，而不属于机动车与行人之间发生交通事故的情形。

争议二：袁某对叶某的死亡后果是否存在过错。

家属主张：违停车辆正对着道闸路口，道路狭窄，影响车主逃生时间和空间，造成两车挤压车主致死的结果。

法院认为：从本案交通事故的基本事实和成因上看，交警部门通过现场勘察、调查取证后，根据各方当事人的过错及原因力等因素，认定死者叶某应承担事故全部责任、袁某不承担本事故责任。家属对该交通事故认定书有异议，但未能提供相反证据予以推翻，故本院依法确认交警部门出具的交通事故认定书的证明力。从法律上的过错认定上看，按普通的、合理人的一般常识，违章停车后在车辆处于完全停止状态下导致第三人死亡的概率极低。在此情形下，袁某对其违章停车行为与可能发生第三人死亡后果之间缺乏预见能力，其主观上对于叶某的死亡后果并无过错。侵权责任法上的过错的认定标准包括：故意、过失两种形态。故意，是指行为人对特定的损害结果的发生是明确知道的，并且意图追求此种损害后果的发生；过失，是指行为人对于特定的损害结果的发生应当预见并且具有预见的可能，但由于疏忽大意没有预见，或者虽有预见但轻信能够避免，并最终导致损害后果发生。由此可见，无论故意或者过失，均应以行为人对其行为可能产生损害后果的预见能力为前提。如果特定的损害后果并非行为人所可以预见或者应当预见，该损害后果对于行为人而言为意外事件，行为人不存在过错。

争议三：袁某、A保险公司是否应对叶某的死亡后果承担赔偿责任。

家属主张：袁某、A保险公司应对叶某的死亡后果承担赔偿责任。

法院认为：事实上，A保险公司也已于交强险无责项下赔付了 11 000 元；不足部分，机动车之间发生交通事故的，由有过错的一方承担赔偿责任，而袁某轿车在本起事故中没有过错，故袁某、A保险公司不承担该部分赔偿责任。

最终，法院判决驳回叶某家属的诉讼请求。[1]

在这份判决书中，法院认定的事实确实，论证充分。法院首先明确区分了"机动车之间发生交通事故的情形"和"机动车与行人之间发生交通事故的情形"，确定了案件性质。紧接着法院论证了袁某对叶某的死亡后果是否存在过错，这是本案中最关键的部分。法律上的因果关系要求具有必然性，不能理解为一般意义上的前后相继发生的两个事件之间就具有因果关系。从客观上看，由于袁某的违章停车使得叶某受到挤压，产生死亡的后果。但是袁某的违章停车并不必然就会引起叶某死亡，造成叶某死亡的根本原因是叶某停车时，未按照操作规范停车，致车辆倒溜，造成本次事故。从主观上看，袁某对其违章停车行为与可能发生第三人死亡后果之间缺乏预见能力，其主观上对于叶某的死亡后果并无过错。所以袁某违章停车和叶某的死亡之间并不存在法律上的因果关系。法院的这份判决充分体现了法律上的因果关系的特征，既要有时间上的时序性，又要有引起和被引起的必然性关系。

（二）因果关系具有复杂性和多样性

客观事物之间联系的复杂性、多样性决定了因果关系的复杂性、多样性。侦查的过程，也是不断揭示案件中因果关系的过程。侦查假设一般是从结果开始，一步步追溯其原因，揭示出案件中的因果关系。刑事案件中往往存在着多种复杂的因果关系，其原因中既包括主要的、直接的、内在的原因，又包括次要的、间接的、外在的原因。侦查中，要对诸多原因进行全面的考查、辩证的分析，不要盲目轻信第一印象，不要死抱住一种推论，切忌草率得出结论，切忌片面性和简单化。

侦查中，因果关系的复杂性、多样性主要表现在：

1. 一因多果。一因多果是指由一种原因同时引起多种结果，即一个行为可能同时引发多个结果。刑事案件错综复杂，原因和结果往往是互相交错、互相渗透、互相制约的。例如，为了钱财盗窃电力电信设备，结果造成通信中断、停电事故；在查获某人贪污案时，查出贪污、受贿集团犯罪，拔出萝

---

[1] "男子停车未拉手刹被自家车撞死 家属起诉路边违停车"，载搜狐网，https://www.so-hu.com/a/428940943_100109048，访问时间：2020年11月2日。

卜带出泥；搜查赃物时，起获了非法枪支；盘查盗窃犯时，查出了贩毒人员；审问犯罪嫌疑人过程中，犯罪嫌疑人却供述了尚未掌握的他人重要犯罪事实。这些都可以说是一因多果的体现，这些都直接扩大了侦查战果，因而起到破此案带彼案的作用。

一因多果还有一种情形，就是同样原因、同样行为在不同条件下造成不同的结果。例如，同样是投毒行为，如果毒害的是特定个人，则可能构成故意杀人；如果毒害的不是特定人群，则可能构成危害公共安全；如果毒害的是个人所有的动物，则可能构成故意毁坏财产；如果毒害的是流浪动物，则可能构成危害公共安全。

[例1] 元代戏曲家关汉卿创作的杂剧《窦娥冤》中，不幸女子窦娥从小死了母亲。她父亲窦天章是一位穷书生，因为上京赶考缺少盘缠，便把年仅7岁的窦娥卖给蔡婆婆家做童养媳。窦娥17岁时与蔡氏之子成婚，可成婚没两年，丈夫就生病死了，只剩下了窦娥和蔡婆婆两人相依为命。当地有个流氓叫张驴儿，欺负蔡家婆媳无依无靠，跟他父亲张老儿一起赖在蔡家，逼迫蔡婆婆嫁给张老儿。蔡婆婆软弱怕事，只好答应了。张驴儿又胁迫窦娥跟他成亲，窦娥坚决拒绝，还把张驴儿痛骂了一顿。张驴儿怀恨在心。没过几天，蔡婆婆生病了，要窦娥做羊肚汤给她吃。张驴儿便偷偷地在汤里下了毒药，想先毒死蔡婆婆，再逼窦娥成亲。窦娥把羊肚汤端给蔡婆婆喝。蔡婆婆接过碗，忽然不舒服要呕吐，就让给张老儿喝了。张老儿中了毒，在地上翻滚几下就咽了气。张驴儿没想到毒死了自己父亲，恼怒不已，便把杀人的罪名栽赃到窦娥身上，告到楚州衙门。楚州知府收了张驴儿的贿赂，不问青红皂白，便把窦娥抓到公堂讯问，逼她招认。窦娥受尽拷打，还是不肯承认。知府知道窦娥对婆婆很孝顺，就当着窦娥的面要拷打蔡婆婆。窦娥想到婆婆年纪大了，受不起这个酷刑，只好含冤招供，承认是自己下毒。于是贪官知府便将窦娥定了死罪，窦娥含冤被处决。直到窦娥的父亲窦天章在京城做官返乡，窦娥的冤案才得到昭雪，杀人凶手张驴儿被处以死刑，贪官知府也得到了应有的惩罚。

[例2] 2021年7月6日9时12分，西昌市公安局接到群众报警称：在礼州田坝幼儿园处，通讯光缆被人为剪断。经民警走访调查：犯罪嫌疑人倪

某修建房屋时，电信公司架在其楼顶的光缆阻碍了修房进程，倪某多次找到电信公司让电信公司将光缆移开未果。当天上午，倪某使用胶把钳将网线剪断，后电信公司工作人员发现断网后及时进行抢修，于当日 18 时许将网络修复。经中国电信股份有限公司西昌分公司核实：因网线被剪断，导致造成国有财产损失 60 778 元，其中月华区域用户通信中断 580 分钟，喜德鲁基乡用户通信中断 580 分钟，礼州同心村用户通信中断 705 分钟，此次光缆中断导致 10 755 有效用户断网，中央电视台在喜德县鲁基乡乡村振兴直播无法按时启动。[1]

上述两例中，《窦娥冤》中的无赖张驴儿为了强娶窦娥，企图把窦娥的婆婆毒死，结果反把自己的父亲毒死，又诬陷窦娥，使窦娥蒙受了不白之冤；而倪某因为修建房屋故意破坏通讯光缆，结果使他人、国家利益受到损失，这些都是一因多果类型。

2. 一果多因。一果多因是指一种结果是由多种原因、条件同时出现相互作用形成的，即一个结果由不同的原因共同引起。例如，种子要发芽，需要同时具备充足的水分、温度和空气；一个公民具有选举权和被选举权，需要年满 18 周岁和未被剥夺政治权利。

一果多因还有一种情形，就是同样结果在不同条件下是由不同的原因单独引起的。例如，同样是凶杀案件，其原因可能是政治谋杀，私仇报复，图财害命，喜新厌旧，奸情暴露，受雇于他人而杀人，色情暴力引诱杀人。同样是保险柜被盗，可能是内盗，可能是外盗，可能是内部人用钥匙打开的，可能是外部人配钥匙打开的，也可能是管理人员忘记了上锁，还有可能是管理人员不会使用，误以为上了锁可实际并没有锁上，给作案人提供了方便条件。

例如：2020 年 8 月，黄某在好友李某宝的邀约下，与男友李某胜一同前往酒吧参加聚会。期间，黄某等 10 人一起玩骰子、喝酒，后李某宝、李某男先行离开酒吧。次日凌晨 2 时左右，酒吧活动结束后，黄某、李某胜、李某惠、黄某云 4 人一同前往附近酒店休息，其余 4 人自行离开。进入酒店房间

---

〔1〕 "四川一村民修楼房嫌网线挡道，将其一把剪断，致上万用户断网"，载腾讯网，https://new. qq. com/omn/20210814/20210814A05NR900，html，访问时间：2022 年 3 月 8 日。

后约 1 小时，男友李某胜发觉黄某身体状况不好，拨打了急救电话，后黄某因抢救无效死亡。死者家属将其余 9 人、酒店、酒吧告上法庭，要求他们对黄某死亡承担赔偿责任。后经法医鉴定，死者黄某系在乙醇中毒的基础上因脑血管畸形破裂出血导致吸入性窒息死亡，乙醇中毒对其脑血管破裂出血起促进作用。法院经审理认为：

①对死亡结果，黄某本人承担 80% 责任：几位被告在派出所作的笔录陈述了黄某在酒吧时喝了十几杯用饮料勾兑了的酒。黄某作为完全民事行为能力人，应当清楚自己的身体状况，应当预见过量饮酒可能发生的损害后果，黄某脑血管破裂的内在因素加上过量饮酒的外在因素最终导致死亡结果。过量饮酒的行为存在过错，黄某应对死亡结果承担主要责任。

②对死亡结果，黄某男友李某胜承担 20% 责任：在庭审中，李某胜自述黄某出事一个月前出现过饮酒导致小便失禁的情况，应当预见到黄某过量饮酒后可能会出现的状况，事发当晚陪同黄某到酒吧，一同参与玩骰子喝酒游戏，未尽到提醒、劝诫的义务，在入住酒店房间后，作为唯一的陪伴者，未及时发现黄某的身体异常并及时采取合理的救助措施，存在一定过错。

③参加酒吧聚会其余 8 人：有人系中途前往酒吧接人，有人之前不认识黄某，有人未参与喝酒，原告提交的证据不足以证明上述被告有劝酒、灌酒的行为。根据黄某同行几位朋友的陈述，黄某离开酒吧时没有喝醉，也无醉酒的异常表现，酒店提供的视频亦显示黄某在前台办理入住手续时行动正常，进入电梯后仍与李某惠、黄某云有对话交流。其余 8 人不存在过错。

④酒店：虽然黄某在酒店房间内死亡，但其死亡系呕吐物堵塞引起的窒息死亡，并非因酒店的设施、设备故障及酒店未尽到安全保障义务而导致，黄某在进入酒店的房间前一直与朋友结伴同行，视频中也未显示有异常情况，酒店对黄某的死亡并无过错。

⑤酒吧：酒吧为客人提供酒水，并安排服务人员在一旁提供开酒服务属正常商业经营行为，不存在过错。[1]

---

〔1〕 "江西女子酒吧喝到凌晨 2 点后死亡！家属向同行者等索赔 100 多万，法院判了"，载"潇湘晨报"百度百家号，https://baijiahao.baidu.com/s? id = 1707871530582996080&wfr = spider&for = pc，访问时间：2021 年 8 月 12 日。

这个案件中，黄某的死亡就是一果多因类型，有她自身主观原因、客观原因，即其脑血管破裂的内在因素加上过量饮酒的外在因素最终导致死亡；也有其男友疏于照料，没有及时发现其病情的原因，即在喝酒时未尽到提醒、劝诫的义务，在入住酒店房间后，作为唯一的陪伴者，未及时发现黄某的身体异常并及时采取合理的救助措施。而法院本着公平公正的原则，抽丝剥茧，分析了各种因素，正确认定了导致黄某死亡的根本原因。

3. 多因多果。多因多果是指无论原因还是结果，都不是单一的，而是复合因果关系。在侦查中，大量案件都表现出多因多果，复合型的因果关系。犯罪原因是错综复杂的，既有社会的，也有历史的；既有政治的、经济的，也有文化的、思想的；而犯罪结果给社会造成的影响也是多方面的。这就要求在侦查中，既要看到事物的外部原因，又要找出其内部原因；既要抓住主要原因，又要注意次要原因；既要重视直接原因，也不忽视间接原因；既要考虑主观原因，又要考虑客观原因。部署侦查、采取行动时，既要注意主要结果，又要顾及次要结果；既要争取积极结果，又要防止和避免消极结果。

例如：张某家与王某新家系邻居。1996 年 8 月 27 日，因邻里纠纷，王某新三子王某军（时年 17 岁）故意伤害致张某之母汪某死亡。同年 12 月 5 日，王某军被人民法院以故意伤害罪判处 7 年有期徒刑，并判决王家向张家赔偿几千元，但王家并未足额赔付，而王某军的刑罚执行 4 年后被释放。此后，两家虽未发生新的冲突，但张某对其母亲被伤害致死心怀怨恨，加之工作、生活长期不如意，心理逐渐失衡。2018 年春节前，张某发现王某军回家过年，产生报复杀人之念，遂准备了单刃刀、汽油燃烧瓶、玩具手枪、帽子、口罩等作案工具，并暗中观察王某军及其家人的行踪。2018 年 2 月 15 日 12 时许，张某发现王某军及其兄王校某与亲戚上山祭祖，便戴上帽子、口罩等进行伪装，携带单刃刀、玩具手枪尾随王某军、王校某至汉中市南郑区新集镇原三门村村委会门口守候。待王某军、王校某返回时，张某持刀朝王某军颈部、胸腹部等处割、刺数刀，又朝逃跑的王校某胸腹部捅刺数刀，之后返回对王某军再次捅刺数刀，致二人死亡。张某随后到王某新家中，持刀朝王某新胸腹部、颈部等处捅刺数刀，致其死亡。张某回家取来菜刀、汽油燃烧瓶，又将王校某的小轿车左后车窗玻璃砍碎，并用汽油燃烧瓶将车点燃，致该车严重受损。张某随即逃离现场。2 月 17 日 7 时许，张某到公安机关投案。人民法院经审理认为，张某故意非法剥夺他人生命，其行为已构成故意杀人罪；杀人后故意焚烧他人车辆，造成财物损失数额巨大，其行为又构成故意毁坏财物罪。最终，张某被判处死刑。

本案中，张某的犯罪原因是多方面的：

①王家对其母实施了故意伤害行为，年仅 13 岁的张某眼睁睁看着母亲在自己的怀里断气、死去，又目睹母亲的尸体在马路边被公开解剖，张某内心遭受了难以想象的痛苦和羞辱，使得张某产生创伤后应激障碍，内心的愤怒被激发，心理失衡，产生强烈的复仇欲望；

②在张某看来，杀母凶手王某军仅被轻判 7 年有期徒刑，事实上只服刑 4 年左右，王家一直没有道歉和足额赔偿，使得张某复仇的欲望未能排遣；

③张某自幼家境贫寒，初中毕业即踏入社会，学历不高，加上幼年遭此打击，后面的工作和生活并不如意。辗转广东和浙江，但从事的多是保安、车间工人等底层职业。工作辛苦但收入微薄，经济长期拮据，期间还多次被人骗入传销组织。张某社会融入过程极其不顺利，社会支持系统长期缺位，加剧了他内心的痛苦脆弱和孤立无援；

④家庭也没有给予他足够的关爱，张某的大部分岁月都缺乏关爱。母亲离世，姐姐远嫁，父爱严苛有余，温情不足。父亲小学文化，对张某管教严格，只要是张某跟别人发生冲突，不管谁对谁错，张某都要遭受父亲的责怪。

这种种原因，导致张某心怀怨恨，加之工作、生活多年不如意，在其母被害 21 年以后蓄意报复王某军及其父兄，精心策划犯罪，选择除夕之日当众蒙面持刀行凶，致 3 名被害人死亡，犯下故意杀人罪；且有追杀王校某和二次加害王某军的情节，主观恶性极深，犯罪情节特别恶劣，手段特别残忍，后果和罪行极其严重，社会危害性极大。张某杀人后为进一步发泄怨愤又毁损王校某的家用轿车，造成财物损失数额巨大，犯下故意毁坏财物罪。张某蓄意报复犯下数罪，就属于多因多果类型。

（三）因果关系具有客观性和普遍性

因果关系的客观性，是指因果关系是客观事物本身固有的，并不以人们主观意志为转移。因果关系作为客观现象之间引起与被引起的关系，不论人们是否承认它，它都是客观存在的。因果关系既然是客观存在的，当然也是可以被认识的。侦查人员要尊重因果关系的客观性，力戒主观臆测。要科学地揭示案件中的因果关系，必须进行全面、细致的调查研究，在充分占有材料的基础上进行科学的分析，一切结论都应当产生于调查研究之上。但有时由于科学技术水平所限、经验不够或其他主、客观原因，有些现象的因果关系还暂时认识不到；并且客观事物的发展是无穷无尽的，旧的因果关系被认识了，新的现象又会出现，这就需要人们不断地去认识，去探索。任何案件的形成过程中都普遍存在着因果关系，侦查中要抓住本质，防止表面性，对案件的因果关系揭示得越多、越深刻，难以解释的现象就会越少，破案的速度和机会就会大大提高。

（四）因果关系具有条件性和特定性

客观事物是普遍联系着的，为了探究具体的现象，我们就要把它们从普遍的联系中分离出来，独立地考察它们，就会发现客观事物的发生、发展，都要具备一定的条件，都有特定的原因。因果关系的这种条件性、特定性在侦查中的体现就是，刑法上的因果关系只能是人的危害行为与危害结果之间的因果关系。刑法上的因果关系为追究行为人的刑事责任提供了客观基础，行为人要对自己的行为造成的危害结果负刑事责任。任何犯罪行为都不是孤立存在的现象，它与自然和社会都发生着各种各样的联系。各种犯罪现象的出现都是有其特定条件、特定原因的。就一个具体犯罪过程而言，它是由某种特定原因引起犯罪动机；由犯罪动机引起犯罪行为；由犯罪行为引起周围物质环境变化和危害结果；由危害结果引起立案侦查。任何案件都是环环相扣的因果链条，其中的因果关系是具体的、有条件的。在刑事案件中，危害行为能引起什么样的危害结果，没有一个固定不变的模式。因此，查明因果关系时，一定要从实施危害行为的时间、地点、条件等具体情况出发作具体分析。

二、正确理解和利用因果关系

因果关系普遍存在于侦查的全过程和各个方面，它是不以人们的意志为转移的客观规律。从因果关系上来说，存在犯罪行为是侦查开始的原因，侦查活动是由犯罪行为引起的，也就是说犯罪行为在先，然后才有侦查行为。

犯罪活动是一个完整的过程，它又是一个复杂的因果链条，这个因果总链条又是由若干个因果链条组成的，各个因果链条之间又有各种因果关系。侦查假设运用"回溯推理"的方法，从犯罪行为的最后结果开始，不断地揭示案件中每个具体环节上的因果关系，最终解开犯罪行为的因果关系链条。

侦查假设的任务就是揭示犯罪事实与犯罪嫌疑人之间的必然的内在联系。侦查初始阶段，摆在侦查人员面前的只是犯罪现象和结果。案件中的因果关系是多种多样的，又是错综复杂的，有时要揭示出各个环节上的因果关系是非常艰难的。在这个过程中，有时会不可避免地发生差错，使侦查假设走弯路，出现侦查僵局，使侦查处于停滞状态。形成侦查僵局的原因是多方面的，可能是对案件性质认定有误，对案情认识有偏差；可能是侦查假设错误，导致侦查方向有误；可能是采取措施不当，使作案人有机可乘；可能是侦查范围划得不准；可能是调查访问不细留有漏洞等。所以，侦查人员要利用各种技术和手段，认真分析各种现象，时刻注意鉴别真伪，不断总结经验和教训，不断排除假象，不断修正侦查假设，把每一种现象和疑点都查得一清二楚，以达到查明真相的目的。

侦查假设是人与人之间的对抗，是一种有目的、有针对性的自觉活动。侦查人员要利用侦查假设，正确规划行动，预测各种后果，不但要考虑到直接的和短期的后果，而且还要顾及间接的和长远的后果；既要想到对自己有利的后果，又要预计到对自己不利的后果。

原因与结果在一定条件下可以相互转化，侦查中必须对案件中的因果关系进行辩证的分析，不能机械地推论。研究案件的因果关系时，要注意把握因果关系的确切范围，考虑到在特定的范围内因果关系可能发生变化。例如，一般情况下，犯罪行为人实施犯罪后，就会逃跑或隐藏起来，但在特定的情况下，报案人就是犯罪行为人。一般情况下，投案自首是作案人为了减轻处罚而采取的行动，但在特殊情况下，投案人并不就是作案人，可能受雇于人而代人受罚。对此，都必须进行辩证的分析，注意从中发现破绽，揭露假象，找到真相。

[例1] 2021 年 5 月 10 日，武穴市公安局交警大队事故处理中队接到 110 指令，报警人李某称其驾车在民主路团山桥处不慎撞到路边石墩，导致车辆

受损无法启动。接到指令后，值班民警迅速赶赴现场勘查。面对民警的提问，李某镇定自若地回答，称该事故是因转弯时速度过快，导致车辆撞到路旁的石墩。因李某太过镇定，根本不像刚发生事故时应有的反应，民警感觉这起事故有些不寻常。本着认真负责的态度，民警利用周末休息时间，调取了事故周边视频监控，结果发现事发时驾驶员并不是报警人而是另有其人。第二天，民警将报警人李某传唤到中队，通过摆证据讲道理，告知其"顶包"的法律后果，最后李某承认了肇事司机是其堂弟李某某。迫于法律威严，李某某主动到事故处理中队投案自首，交代了其因酒后驾驶机动车发生交通事故，怕被交警处理以及便于保险理赔，心存侥幸的他便让堂哥李某到达现场报警并"顶包"的违法事实。

最终，李某某和李某分别因教唆他人提供虚假证言和提供虚假证言，被处以处罚。[1]

[例2] 2003年9月底，陕西咸阳某小区的一名女性在家中遇害，她是咸阳秦都区检察院检察长陈某的妻子。由于被害人身份的特殊性，该案件在当时引发了极大的关注。有人认为，可能是陈某做检察官期间得罪了人，被打击报复。在此猜想下，群情激愤，许多人要求为检察长陈某讨回公道。

接到陈某报案后，警方立即赶往现场。现场情况十分惨烈，被害人仰卧在床上，看起来似乎是一起强奸杀人案。但被害人身上被刺了21刀，包里的现金不翼而飞，似乎又是抢劫杀人案。而且，室内有几处血手套痕迹，嫌疑人是戴着手套行凶，没有留下指纹。碍于有限的、相互矛盾的证据，专案组没日没夜地讨论了近20天，也没有确定案件性质，更不用说嫌疑人了。

10月中旬，被称为"中国福尔摩斯"的刑侦专家乌国庆被请到现场，进行复勘，指导破案。在勘查中，他发现了一系列奇怪的鞋印：从正门进入，曾到沙发前走动，最后进入被害人的卧室，而其他的房间，再也没有这种痕迹。乌国庆分析，鞋印疑点有三：第一，只进不出，只有进入房间留下的鞋印，却没有走出房间留下的鞋印；第二，没有相互覆盖，凶手在房间里活动

---

〔1〕 "湖北黄冈：饮酒驾车出事故 找人顶包被识破……"，载"湖北网警巡查执法"百度百家号，https://baijiahao.baidu.com/s?id=1699353030522696121&wfr=spider&for=pc，访问时间：2021年5月10日。

很久，来回走动时会留下叠加的鞋印，但案发现场的鞋印却巧妙避开，并没有相互覆盖；第三，书房里有血手套的印记，说明凶手肯定来过这里，但书房却没有鞋印，现场也没有凶手擦拭过的痕迹，两个线索相互矛盾。乌国庆据此判断，这些鞋印是为了转移侦查视线，事后伪造的。血手套印也有奇怪之处，除了书房，卫生间灯的开关、北卧室的电视柜和床头柜的抽屉上，也留有3个印记，抽屉上的血手套印，引起了乌国庆的注意。这个印记是凶手拉开抽屉时留下的，一般人拉开抽屉，是为了翻东西，并拿走需要的，但这个抽屉内没有被血蹭过的痕迹，股票等也没有被拿走，所以，乌国庆判断，这个手套印也是伪装的。层层伪装被拨开，许多问题也慢慢明晰。被害人的衣物被扒到小腿部分，两腿被捆绑在一起，这种情况下，凶手无法实施强奸，相应的分泌物也没有找到，所以，所谓的强奸现场是伪造的。被害人包里的现金丢失，但屋内的8万多元人民币、1万多美元以及股票等贵重财物都没有被拿走，说明不是为财杀人，种种迹象表明，凶手是针对被害人而来。被害人胸部有并排的四处刀伤，经法医化验，都是在有生命迹象时形成的，这说明她当时没有反抗能力，因为一旦反抗，刀口就无法并列。随后的化验结果支持了这一观点，被害者体内检测出了安眠药。如果是被害者自己服用，现场应该留有包装，但并没有，如果是被迫服用，如强灌，这种暴力行为势必会在被害人嘴上留下伤口，但也没有，那么还有一种可能，骗服。什么人能成功骗过被害者？当然是最亲近的人。被害人的丈夫陈某的嫌疑越来越大，案发后第108天，咸阳警方以涉嫌故意杀人罪，对陈某实施了刑事拘留。

作为当时"政坛新星"的陈某，为何要杀害结发二十多年的妻子？原来，曾担任反贪局局长的陈某，在金钱的腐蚀下，自甘堕落，不仅非法敛财，还迷恋女色，与其他女性纠缠不清，并被妻子发现。2003年正值换届选举之际，因担心离婚会损害其名声，影响仕途，陈某在不便离婚的情况下，决定杀死妻子，以绝后患。9月28日，他趁妻子洗澡之机，将事先准备好的安眠药溶于水杯，随后骗妻子喝下，第二天凌晨将熟睡的妻子捆绑，并连刺21刀，致其心、肺、脾破裂，失血过多而休克死亡。因为长期在检察部门工作，陈某具有一定的反侦查能力，他便伪造了一个谋财害命的假现场，妄图迷惑办案人员，让此案成为一个悬案，自己则可逃出生天。

然而天网恢恢，乌国庆等人的努力最终让陈某伏法。2006 年 8 月 12 日，陈某数罪并罚，被执行死刑。[1]

这两个案例中，作案人都精心制造了假象，然而警方都没有被假象迷惑，最终还原了案件真相。

---

〔1〕 王晓易："他曾靠一包咸菜侦破灭门惨案，马加爵、周克华都因他落网"，载网易新闻网，https://www.163.com/news/article/EU75CU0F00019K82.html，访问时间：2019 年 11 月 17 日。